农地流转的理论模式与机制构建

曾福生 曾超群 文雄 著

全国百佳出版社
中央编译出版社
Central Compilation & Translation Press

目 录

前言 ·· 1

第一章　导论 ·· 1
  1. 研究的背景、目的与意义 ·· 1
    1.1　研究的背景 ·· 1
    1.2　研究的目的 ·· 4
    1.3　研究的意义 ·· 4
  2. 国内外研究动态及评述 ·· 6
    2.1　国内研究动态 ··· 6
    2.2　国外研究动态及评述 ··· 28
  3. 研究的内容和主要研究方法 ·· 34
    3.1　研究的内容 ·· 34
    3.2　研究的主要方法 ·· 37
    3.3　研究的程序和技术路线 ·· 39
  4. 研究的创新与不足 ·· 40
    4.1　可能的创新 ·· 40
    4.2　存在的不足 ·· 42

第二章　农村土地流转的理论基础 ………………………………… 43
1. 农村土地流转的基本理论 ……………………………………… 43
   1.1　地租理论与土地价格理论 ……………………………… 43
   1.2　制度变迁理论 …………………………………………… 46
   1.3　不完全合约与企业剩余理论 …………………………… 47
2. 农村土地流转的理论模型 ……………………………………… 50
   2.1　农户兼业经营行为的分析模型 ………………………… 50
   2.2　农村土地流转的国家效应模型 ………………………… 51
3. 本章小结 ………………………………………………………… 55

第三章　我国典型地区农地流转态势 ……………………………… 56
1. 东部地区农地流转情况分析 …………………………………… 56
   1.1　上海市农村承包经营权流转情况 ……………………… 56
   1.2　江苏省农村承包经营权流转情况 ……………………… 59
   1.3　浙江省农村承包经营权流转情况 ……………………… 61
2. 中部地区农地流转情况分析 …………………………………… 63
   2.1　江西省农村承包经营权流转情况 ……………………… 63
   2.2　河南省农村承包经营权流转情况 ……………………… 65
   2.3　湖北省农村承包经营权流转情况 ……………………… 67
   2.4　安徽省农村承包经营权流转情况 ……………………… 69
3. 西部地区农地流转情况分析 …………………………………… 71
   3.1　陕西省农村承包经营权流转情况 ……………………… 71
   3.2　甘肃省农村承包经营权流转情况 ……………………… 71
   3.3　云南省农村承包经营权流转情况 ……………………… 73
   3.4　贵州省农村承包经营权流转情况 ……………………… 74
   3.5　新疆维吾尔自治区农村承包经营权流转情况 ………… 76
4. 不同地区农地流转态势的比较 ………………………………… 76

5. 本章小结 …………………………………………………… 78

第四章　农村土地流转的现状、存在的问题及制约因素 ………… 79
 1. 农村土地流转的现状 ………………………………………… 79
  1.1　总体流转规模偏低，各省内部流转规模有差异 ……… 80
  1.2　土地流转主要在农户与农户之间进行 ………………… 80
  1.3　土地流转引发的纠纷持续不断 ………………………… 80
  1.4　部分农户对流出土地质量不够关注，破坏性
    流转现象突出 …………………………………………… 81
 2. 农村土地流转存在的主要问题 ……………………………… 81
  2.1　农村土地流转的剩余收益分配机制缺位 ……………… 81
  2.2　农村土地流转期限较短，机会主义行为严重 ………… 84
  2.3　没有建立有效的农村土地流转机制 …………………… 85
  2.4　农村土地流转过程中存在忽视农民利益倾向 ………… 86
  2.5　农村土地流转机制及条件不理想 ……………………… 87
  2.6　农村土地流转双方融资困难 …………………………… 88
 3. 农村土地流转的存在问题的原因分析 ……………………… 89
  3.1　农村土地承包经营权物权化不彻底 …………………… 89
  3.2　对流转方式限制过多 …………………………………… 90
  3.3　农村土地承包经营权登记制度不完善 ………………… 91
  3.4　土地承包经营权流转的监督主体缺位 ………………… 92
  3.5　交易中介服务体系缺乏 ………………………………… 93
  3.6　土地的流转空间受到系列因素的限制 ………………… 94
 4. 本章小结 ……………………………………………………… 95

第五章　农村土地流转动力机制及模式分析 …………………… 96
 1. 农村土地流转的动力机制分析 ……………………………… 97

    1.1 家庭联产承包责任制的制度优势已释放完毕 …………… 97
    1.2 农村土地流转能实现农业规模经营，实现农业
        生产的规模经济 …………………………………………… 100
    1.3 农业产业结构优化的客观要求 ………………………… 106
    1.4 农村劳动力的转移要求土地承包经营权流转 ………… 107
    1.5 各级政府的大力推动 …………………………………… 108
  2. 农村土地流转模式总结 ……………………………………… 109
    2.1 集体组织主导型 ………………………………………… 109
    2.2 民间自发型 ……………………………………………… 111
    2.3 资本主导型 ……………………………………………… 111
  3. 农村土地流转的典型模式——长沙模式 …………………… 114
    3.1 长沙县基本县情 ………………………………………… 114
    3.2 农村土地流转长沙模式的特点 ………………………… 115
    3.3 经验总结 ………………………………………………… 122
  4. 本章小结 ……………………………………………………… 125

第六章 农地流转促进农业适度规模经营的实现形式及绩效 ……… 127
  1. 企业型的农业适度规模经营实例 …………………………… 128
    1.1 湘乡市燕鑫农业科技开发有限公司适度规模
        经营分析 ………………………………………………… 128
    1.2 沅江市草尾镇艾青绿色农业有限公司适度规模
        经营分析 ………………………………………………… 130
    1.3 桃江县中浩园林绿化有限责任公司适度规模经营分析 … 131
    1.4 龙山县金山实业有限公司适度规模经营分析 ………… 132
    1.5 湖南金山粮油食品有限公司适度规模经营分析 ……… 134

2. 专业合作型农业适度规模经营实例分析 …………………… 135
   2.1 衡南县泉湖农技农机作业专业合作社适度规模
       经营分析 ……………………………………………… 136
   2.2 攸县佳丰水稻种植专业合作社适度规模经营分析 …… 137
   2.3 武冈市弘辉葛根专业合作社适度规模经营分析 ……… 139
   2.4 石门县太平镇长绿蔬菜专业合作社适度规模经营分析 … 140
   2.5 溆浦县生源优质稻专业合作社适度规模经营分析 …… 142
   2.6 南县兴农葡萄园艺专业合作社适度规模经营分析 …… 143
3. 大户型农业适度规模经营实例分析 ………………………… 144
   3.1 会同县粟光荣适度规模经营实例分析 ………………… 144
   3.2 靖州县曾海萍适度规模经营实例分析 ………………… 145
   3.3 芷江县土桥乡杨世川适度规模经营实例分析 ………… 146
4. 股份合作型农业适度规模经营 ……………………………… 147
   4.1 望城县光明土地股份合作社适度规模经营实例分析 … 147
   4.2 浏阳市淳口镇炉烟村土地股份合作社适度规模经营
       实例分析 ……………………………………………… 149
5. 托管型农业适度规模经营实例分析 ………………………… 151
6. 本章小结 ……………………………………………………… 153

第七章 农户土地流转意愿实证分析 ………………………… 154
1. 实证框架以及样本点基本情况 ……………………………… 155
   1.1 数据来源 ……………………………………………… 155
   1.2 计量模型的选择 ……………………………………… 156
   1.3 样本点基本情况 ……………………………………… 158
2. 农村土地流转意愿与户主的属性及家庭规模的关系 ……… 164
   2.1 户主及家庭规模的基本情况 ………………………… 165
   2.2 是否愿意转入土地实证分析 ………………………… 171

2.3 是否愿意转出土地实证分析 …………………………… 176
   2.4 小　结 …………………………………………………… 179
 3. 农村农村土地流转意愿与土地耕作条件的关系 ………… 180
   3.1 样本点的耕地基本情况 ………………………………… 181
   3.2 是否愿意转入土地实证分析 …………………………… 186
   3.3 是否愿意转出土地实证分析 …………………………… 190
   3.4 小　结 …………………………………………………… 193
 4. 农村土地流转意愿与家庭经济状况的关系 ……………… 193
   4.1 样本点的农户家庭经济状况基本情况 ………………… 194
   4.2 是否愿意转入土地实证分析 …………………………… 204
   4.3 是否愿意转出土地实证分析 …………………………… 211
   4.4 结　论 …………………………………………………… 216
 5. 农村土地流转意愿与政策环境的关系 …………………… 216
   5.1 样本点的农户对政策以及土地功能认识的基本情况 …… 217
   5.2 是否愿意转入土地实证分析 …………………………… 224
   5.3 是否愿意转出土地实证分析 …………………………… 228
   5.4 结　论 …………………………………………………… 234
 6. 本章小结 ……………………………………………………… 234
   6.1 户主的属性及家庭规模与农户农村土地流转的意愿 …… 234
   6.2 土地耕作条件与农户农村土地流转的意愿 …………… 235
   6.3 家庭经济状况与土地转入意愿实证模型分析 ………… 235
   6.4 农村土地流转政策环境对农户农村土地流转意愿的
       影响 ……………………………………………………… 236

第八章　基于博弈论视角的农村土地流转的机制设计分析 ……… 238
 1. 农村土地流转的价格机制分析 ……………………………… 238
   1.1 基于拍卖的价格机制分析 ……………………………… 239

  1.2 建立我国土地经营权拍卖机制的意义 …………… 240
  1.3 土地经营权一级密封价格拍卖模型 …………… 242
  1.4 土地经营权拍卖的实践 ………………………… 243
  1.5 小　结 …………………………………………… 244
 2. 农村土地流转中的剩余收益权分配机制 …………… 244
  2.1 农村土地流转收益的分配是农村土地承包经营权流转的核心问题 ………………………………… 245
  2.2 基于微观经济分析框架的农村土地流转中的剩余收益权的理论解析 ……………………………… 248
  2.3 农村土地流转的剩余收益权博弈分析 ………… 250
  2.4 简单结论 ………………………………………… 251
 3. 土地经营权流转的监管机制分析 …………………… 252
  3.1 土地经营权流转监管博弈的框架 ……………… 253
  3.2 农村土地流转监管的必要性 …………………… 255
  3.3 农村土地流转监管的博弈模型 ………………… 257
  3.4 博弈均衡的政策解释 …………………………… 262
  3.5 两个案例 ………………………………………… 264
  3.6 小　结 …………………………………………… 266

第九章　研究结论与对策 …………………………………… 269
 1. 农村土地流转的指导思想 …………………………… 269
  1.1 充分认识做好农村土地流转工作的意义和重要性 …… 270
  1.2 尊重农村土地流转规律 ………………………… 270
  1.3 农村土地流转必须要有国家的管理和支持 …… 271
  1.4 农村土地流转要切实保障农民的切身利益 …… 272
  1.5 农村土地流转一定要做到依法流转 …………… 272
 2. 政策建议 ……………………………………………… 273

2.1 制度建设与改革 …………………………………… 273
2.2 市场培育方面 ……………………………………… 279
2.3 外部环境方面 ……………………………………… 284

参考文献 …………………………………………………… 287

附录　农村土地流转意愿调查表 ………………………… 301

前　言

随着我国经济的快速发展与工业化和城市化的快速推进，农业劳动力大量转移，家庭联产承包责任制与农业规模经营的矛盾逐渐凸显，农村土地流转行为日渐增多，决策层、理论界、实际工作者都对农村土地流转给予高度关注。中国农地流转发生的现实正在改变着中国的农业、农村与农民，农地流转的成因与农地流转引发的深刻变化都显得格外重要。正由此，我们选择了此课题作为研究对象。

本书从农村土地流转宏观与微观两个方面对农村土地流转的文献进行了搜集与整理。本研究在宏观方面主要从农村土地制度变迁的研究、农村土地流转的意义、农村土地流转的动因、农村土地流转的法律框架、农村土地流转的现状五个方面入手，在微观方面主要从农村土地流转市场、农村土地流转收益分配、农村土地流转中农户的行为、农村土地流转中基层组织的行为四个方面入手。

在详细介绍了我国典型地区农地流转态势后，结合中国农村土地流转的现状，从土地产权、流转方式、市场培育、监督管理等方面阐释了影响当前农村土地流转的诸多制约因素，并基于经济学视角对问题的原因进行了深入的分析。

土地作为农业生产最重要的生产要素，与其他生产要素一样也具有经济物品与商品特征，其流动必然受经济规律以及政策制度的影响。本书基于规范分析总结了农村土地流转的动力机制，在此基础上按照土地承包经营权流转中的主导力量的差异，把农村土地流转模式总结为集体组织主导型、民间自发流转型、资本主导型这三种模式并分别进行了分析与阐述，对农村土地流转的长沙模式进行了总结。

为了更进一步反映农地流转的效果，本书以湖南省为例，对农地流转促进农业适度规模经营的实现形式及绩效进行了分析，分别从企业型、专业合作型、大户型、股份合作型几个方面进行了典型实例分析。

平等、自愿是农村土地流转的原则，本书采用实地调查获取了第一手资料，然后运用统计与计量模型对调查数据进行处理分析，从客观因素与主观因素两个方面考察了农民农村土地流转的意愿，客观因素主要考察户主的属性及家庭规模、土地耕作条件、家庭经济状况三个方面对农户农村土地流转意愿的影响；主观因素主要考察农村土地流转政策环境对农户农村土地流转意愿的影响。通过实证研究，得出现阶段农户的农地流转意愿主要体现为一种经济行为，其中也包含了少许社会因素的信息。

从博弈角度分析，一项制度安排的均衡实际上就是各相关利益、群体利益格局的均衡。农村土地制度作为一国政治经济中的一项重要制度安排，不仅关系到一国政治稳定与经济发展，更是牵涉到各经济主体方方面面的产权利益，所以农村土地制度安排的选择必然会受到各利益群体的影响，农村土地流转机制的设计必须要考虑到土地流入方、流出方、地方政府以及中央政府的利益平衡。本书以博弈论为工具从农村土地流转的价格机制、剩余收益权分配机制、上级政府对基层政府或组织农村土地流转行为监督机制三个方面来进行了机制设计分析。

最后针对目前中国农村土地流转的实际，依据调查研究数据以及实证分析结果，流转主体间的博弈分析和机制设计的总体构架，提出了完善中国农村土地流转的可行的、适于操作的政策建议。

本书虽然在农地流转的理论、模式与机制构建方面作了一些有益的探索,但仍有许多不成熟的地方,谨当引玉之砖,对此重大问题我们将继续努力不懈地给予探索。

第一章

导　论

也许是南宋的富庶，也许是南宋的偏安，我们总能不经意地在南宋诗人的笔下感觉到乡村的宁静与甜美，如范成大的"乌鸟投林过客稀，前山烟暝到柴扉。小童一棹舟如叶，独自编阑鸭阵归"、"昼出耘田夜绩麻，村庄儿女各当家。童孙未解供耕织，也傍桑阴学种瓜"。就连极富战斗激情的陆游也写出了"莫笑农家腊酒浑，丰年留客足鸡豚。山重水复疑无路，柳暗花明又一村"这样的田园佳句，尤其是最后一句，就是一幅对我们农村土地制度改革的生动写照："家庭联产承包责任制"这架80年代制造的国产引擎似乎再也无法加速中国农村经济发展的大车，步入"山重水复疑无路"之困惑，与此同时，上世末期悄悄兴起的"农村土地流转"携愈演愈烈之势重新把所有的"乘客"带进了"柳暗花明又一村"。

1. 研究的背景、目的与意义

1.1　研究的背景

农村土地制度是一个国家的基本经济制度，也影响着一个国家的政体与国体。在影响农业发展的诸多体制因素中，农村土地制度是最重要的因素，因此农村土地制度也是农村土地流转的制度基础，决定了农村土地流转的性质、内涵与外延，所以农村土地流转是建立在现有农村土地制度框架范围之内的，是对现有农村土地制度框架的完善与补充。

1.1.1 家庭联产承包责任制与农业规模经营的矛盾

党的十一届三中全会后确立的家庭联产承包责任制，实现了集体土地所有权和农户土地承包经营权的分离，使农民获得了土地上的剩余索取权，极大地改善了农地的配置效率，我国农村社会总产值显著增长。但是，家庭联产承包责任制毕竟只是一种农地使用制度安排，它不可能一劳永逸地解决我国农业发展进程中的所有问题，其潜能终会从释放走向消散。我国农村家庭联产承包责任制与国民经济发展的不适应已经显现，它无法解决农户的超小规模经营与现代农业集约化要求的矛盾；农民因土地承包而产生的恋土情结与发展土地规模经营的客观需要相矛盾；按福利原则平均分地与按效益原则由市场机制配置土地资源相矛盾，分散经营的小农生产与社会大生产的要求相矛盾，而且随着工业化进程的加快和整个国民经济持续高速增长，要想实行"规模化生产、专业化生产和市场化生产"、"完善在更高层次上的社会分工，使农村更快地走向富裕"就必须突破不可逆转的人口增长和耕地减少所带来的人均农地资源占有量的绝对下降及非农产业化倾向所带来的农业生产要素流失的制约。因此，面对家庭联产承包责任制的潜能逐渐消散与农地资源短缺的刚性约束和保持农业与不断增长的人口的生产生活水平相适应的双重压力，必然要考虑通过农用地使用权合理流转来提高农地资源的配置效率，逐步实现农地的适度规模经营，充分合理地利用有限农地资源，确保农业和国民经济的持续、稳定发展。

1.1.2 农村土地流转行为日渐增多

实践中，农村土地承包经营权流转行为日渐增多，一些新的土地承包经营权流转方式不断涌现，促进了农业和农村经济的发展。在土地承包经营权流转逐渐活跃的同时,当前农村土地承包经营权流转中也存在着区域差别明显、流转规模小、交易不规范、侵权现象严重等现象,影响了农民的生产积极性,也阻碍了正常的土地承包经营权流转。

党的十一届三中全会以来逐步开展的经济体制改革,极大地推动了我国经济发展和社会全面进步。在这个过程中,农村经济体制改革一直是其重中之重,是各界关注的重点,而农村经济改革进行得怎么样,最重要的一个方面就是看农村土地流转制度的改革进展如何,农村土地流转是否朝规模化经营、效率化方向发展。

农村土地制度作为国家的基本经济制度,决定着国家政权的性质,农村土地制度改革与完善是一项极具影响力和创造性的工作。农村土地流转是中国农村经济发展、农村劳动力转移的必然结果,同时提倡土地承包经营权流转也一直是中央农村政策的重要内容。加快农村土地流转对我国经济发展有着非常重要的意义。一是可以实现生产要素的合理流动和优化配置,建立现代农业,提高农业国际竞争力;二是可以调整农村劳动力就业结构,全方位多渠道地增加农民收入;三是它是解决三农问题、建设社会主义新农村以及和谐社会的有效途径。

1.1.3 决策层对农村土地流转的高度重视

中国共产党第十七届中央委员会第三次全体会议,听取和讨论了胡锦涛受中央政治局委托做的工作报告,审议通过了《中共中央关于推进农村改革发展若干重大问题的决定》。该文件指出,按照依法自愿有偿原则,允许农民以转包、出租、互换、转让、股份合作等形式流转土地承包经营权;土地承包经营权流转,不得改变土地集体所有性质,不得改变土地用途,不得损害农民土地承包权益;现有土地承包关系要保持稳定并长久不变。农村土地承包经营权流转被提到了一个新的历史高度。[1]

1.2 研究的目的

土地承包经营权流转是推动规模经营、建设现代农业的需要,正确认识农村土地流转的动力机制是推动农村土地流转工作的基础。在此基础上,如何建立公平、合理的农村土地流转价格机制,如何建立农村土地流转的剩余收益分配机制,如何建立农村土地流转的监管机制,是推动土地的有序流转,确保土地流入方、流出方以及国家、集体利益分配格局公平合理的制度基础。同时我们应该深入了解农户对农村土地流转的真实想法,他们对农村土地制度有什么要求,农村土地流转的时机是否成熟以及土地承包经营权的流转对农民产生什么样的影响,土地承包经营权流转与农村家庭联产承包制的关系,在市场经济条件下,怎样处理好土地承包权的稳定和使用权的有效流转,实现农地经营中的公平与效率,将直接影响到农村的长远发展和长治久安。具体研究目标为:

(1) 探索农村土地流转的动力机制,总结农村土地流转的模式;

(2) 分析、探讨农村土地流转价格机制、剩余收益分配机制、监管机制,对农村土地流转的机制设计进行完善与论证;

(3) 刻画农村土地流转的社会外部环境与家庭内部因素;

(4) 从客观因素与主观因素两个方面探讨、考察农民农村土地流转的意愿;

(5) 描述我国农村土地流转的现状,总结我国农村土地流转的制约因素;

(6) 提出完善我国农村土地流转制度的政策建议。

1.3 研究的意义

土地作为一种具有价值的资源,具有可交易性,通过土地使用权的流转可以实现土地资源的优化配置。在我国农村,土地是广大农民最重要的财富,加上我国人多地少的基本国情,要实现人均不足1亩的耕地上养活13亿中国人,要求我国在稳定家庭承包经营责任制的基础上,开放农村土地使用权市场,促进农村土地使用权合理流转。因此本书的研究具有重要的理论和现实意义:

1.3.1 实施农村土地流转能够促进农业结构调整,推动农业规模经营的发展

由于农户的科技文化素质和具备的资金、技术等方面各不相同,所以不可能所有的农户都按照统一规划从事种养经营,只有从实际出发,积极引导农户进行土地使用权的流转,才能落实农业结构调整中的区域布局规划,促进土地向专业经营大户集中,进而推动农业的规模经营,提高产业的组织化程度,实现农业的高效益。

1.3.2 实施农村土地流转能够优化土地资源配置,提高农业综合效益

通过多种形式的流转,土地不断向经营大户集中,用于发展效益较高的经营项目,就能大大提高土地的利用效益。这是由于市场机制在土地资源配置中能发挥重要作用,是弥补一家一户平均占有土地资源的缺陷,实现土地与劳动力、资金技术等生产要素有效结合,提高农业综合效益的有效途径。

1.3.3 实施农村土地流转能够稳定完善土地承包关系,保护和调动农民的积极性

延长土地承包期30年不变,是党在农村的一项基本政策。在承包和承包关系不变的前提下,因势利导,促进农村土地流转,妥善处理好农村人地矛盾、结构调整、农村劳动力变化等因素对土地承包关系的影响,能够保护和调动农民的积极性,解放和发展农村社会生产力。

1.3.4 实施农村土地流转能够加快农业技术和农业机械的推广进程

农村土地流转后,承包大户都渴望使用新技术、新品种,以提高产量、提高效益。这样,农技部门推广新技术、新品种、新机械的对象少

了、难度小了，而规模和面积却会以几倍、几十倍甚至更多倍地增加，从而能有效地提高农业劳动生产率，促进农业现代化的发展。

1.3.5 实施农村土地流转有利于农村劳动力向二、三产业转移

解决中国"三农"问题的根本出路是大量减少农民。这些农民到哪里，就不只是农业和农村内部的事情了，它涉及到整个社会利益格局的大调整。这种流转机制的建立，改变了部分农民"亦工亦农，亦商亦农"的兼业化状态，解除了土地对这些农民的束缚，促进了农村劳动力向非农产业转移，向城镇聚集，推动了城市化、农村现代化进程。

1.3.6 实施农村土地流转有利于增强农村集体经济实力

与土地家庭承包经营制度配套运行的是村民自治的农村经济社会管理体制，乡村集体经济组织为了保证这种制度运行，往往把管理费用按土地承包数分摊给农户，农户为了逃避所分摊的税费而抛荒弃耕，农村土地流转制度形成以后，乡村集体经济组织为解决抛荒所致的欠缴税费问题，也积极地推动弃耕户转让承包地，实现农村土地流转和税费负担落实，形成了农村土地流转的外部动力。这样的状况使得在增加农户收入的同时有利于增加集体收入。无论是委托转包还是反租倒包，村集体经济组织借助于土地集中连片、土地整理、招商引资等手段，提升了土地利用价值，增加了经营收入和发包收入。

2. 国内外研究动态及评述

2.1 国内研究动态

2.1.1 关于农村土地流转宏观层面的研究

2.1.1.1 关于农村土地制度变迁的研究

农村土地制度的历史变迁源于客观条件的变化，当客观条件发生变化后，就会产生外部利润，而这种外部利润并不能在现行农村土地制度

下获取。因此,对经济当事人而言,要想获取这种外部利润,就必须改变现行的农村土地制度安排,实现农村土地制度的变迁和创新,这就是诱致农村土地制度发生历史变迁的经济学原因。当农地制度变迁和创新的要求得到满足时,农村土地制度变迁和创新也就得以完成,外部利润因而也就能够内部化。因此,农村土地制度变迁因客观条件变化而起,以外部利润内部化而终。

  林毅夫教授运用制度经济学对中国农地制度改革进行了开创性的研究。在分析土地承包制的制度绩效时,他运用统计与计量手段指出,1978—1984年间,是自1949年中华人民共和国成立以来农业增长的最快时期。其中,家庭联产承包责任制又是这一时期农业实现高速增长的最主要原因。计量研究表明:家庭联产承包责任制这一制度创新所做的贡献率为46.89%,大大高于提高农产品价格、降低农用生产要素价格等其他要素所做的贡献。他的证明家庭经营制度优越性的模型对家庭承包制与杂交水稻技术分别对农业增长的贡献的论证,对家庭承包责任制改革带来生产率提高的测度和集体化的人民公社为什么失败的分析为制度经济学增添了新的内容。[2]这是国内学者第一次指出农地制度是决定农业发展的第一位要素,这一研究成果标志着新制度经济学在我国经济研究活动中的引入。在批判"三级所有,队为基础"的农村土地制度弊端时林毅夫认为:一是该产权制度安排,对任何单个社员来说,他都不拥有相对于其他成员的对生产资料排他性使用权、收益权和处置权。在这种背景下,公有财产收益或损失对每个当事人都有很强的外部性,这种外部性随集体经济成员的扩大而加强,这导致劳动监督成本太高;二是由于该产权制度的目标是追求将社区内的不平等减少到最低程度,因而这种制度不提供劳动激励规则,从而出现了劳动激励缺乏的问题。[3]这从另一层面分析了农地产权制度对农业经营的根本约束作用。

  关于农地制度对农地资源合理配置的作用,汪丁丁的研究结论是:"包产到户"既节约了代理人成本,又节约了信息成本,同时也是中国

"传统"所指示的方向,因而非常成功。[4]

罗伊·普罗斯特曼认为中国农业要提高竞争能力,提高农业生产效率,必须全面落实30年使用权,彻底终止土地调整,从而赋予中国小农户长期而有保障的土地使用权,并制定明确的法律规定允许农户之间在自愿基础上进行部分或全部的土地使用权转让。[5]

钱忠好(1999)运用新制度经济学理论对农村土地制度变迁和农村土地制度创新问题进行了较为系统的研究和总结,如对理论界关于农村土地制度创新的观点和方法作了全面系统的总结,特别是对中国农村的非正式制度如中央集权主义、平均主义等对农村土地制度创新的影响作用的研究以及对农地制度创新农户心态的实证分析都反映了农村土地制度研究以及农村土地流转研究的前沿动态。[6]

姚洋(2004)在研究农村土地制度与经济绩效时,通过对江西、浙江两省5县449户农户的计量研究,测量了以上农村土地制度残缺对土地产出率的影响,并分析了这些影响的形式和途径。其基本结论是,地权的不稳定性和对土地交易权的限制对土地产出率具有负面的影响。他又研究了一般均衡框架下地权稳定性对于土地投资的影响,提出了地权稳定性的直接效应和间接效应,直接效应为正,但是间接的交易效应要视农户家庭的土地市场参与而定。通过分析土地转让权对土地投资的影响,得到一个重要启示:当经济处于工业化时期,土地转让权具有压倒性作用。[7]

蒋永穆、安雅娜(2003)依据路径依赖理论提出农村土地制度创新的目标模式和基本框架。他们认为土地创新目标模式的建立要高度重视路径依赖的作用,必须要突破原有农村土地制度变迁的路径依赖对农村经济发展的不良影响。农村土地经济效率模式的基础是建立农村土地按类分级集体所有制;关键在于完善农村土地使用权制度,推进土地使用权流转和土地适度规模经营。[8]

冯子标(2002)认为土地市场化是解决"三农"问题的根本出路。

他认为土地价格市场化,就是是增强内生变量对价格有效反映的根本途径,使土地价格确实反映其稀缺程度,是增强农业生产部门剩余积累的唯一手段,并且他认为我国农业生产收入持续下降,是一连串问题的结果。[9]

王安岭(2002)引入永佃制农村土地制度框架,明确提出土地经济所有权归农民、土地法律所有权归国家,法律所有和具体经济所有相分离的概念,形成农民土地承包经营权与经济所有权相结合的土地经营制度格局,构筑中国农村土地市场发育的产权基础。[10]

张新光着重从农村土地制度和土地政策层面分析农地均分制度在我国各个重大历史时期发挥作用的不同表现形式、影响及原因,他认为要依靠市场机制配置资源,提高土地产出率和农业劳动生产率,要依靠市场中介组织发展,提高农民组织化程度并由此推进农业产业化经营。[11]

王克强(2003)在较为系统地分析了我国农村土地市场后,认为应该将土地市场的各个子市场视作一个有机整体进行研究,他归纳出农村土地市场体系并对土地市场供给和需求约束从宏观和微观两方面作了深入的分析。并且还分析了地产市场竞争的缺陷,从定量分析上论证了土地价格波动的原因和特性,指出了必须从宏观和微观两方面系统地推进农村土地市场建设,并提出了地产市场切割性概念和空间低价模型。[12]

李晓明、茆志英(2006)提倡用新制度经济学来解决我国的土地问题,认为制度是继天赋要素、技术、偏好后经济理论的第四大支柱。他们主要是从广义和狭义两个方面对交易费用进行分析,认为我国土地承包制度的供给与农民所期望的制度需求之间存在着巨大的反差,即制度出现了严重的非均衡状态。制度调整必须达到两方面的目标:既能够实现农民的经济收益预期,又能实现国家的经济发展和安全目标。制度供给不足就要进行制度的调整、变迁和创新,进行制度的替代、转换与交易。[13]

邹东涛认为，有效率的制度才能够成为推动生产力发展的根本因素，在不同的制度下，生产力诸因素的组合方式（资源配置方式）和发挥出来的生产力（资源配置效率）是截然不一样的。[14]

郑景骥、葛云伦（2006）在《中国农村土地使用权流转的理论基础与实践方略研究》一书中指出，不稳定的农地制度会降低农户进行长期投资的积极性并带来生产率的损失。[15]

廖小军（2005）的研究表明，农村土地制度被看做是村庄集体决策的结果。土地调整的正面作用是为村民提供一个收入保险机制，负面作用是降低地权的稳定性，损害村民对土地投资的积极性，同时每一次土地调整涉及较大的谈判成本。[16]

孙少岩（2007）《从制度经济学角度分析农村土地流转》一文从制度经济学角度分析农村土地流转。他建议为促进农村土地流转，应该从以下几个方面入手：第一，加快土地承包经营权的物权化进程，土地承包权只有成为物权，才能表现为一种具有交换价值的独立资产；第二，流转土地的投资收益率提高是吸引更多的农户参与农村土地流转的关键；第三，土地承包权作为物权的改革应当与社区的成员权联系；第四，改革土地征用制度，尽快建立土地交易制度；第五，在土地承包经营权流转中政府或集体的介入，必须注意合理的边界。[17]

2.1.1.2 关于农村土地流转意义的研究

罗必良（2008）认为：农村土地流转的本质，就是推进土地要素的市场化，能够有效改善土地资源配置效率，进一步激活农业剩余劳动力的转移，为农业规模化、集约化、高效化经营提供广阔空间。[18]蔡继明（2009）认为：改革30年来，农村土地制度再没有发生大的变化。家庭承包体制发挥的能力已经用尽了，必须有制度创新才能调动农民的积极性。[19]

姚洋（2004）提出，在一个理想的新古典框架中，土地和任何其他要素一样，自由流转总能提高资源配置效率，并能反过来促进劳动力要素的流动和农业生产效率的提高。已有的实证研究也证实，土地交易权的限制对土地产出率具有负面影响，其影响途径是降低要素配置效率。

聂华林（2001）等人认为，农村土地使用权流转是农村市场经济发展的内在要求，有利于解除农民对土地长期投资的思想顾虑，实现土地集约化经营，是提高土地经济效率的必要条件，有利于及时调整劳地比例，促进耕地合理流动，实现土地资源优化配置，有利于农村剩余劳动力转移和农村二三产业发展等，对维护集体和农民利益、保护土地生产力意义重大。[20]因此，必须建立农地流转制度，促进农村土地流转。但是，农地流转不能盲目进行，一哄而上，它应该具备一定的条件。

刘启明（2002）总结了农村土地流转的六条意义。第一，有利于促进农业结构调整；第二，有利于促进农村土地资源在土地经营者之间合理流动，优化土地资源配置；第三，有利于加快农村土地经营规模化和集约化的进程；第四，有利于加快农业产业化进程；第五，有利于吸纳各种社会资金投入农业生产和农业的综合开发利用；第六，有利于农村基础设施建设和农田水利工程的改造。[21]

刘友凡（2001）从人力资本素质与文化角度提出了农村土地流转的意义。他认为，农村土地使用权流转促进了农民观念的更新和科技素质的提高。一方面，随着土地使用权的流转和"一优两高"农业的大面积推广，农民对知识和技术的渴求愈来愈强烈，对市场信息、市场行情的把握愈来愈敏锐，学科学、学技术已成为新一代农民的追求；另一方面，农业生产要素的合理流动，增强了农民的市场意识、竞争意识和开放意识，破除了封闭保守、自给自足的小农经济思想，解除了农民世世代代对土地的依赖，形成了多元化的农村市场经济主体。[22]

梁亚荣、刘安然（2006）从新农村建设角度阐述了农村土地制度改革的意义，认为新农村建设与农地制度改革两者相互影响相互促进。

新农村建设推动了农地制度改革,而农地制度改革特别是规范的农村土地流转制度改革会大大加快新农村建设的步伐。[23]

李明宇(2006)在分析农村土地流转的意义时认为:农村土地流转制度的改革关系到整个改革的成败,是建设社会主义新农村的必然要求。他认为加快农村土地流转制度改革会在很多方面促进农村的发展。[24]

2.1.1.3 关于农村土地流转的动因研究

冷崇总(1994)认为土地使用权流转是农村经济发展的客观要求。第一,农户人口的变动和劳动力的增减要求土地使用权流转;第二,农村产业结构的变化要求土地使用权流转;第三,规模经营要求通过土地使用权流转实现土地的相对集中。实现规模经营,既是农业现代化的必然要求,更是农业经济发展的内在要求,通过规模经营不仅可以为大型农机具的使用创造条件,而且可以获得土地规模效益。[25]

张凤珍(2001)分析我国建国后农地制度变迁的历史后认为农村土地制度的形成与缺陷是土地使用权流转的原因。第一阶段是从1949年到1952年,在农村进行土地改革,废除封建土地所有制,把土地分配给农民,实行"耕者有其田";第二阶段是从1952年到1956年,在农村开展合作化运动,把个体农民土地所有制变成了集体所有制,1958年后又演变成为"队为基础,三级所有"的制度;第三阶段是1979年以后,农村全面推行家庭联产承包责任制,依据人口多少,把土地平均分配给农民。土地的所有权归集体,经营权归农民,是在不改变土地所有权的基础上对经营方式进行的变革。[26]

季虹(2001)在《论农地使用权的市场化流转》一文中认为农村土地流转的动力来自家庭联产承包责任制的制度缺陷。家庭联产承包责任制,提高了农业生产中家庭经营的效率,解放了生产力,促进了农业的发展。随着市场经济体制改革的深入,农村社会分工和商品经济的发展,使家庭联产承包责任制日渐暴露出自身的不彻底性和不完善性,所以这一制度安排在取得令人瞩目的绩效的同时,始终存在制度缺陷:第一,农民使用土地普遍存在随意性和不稳定性;第二,土地权属关系混乱,所有权主体界定不清,内容界定不完整;第三,农民承包的土地常被随意地调整、征用,造成土地规模日益碎化,农民对土地承包权日渐失去安全感,土地使用的短期行为严重;第四,整体生产效率低下。家庭土地承包制实行小规模经营,虽然获得了较高的产出率,但是以劳动力等生产要素的高投入为代价的;第五,难以形成适度的规模经营,难以调动农民对农业基础设施建设的积极性。他认为解决这一问题的出路在于长期稳定农民土地承包权并把农事活动方面的土地使用权无限地交给农民,同时允许农地使用权的市场交易。[27]

刘友凡(2001)则从城市化角度来解释农村土地流转的动力机制,他认为农村城镇化进程推动土地使用权流转。近年来,随着我国经济的快速增长,小城镇、中心村迅速崛起,对农民产生了强大的吸引力,一大批农民纷纷从农村涌入城市。在这一过程,农民不仅实现了由"村民"向"市民"的转变,同时也实现了从土地向实业的转移。可以说,农民对土地的依赖程度在逐步下降。[28]

张红宇、姚咏涵(2002)从国民经济的结构转换角度来分析农村土地流转。他认为农业外部环境变化和农业比较利益变化是推动土地使用权流转的主要动因。最近几年,农地使用权流转速度有所加快,呈现为农村土地流转规模扩大,频率加快;农村土地流转区域不断扩张,土地使用权流转由沿海发达地区向内地扩张趋势十分明显;农村土地流转形式多样化。其原因是:(1)农产品供求关系发生重大变化,农产品价格持续走低,土地经营效益下降,(2)农民和土地税费负担不断增加,农民生产积极性下降,农民不愿种地。[29]

邵书慧(2005)分析了影响农村土地流转的内在动力和外在动力,他认为土地流转的动力机制是土地流转过程中内部动力与外部动力共同作用的结果。内在动力有5条:每亩农业纯收入、非农就业率、政府干预、人均承包土地面积、农民受教育水平。外部动力也有几条：农业新技术应用需要、加入 WTO 的促进、农村工业化和城镇化需要、农村经济结构调整。[30]

陈永志、黄丽萍（2007）对农村土地使用权流转的动力、条件及路径选择进行了研究，指出农村土地使用权的流转、土地规模经营的实现，是中国农民继家庭联产承包责任制后的又一大创造。第一，从内在机理看，农村经济发展是形成农地使用权流转的内在动力，相对价格变动是农地使用权流转的源泉。他认为在制度经济学看来，相对价格的变化是制度变迁的源泉。而相对价格的变化包括要素价格比率、信息成本以及技术等一系列因素的变化。我国农村土地使用权流转是我国农村土地制度的进一步变迁，它的源泉主要来自劳动力相对价格以及技术这两个方面的变化；第二，对潜在利润的追求是农地使用权流转的驱动因素。其一，规模化生产将促进农业机械和现代农业技术的推广与应用，从而大幅度提高农业劳动生产率和边际效益。专业化分工和规模化生产带来的利润增长是现代农业的基本要求。其二，农业生产结构调整带来的利润。通过土地的使用权流转，适当集中土地，发展规模农户，以追求利润为目的的大户根据自己的意愿、以市场为导向、调整农业生产结构，发展效益型农业，带来农村土地流转的获利空间。[31]

2.1.1.4 关于农村土地流转的法律框架研究

农村土地流转必须有法可依，现行土地法律制度存在缺陷，怎样完善有关农村土地制度的法律法规，使之更好地为我国的农村土地流转服务，许多学者开始思考这个问题。曾新明、侯泽福（2006）从法律视角研究如何加强农村土地使用权流转的法律制度建设。他们认为土地是农村最基本的生产资料，土地作为一种资源和生产要素，必然要求合理流动和优化配置。因为集体土地所有权主体不明确，集体土地使用权的流转无法得到保护，所以应修改《土地管理法》及相应的法律法规，解决集体土地所有权的错位、缺位或虚位问题。正确认识农村集体土地使用权流转途径、原则和程序,有助于完善集体土地使用权依法转让的法律机制,实现土地资源的最佳配置。集体土地使用权人的土地权利得不到保障,经济受损严重,故立法应严格界定"公共利益"的范围。对进行文化、国防建设及兴办社会公共事业的,可以由国家进行土地征用,而对于进行经济活动的,则不宜纳入公共利益的范畴。[32]

高汉(2006)对土地承包经营权流转进行了法律分析。指出了《物权法(草案)》公布之前有关土地承包经营权的制度缺陷以及《物权法(草案)》本身的缺陷,《物权法(草案)》第132条赋予土地承包经营权人自主转让其土地承包经营权的权利,但该草案第133条的规定却限制了土地承包经营权的自由流转。作者对我国土地承包经营权流转提出了立法建议,其中最重要的是取消对土地承包经营权转让的限制性规定,并对《土地承包法》的相应规定进行修改,对以转让等方式流转土地承包经营权的具体要件予以明确。作者指出未来立法应确认土地承包经营权流转的抵押方式和继承方式,建立土地承包经营权变动登记公示制度。[33]

2.1.1.5 关于农村土地流转现状的研究

农村土地制度研究一直是热点问题,关于中国农地流转状况,国内学者做了大量的研究。1978年中国农村实行的土地家庭承包责任制为农地流转市场的发育提供了制度基础,经过30来年的改革开放和发展,农村经济发展迅速,农地流转日益活跃。张红宇(2002)在《中国农村的农村土地制度变迁》一书中指出,直到20世纪90年代中期以前,我国土地使用权流转的发生率一直偏低。根据农业部1993年的抽样调查结果,1992年全国有473.3万承包农户转包、转让农地1161万亩,分别占承包土地农户总数的2.3%和承包土地总面积的2.9%。另外,根据1998年对8省所做的调查结果显示,参与市场流转的土地仅占全部土地的3%—5%,其中,流转率最高的浙江省也仅占7%—8%。[34]俞海等49人对东北、华北和长江中下游的调查数据显示,2000年转出土地的农户比例约为9%，农村土地流转的面积比例约为12%，其中，长江中下游转出土地的农户比例和农村土地流转面积比例分别为12%和14%，高于东北和华北的比例。虽然20世纪末直到最近几年，各地政府为推动农地流转出台了一些政策，但这些政策实施的效果并不明显。目前，就我国农地流转而言，总体上农地承包经营权的市场流转并没有随着新的土地政策的推行而到来，市场流转发生率偏低。

宋山梅（2009）等对贵州贵阳市白云区和远离中心城市的遵义市务川县的农村土地流转状况，采用入户问卷方式作了调查，共调查了6个村的339户农户家庭。其结论认为具备一定规模经营的农户，流入土地意愿比小规模农户更加强烈，在两个县区6个村3228户农户中，有332户发生了农村土地流转，占总农户的10.03%；发生了流转的土地面积，占土地总面积的9.4%。他分析认为根据当前种粮可增加家庭收入，尤其是在国家实行免交农业税并对种粮农户给予大力补贴、扶持后，农户扩大耕地面积的热情更加高涨。流出土地的略显多些，有274户，占样本总体的8.48%，共出租农地1001亩，平均每户出租农地3.65亩。[35]

2.1.1.6 评述

农村土地制度作为在影响农业发展的诸多体制因素中最重要的因素，历来是社会各阶层利益博弈的焦点。农村土地制度是一个国家的基本经济制度，也影响着一个国家的政体与国体。由于世界各个国家及地区的政权性质、历史条件以及资源禀赋的差异，形成了各个国家及地区各具特色的农村土地制度。因此农村土地制度也是农村土地流转的制度基础，决定了农村土地流转的性质、内涵与外延，所以农村土地流转是建立在现有农村土地制度框架范围之内的，是对现有农村土地制度框架的完善与补充。

农村土地流转的宏观方面的研究主要包括农村土地流转概念的定义、农村土地流转的意义、农村土地制度变迁的分析、农村土地流转的主体确认、农村土地流转的动力因素以及农村土地流转的法律制度等，其中，农村土地流转概念的定义是研究我国农村土地流转的前提基础。在研究中发现基于制度变迁角度来研究我国农村土地流转的文献相当丰富，新制度经济学突破了传统经济学中关于经济人、理性人的假设，同时注意到了非制度因素的作用，为我国农村土地流转制度的形成发展提供了理论依据。总而言之，农村土地制度对农业发展、农业资源（包括农地资源）配置的作用体现在两大方面：一方面，无效率的制度及制度变革的滞后对农业发展及农地资源的合理配置的约束作用也是极其明显的；另一方面，有效率的制度和及时的制度变迁与创新有利于促进农业的发展。因此，土地承包经营权流转作为对我国农村土地制度的改革与完善，是支撑我国下一阶段农业经济的快速发展和农业资源的优化配置的制度资源。

2.1.2 农村土地流转微观方面研究的综述

2.1.2.1 关于农村土地流转市场的研究

（1）农村土地流转市场类型的研究

许多学者对农村土地流转市场类型作了总结，其中郑静波（2001）的总结比较全面且具有代表性，其在《农村土地流转——农业结构调整绕不开的话题》一文中把目前农村土地使用权流转的形式总结为以下几种：[36]

1. 转包。指农民将承包的部分或全部土地使用权，在一定期限内转包给第三者，原土地承包关系不变，接包方向转包方交付一定的转包金或承租双方商定其他条款。2. 转让。指农户将承包的部分或全部土地的使用权连同承包权一起转让给第三者，终止原土地承包关系，由新承包方履行土地承包的权利和义务。3. 退包。退包是转让中的特例，指农户自愿放弃土地，又没有第三者承接，而将土地退还给集体，由集体重新发包，终止原土地承包关系，重新发包，收入归集体所有。4. 互换。指农户之间互相协商，将承包的部分或全部土地进行位置调换，原土地承包关系不变，互换双方继续履行原土地承包的权利和义务。5. 委托代种。指农户将承包的部分或全部土地委托他人代耕代种，代种金双方协商，不改变原土地承包关系。这种形式适合因短期外出务工经商暂时无力耕种，又想随时收回土地的农户，或第二轮承包期间集体预留尚未发包的机动地的流转。6. 反租倒包。指集体经济组织在征得农户同意的前提下，将农户的部分或全部承包地再承租过来，重新发包给第三者经营，原土地承包关系不变，接包方只交纳土地承包费，不履行原土地承包合同的权利和义务。7. 股份经营。指农户将承包地的使用权折成股份作为投资参与经营，原土地承包关系不变。8. 拍卖。指将土地的使用权依法公开拍卖，由购买者买断一定期间的经营权。

（2）农村土地流转市场存在问题的研究

一是土地转出者增收不明显。我国农地流转的现实是人地关系紧张与大量耕地撂荒同时并存，使用权流转收益倒挂，无偿转包和倒补贴转包现象屡见不鲜。邹伟的观点是：农用地内部流转交易能否实现，最终是看流转的利润大小，即不但要考虑交易成本，还要考虑交易的机会成本和交易收益。[37] 由韩连贵（2005）在2005年的调查显示，转出户需要倒找钱的占整个转出户数的70%。[38] 由于流转土地的双方都没有明显的经济利得，因而缺乏流转土地的积极性。不过，史清华（2007）等研究指出，尽管农地经营存在着效率恶化问题，但总体而言其转包行为对缓解农地经营效率恶化是有好处的。[39]

二是我国农村土地流转比例较低。戴中亮（2004）的研究指出：截止到2003全国以各种形式流转承包经营权的耕地已占承包耕地总面积的7%—10%，沿海发达地区稍高一些。[40] 王克强、刘红梅（2001）等认为：基于现实条件的理性选择，偏低的市场交易价格降低了出让农地的收益，挫伤了农户的土地供给积极性。绝大部分从事农业的是中老年人，文化素质低，难以适应非农就业竞争，把土地作为生活的来源，土地的保障功能和就业功能依然较强，而农村社会保障体系不健全，因此制约了农村土地流转的供给。[41]初玉岗（2001）认为：由于农产品的供求关系发生了重大变化及农业结构调整和非农业发展，使农业比较利益下降，影响了资本流入，因此，现有需求水平所决定的流转代价不足以调动起外出务工等农户出让其承包土地使用权的意愿，即有支付能力的需求不足。[42]

三是缺少农村土地流转市场和中介机构。肖文韬（2005）通过研究指出：大部分地区土地经营和使用权转移是排他性的，企业和外地农户极少承租和转包，因此土地使用权流转具有封闭性，影响了农村土地流转。[43]张红宇（2002）认为这种封闭性与缺乏有效的信息传递机制有关。[44]邢姝媛等明确指出信息不灵、交易费用高是许多农户有转移土地欲望而最终没有转移承包土地的主要原因。[45]田传浩（2004）等通过实证进一步分析指出现行农地制度下农地市场难以发育，归因于经济、农户自身的资源禀赋、社会等因素。[46]更多的研究将土地难流转、市场难培育归因于不稳定的模糊的农地产权、信息不对称和交易费用。有学者指出，乡村干部对农地承包经营权进行经常性行政调整是抑制农村土地流转市场化的一个重要原因。[47]

四是农村土地流转不规范。叶剑平（2000）较早期的调研发现，在已经发放给农民的土地使用权合同证书中，只有13.6%写有防止在30年内进行土地调整的条文，有25.6%写有允许在30年内进行土地调整的条文，且有3.9%的合同明确规定在30年承包期内进行土地调整。[48]傅晨（2007）在研究中注意到，有一半农村土地流转是农民自发私下进行的，随意性和不稳定性强，在流转手续和程序方面也存在不少问题，留下许多隐患，主要表现为合同管理不规范。[49]

（3）农村土地流转市场发育的制约因素研究

一是基于土地供需的研究。金永思（1997）认为农村土地流转市场的最大制约因素在于土地供给方面的原因。在现行土地承包制下，并未授予农户处置土地的权利。农户有地无权，而集体则有权无地，同时农民把土地使用权看做是就业、取得口粮和基本生活稳定的保障，由此导致了承包制内部土地处置权虚置和土地要素的供给障碍。因而，农户即使不能或不愿从事农业生产也不愿放弃其承包的土地。[50]

初玉岗（2001）则认为农村土地流转市场的制约因素存在供给与需求两方面的原因，其中最大制约因素在于土地需求方面的原因。在土地供给方面，目前我国各地都存在一些农地抛荒现象。如果农地需求相当旺盛，且需求者愿意支付较高的受让费用，这些抛荒土地的承包者就不会让其土地抛荒，而出让其土地承包权了。问题在于，目前并没有多少市场主体愿意出足够高的代价去接受农户转让的土地使用权。因此，农村土地使用权流转不畅的主要症结在于这种流转方面有支付能力的需求不足，现有需求水平所决定的流转代价不足以调动起外出务工等农户出让其承包土地使用权的意愿。在需求方面，制约农村土地使用权流转的关键原因是农业的比较利益低下。这种利益结构在很大程度上正是由零散的农村土地经营规模和经营方式造成的。要解决这个问题，一方面，必须加快农村土地流转和土地规模经营的发展，提高农业劳动生产率；另一方面，必须调整农业生产的内部结构，发展优质、新型、高价值的农产品。要想实现上述目标并且改变农地使用权流转需求不足的根本方法是必须有一种能动的主体，这就是市场经济中的农场主。如果我国存在大量能够发挥企业家作用的农户，那么农村土地使用权流转的需求一定会较快地增长起来，这种流转和土地的规模经营也会较快地发展起来。[51]

二是基于农村土地流转内生机制的研究。邓大才（1989）认为农村土地流转的内生机制不完善制约了农村土地流转市场的发育。土地财产的性质不清楚，各产权主体存在不同程度的"搭便车"行为。在产权方面已廓清了土地所有权与承包权、承包权与使用权、占有权、处置权之间的关系，但土地作为一项财产，既为集体所有，承包农户又在30年的承包期内具有一定的生产决策权、再租赁、再转让、抵押等处置权利，而且这种权利的长期化也正在研究。但相对一个完整的产权而言，承包者仅拥有土地的部分产权（承包使用权），这部分产权是否可构成农民的财产权，没有法律依据。另一方面，作为同一个客体，集体所有的财产与农民承包的财产能否共同享有，其产权如何分割，权利义务如何分摊等不清楚。这就导致了承包者不将承包土地作为财产看待，缺乏财产收益预期；欲购者也不将其作为资产看待，缺乏增值预期；集体所有权主体也没有人格化的代表行使所有权，维护所有权主体的利益。产权主体各方面都不同程度地存在"搭便车"行为，导致土地使用权流转没有内在的驱动力。[52]

三是基于外部环境的研究。黎元生（1999）、钱文荣（2000）、张秉福（2006）、蒋满元（2007）等则从土地使用权流转的外部环境不成熟解释当前我国农村土地流转比例较低的问题，可以总结为以下几点：

第一，针对现行农村土地流转制度的不完善以及实际操作中的不规范性相关部门还没有出台有关农村土地流转的法律法规和明确具体的政策，也没有制定完善的相关制度。这样农村土地流转的主体就会不明确，出现地方政府强行干预的现象。[53]

第二，土地价格偏离价值。对土地资源质量、价格的评估，需要较强的专业知识，不是一般的经营者所能胜任的。目前农村土地尚未开展定级估价工作，缺乏科学合理的土地价格体系，难于为交易者提供完善的价格信息。[54]这样，土地价格的形成和确定就有很大的主观性和随意性。[55]

第三，农村土地流转市场供需失衡。随着农村剩余劳动力转移的日益规模化，农村抛荒现象越来越严重，而需要土地的人却苦于无地可租，造成市场供需的不平衡。覃美英、程启智专门对农地使用权流转市场有效需求不足的成因进行了研究，认为农地的经营成本居高不下以及农业的经营收入呈下降趋势，这两方面导致了农地使用权流转市场的需求不足。[56]

第四，农村土地使用权流转的中介服务组织的发育严重滞后。缺乏农地评估机构、土地融资服务机构、土地保险服务机构等。现有的土地使用权交易服务工作主要由村集体包办。因而失去了中介机构应有的效率和公正。

第五，农业风险防范机制尚不健全。在市场经济条件下，农业是兼有自然风险和市场风险的弱势产业，特别是在我国农业基础薄弱的情况下，表现特别明显。两种风险交织下，农民很难获得社会平均利润，有时甚至收不回成本。因此，土地有偿流转就会因巨大的经营风险而难以推行，即使推行也难以达到预期的目的。

第六，我国农地转移不具备规模经营的条件。"农地普占"的原则致使农村土地零碎化程度较高，土地规模小难以流转，又因为农村土地流转机制不健全，要想实现规模经营必须支付较高的交易成本；土地的社会保障功能强于生产功能，目前我国的农村社会保障功能很不健全，土地仍然是农民的主要保障，农民在没有一个稳定的非农就业岗位之前不会放弃土地的承包权。

第七，交易成本过高。农户对于土地政策变化及土地承包经营期不确定的预期会使得他们的行为具有短期性。交易成本高，收益不确定，作为理性经济人，他们往往选择放弃农村土地流转。这同样导致农田抛荒现象逐年加重，再加之农业比较利益持续低迷，农民对农地转移的热情就不会很高。[57]

2.1.2.2 关于农村土地流转收益分配的研究

余艳琴、查俊华（2004）从委托代理的角度分析了农地的所有权的模糊性和承包经营权缺乏排他性带来的后果。[58] 孙国峰、郑绍庆（2004）从工业化和商品化两种不同的原始积累过程得出观点，认为土地所有权的民族国家所有的抽象主题地位不可动摇，但是农民必须完全获得一种准土地所有权意义上的使用权。[59]高小军（2004）利用现代产权理论，从使用权、收益权和让渡权三个方面对农地制度进行了分析，他认为农户缺乏物权性让渡权是制约农地资源优化配置的核心问题，要保护农户的现有的权利，就要合理界定收益权并逐步让农户获得物权化的让渡权。[60]张斌认为，在要不要流转、如何流转等问题上还存在一些亟待解决的问题。农村土地流转缺少必要的可实际操作的法律规范。从已实行"流转"的实际来看，农村土地流转的控制权主要集中在乡镇（涉农街道）、村（社区）领导手中。[61]综上所述，由于我国农地产权关系复杂，许多权益属于公共领域，土地承包经营权的交易也必然产生剩余收益，农村土地流转剩余收益的分配是农村土地承包经营权流转的关键问题之一。

2.1.2.3 农村土地流转中农户的行为研究

（1）影响农户农村土地流转意愿的研究

周其仁（2003）指出产权和制度是影响中国农村土地流转的主要因素。产权一般包括使用权、收益权和转让权，其中，转让权是最重要的一个。在理论上，清晰界定的转让权一定包含清晰界定的使用权和收益权。在实践中，经济结构的变化往往是大规模资源转让的结果。如果转让权受到限制，潜在的资源转让连同经济增长就会受到阻碍。[62]姚洋（2004）认为农地的转让权通过两种效应影响土地市场交易和经济效率：一方面，农地的自由流转提高投资的交易收益，从而间接刺激农户进行土地投资的积极性，可称为"交易收益效应"；另一方面，农地的自由流转改善了劳动投入和土地投资的配置效率，即"边际产出拉平效应"。[63]

叶剑平（2005）在《中国农村土地流转市场的调查研究——基于2005年17省调查的分析和建议》一文中认为：目前的中国农地市场处于初级阶段，发育缓慢，具有显著的区域差异性。产权和制度因素是制约中国农村土地流转市场发展的主要因素，规范的合同签订与承包经营权证书的发放能够促进农村土地流转市场的发展。此外，农户家庭人口数、非农人口比例、农民受教育程度以及区位条件等也是显著的影响因素。研究还发现，土地分配的完全行政方式（即土地调整）、过渡性方式（如"两田制"等）与土地市场方式之间存在着一定的替代和互补关系。

（2）关于农村土地流转中农户的行为分析

现阶段学术界关于土地承包经营权流转的研究，大多把农户在农村土地流转过程中的行为假定为一种理性行为，但也有学者提出了不同的见解。

张文秀（2005）认为，农户既是经济单位又是社会单位。作为经济单位，他是自负盈亏的独立的经营主体，追求效益或效用最大化，付出最小化；作为社会单位，追求经济效益最大化并不是其唯一目标，他还要考虑生存、就业等保障。因此，影响农户收入、就业、生存的因素就构成了农户农村土地流转行为的影响因素。[64] 钟涨宝（2003）认为，在既定的农地制度框架下，农户的农村土地流转行为不仅是一种经济行为，而且还是一种社会行为：农户农村土地流转行为的普及程度，以及行为过程中的理性化、契约化、组织化程度，都随着区域第二、第三产业的发展和农村商品经济的发展而提高。在农地市场尚未发育成熟的条件下，农户在农村土地流转过程中的行为不可能做到理性化；即使形成了规范的农地市场，由于农地资源不仅具有生产要素等经济功能，而且还具有社会保障功能，因而，在农村土地流转过程中，农户的行为选择也不可能做到理性化。鉴于上述认识，经济利益最大化并不是农户在农村土地流转过程中的行为选择的唯一标准，农户是否参与农村土地流转以及选择怎样的路径实现流转，都是特定行为环境下所做出的主观抉择。[65]

本书认为，在农户的土地承包经营权流转行为方面出现的"理性"与"非理性"之争，源于各人对"理性"有着不同形式的理解，实际上是反映了农户两种不同形式的"理性"之争。在土地承包经营权流转行为方面,虽然也受到传统习惯、风险约束等多方面的影响,农户作出了在复杂环境以及多种约束下的理性决策。

2.1.2.4 农村土地流转中基层组织的行为研究

刘守英(2002)分析近年来农村土地流转出现的新趋势,认为政府在这一轮的农村土地流转中起到了主导作用,并提出了在下一轮的流转过程中必须注意的问题,即必须保证农户在承包期内的土地权益,尊重和确保农户在农村土地流转过程中的主体地位等。[66]

钱忠好(2003)分析了乡村干部行为对农地承包经营权市场流转的影响。作为土地所有者处于垄断地位的农村集体经济组织与土地使用者农民在租金的选择上将处于非平等地位,经济地租就成为基层组织经济权力的实现形式,是土地所有者必然产生的一种寻租行为。其研究表明,乡村干部在与农户打交道时往往处于强势地位,这使乡村干部的偏好和行为对农地承包经营权具有极大的影响。基层组织在农村土地流转实际操作的时候创造性地发明了许多流转形式,如"反租倒包、划定项目区",甚至在"加快使用权流转,发展规模经营"的口号下,下达硬性指标等等,村集体在农村土地流转中扮演了"主角"。多个关于农村土地流转中"农村基层组织"这一主体的研究中,认为在农村土地流转的谈判、博弈过程中村集体经济组织处于强势地位,使农民的权益受损。因此,要加强我国农地市场化进程,就必须按市场经济的要求规范乡村干部的行为。乡村干部偏好于经常性行政调整承包地的行为是追求自身利益的必然结果,它在一定程度上抑制了农村土地流转市场机制的发育。乡村干部常常利用政策限定上的漏洞或乡规民约,极力收回他们对集体土地的控制权,并利用其局部的"立法"地位,维护、扩张其对土地的行政性调整权力。[67]

韩俊(2006)指出,从全国来讲,流转的土地还占不到10%,从总体看,农户土地使用权流转的发生率一直是很低的,但最近几年,农地使用权的流转在一些地方规模有所扩大，速度有所加快。农村土地流转中政府绝对不要代替农民，一定要尊重农民的意愿。在目前农村土地流转中存在推进农村土地流转时，只顾当前利益，根本不考虑未来市场的风险和不确定性，从而造成诸多隐患的情况；有的不尊重农民的意愿，随意改变土地承包关系；有的搞强制性的土地流转；有的把农村土地流转作为增加乡村收入的手段，抑或作为突出地方"政绩"的形象工程，损害了农民利益；有的在大多数社区成员不知情或不赞同的情况下，采取工商企业和大户进入农业的经营形式，以较长的租赁期限和强制性手段承租大面积耕地，使农民失去生存和发展的保障。[68]

甘庭宇（2006）从农民利益保障入手分析了土地使用权流转的问题，认为农民没有成为农村土地流转的主体，并明确提出应确立农民在农村土地流转中的主体地位。此外，他认为政府职能错位，暗箱操作，以各种借口强行收回农民承包地搞"反租倒包"；农村土地流转价格低，农民不能从中受益；租期过长。上述农村土地流转中农民权益受损的问题已经不容忽视。除上述观点外，甘庭宇还提出要制定合理的农村土地流转费，农地的流转费必须以农地价格为基础，选择合理的流转对象和确定合理的流转期限等。[69]

胡同泽等（2007）指出，要么部分政府干部思想僵化，不敢流转；要么政府权力在强制农村土地流转时"越位"而放任农村土地流转，疏于规范服务。[70]

刘洪彬等（2006）指出有些地方第二轮土地承包方案往往由乡村干部自行决定，并未经2/3以上村民的同意。虽然农民的集体市场意识和维权意识不断加强，地方政府仍能采取更为隐蔽方式对农村土地流转进行行政干涉，对集体农村土地流转收益进行强制分割。[71]

徐明华（2009）认为，在农村土地流转的实践中，由于有些地方缺乏规范管理，出现转受双方违约争地等纠纷，还有极少数地方甚至违背农民意愿强制流转,侵害农民的土地承包权益。[72]

魏君英(2009)认为,在农村土地流转过程中,应坚持土地"使用性质不变"的原则,必须切实保证新的经营主体把土地严格用于农业发展,绝对禁止未经合法审批,随意改变耕地用途的不法行为。[73]

陈成文、赵锦山(2008)认为,目前我国农村一些不规范的农村土地流转状况,严重地影响了农民的农村土地流转意愿。此外,农村土地流转形式不规范也严重损害了农民的利益和影响农村土地流转的顺利进行。因此,从政策的层面来看,加速农村土地流转,提高农民农村土地流转意愿,首要的是要规范农村土地流转行为。[74]

严永(2009)认为,在农村土地流转过程中存在没有充分考虑农民意愿的现象。一些地方政府没有充分考虑农民的意愿,将作为土地主人的农民视为可有可无的角色,只是热衷于从自身的政绩或其他利益出发,制定各种农村土地流转方案,甚至采取强迫的方式,擅自改变土地用途,将之转为非农用地,从而将土地经营范围从城市国有土地扩大到乡村集体土地,借以获得更多的土地财政收入。严重损害农民利益,影响流转顺利进行。[75]

吴百花(2009)认为在农村土地流转中存在以下侵蚀农民利益的行为:其一是在农村土地流转中,有些乡村集体组织,忽视承包农户农村土地流转收益的主体地位,截留、挪用农村土地流转收益,与民争利,损害了农民的利益;其二是有些地方乡镇政府和村级组织随意变更甚至撤销农户的承包合同,集中土地搞对外招商,强迫承包农户集中流转,影响了农村土地承包关系的稳定;其三是有些地方存在着借农村土地流转,绕过国家有关法规,大量占用耕地,改变农村土地农业用途。[76]

2.1.2.5 文献评述

农村土地流转的微观方面主要是指农村土地流转市场,包括市场的外部环境、内部运行机制、市场参与各方的行为以及市场的规制。在这些方面，学者们做了大量的研究，总结了我国农村土地流转市场的类型，指出了我国农村土地流转市场存在的问题以及制约因素，还对农村土地流转市场土地供给与需求的基本情况以及土地供需双方的行为进行了较为细致的研究，这些研究大部分是规范分析，涉及农村土地流转影响因素的实证研究也有一些。有鉴于此，本研究将从客观因素与主观因素两个方面来考察农户的农村土地流转的意愿，客观因素主要考察户主的属性及家庭规模、土地耕作条件、家庭经济状况三个方面对农户农村土地流转意愿的影响；主观因素主要考察农村土地流转政策环境对农户农村土地流转意愿的影响。研究手段采用实地调查研究获取第一手资料，然后运用统计与计量手段对调查数据进行处理分析。

2.2 国外研究动态及评述

2.2.1 农村土地流转宏观方面研究的综述

2.2.1.1 农村土地制度变迁的研究

诺思的制度变迁理论对认识我国农村土地制度变迁、指导农村土地制度改革有着重要的作用。诺思认为制度变迁是一个制度不均衡时追求潜在获利机会的自发交替过程（D. C. North，1990）。制度变迁是内在动力和外部竞争共同作用导致制度不均衡的结果。当制度外的变化促成了外部利润的形成，而这些潜在的外部利润又无法在现有的制度安排内实现"内在化"时，人们就会寻找一种新的制度安排，以便得到这些获利机会。制度变迁有两种基本类型：诱致性制度变迁和强制性制度变迁。前者指由个人或一群人在响应制度不均衡引致的获利机会时所自发倡导、组织和实行的制度变迁；后者则指由政府命令和法律引入而实行的制度变迁。在现实中，这两种制度变迁方式往往相辅相成，共同作用于具体的制度变迁过程。[78]诱制性制度变迁假说最早是由佛农·拉坦和速水佑茨郎在1984年正式提出的，主要思想是制度，特别是所有权的变迁受相对要素价格的诱导，相对要素价格提高的要素的所有权更趋向于向私人所有占有的方向发展。比如当土地的相对价格提高时,土地的所有权更趋向于私人占有。[79]

对农地制度的研究不仅涉及到制度经济学家,而且其他经济学家对这一领域也作出突出贡献。美国芝加哥学派的西奥多·W. 舒尔茨,他在《改造传统农业》这部代表作中,用了不少篇幅倾注他对农村土地制度安排与农业增长的关注。舒尔茨认为在改造传统农业中最重要的制度保证是,运用以经济刺激为基础的市场方式,通过农产品和生产要素价格来刺激农民,控制农场规模,用所有权和经营权合一的,能适应市场变化的家庭农场来改造传统农业,改造农业中的不同所有制形式,实行居住所有制形式等。尤其是他对"地租"功能的确认,表现了他对制度经济学理论的贡献。他认为,"地租在配置农业资源中执行着一种必要的经济职能。因此,任何对地租的压抑都有损于指导和引诱农民有效地使用农地的信号和刺激"。[80]

Binswanger et al. 也指出,由于大多数发展中国家缺乏完善的金融和保险市场以及社会保障制度,因此,二战以后进行土地改革的国家在市场机制作用下绝大多数出现了土地集中和两极分化,从而导致了经济效率和社会稳定的丧失。[81]在此情况下,土地租赁被认为是带来土地资源分配效率的有效形式,而且这种方式被认为比土地买卖市场更有效率。[82]关于农地产权制度的研究,Dale 和 Baldwin 通过对这些地区的研究指出,有效的土地市场不但要求有清晰的产权界定,而且还需要具备相应的制度环境。例如,必须具备有效的资本和借贷市场。这些国家土地私有化过程中出现的另一个问题是高细碎化、低价值、广泛分配的土地产权,由于没有有效的土地市场,这些完全分散的农地产权并不天生地带来一致的经济效率。[83]由此可见,私有化的土地产权并不必然创造出有效的土地市场。Bogaerts et al[84]研究指出,中欧国家的制度因素增加了农地交易费用。

以上研究表明,农村土地制度对农业发展、农业资源(包括农地资源）配置的作用体现在两大方面：一方面，无效率的制度及制度变革的滞后对农业发展及农地资源的合理配置的约束作用也是极其明显的，超过了科学技术、劳动力、土地、资本等生产要素的影响；另一方面，有效率的制度和及时的制度变迁与创新有利于促进农业的发展，有利于农业资源的优化配置，这就决定了在农地资源配置利用过程中，应把制度创新放在凸显的地位，以制度的更新来整合农地资源，提高农地的利用效率。因此，土地承包经营权流转作为我国农村土地制度的又一重大创新，是支撑我国下一阶段农业经济的快速发展和农业资源的优化配置的制度资源。众多国外研究也显示，交易费用是阻碍农地流转的一个因素，在推动农村土地流转时，各级政府应该充分考虑到这一因素，为农村土地流转搭平台，供便利，有效地降低农村土地流转的交易费用。

2.2.1.2 农村土地流转现状的研究

国外关于农地流转状况的研究，主要集中在前苏联、中东欧以及发展中国家。在东欧国家由于许多因素的影响，土地私有化改革并没有带来有效的土地市场的建立，土地市场并不活跃，土地所有权被分割得细碎化，土地难以有效地集中经营。这些国家实行了土地私有化政策，但政府仍然不同程度地保留了对土地市场的干预。例如在斯洛伐克，1997年私人土地租赁仅占11%，是东欧国家中农村土地流转率最低的国家。俄罗斯的私有化改革比较彻底，Wegren 以俄罗斯为例，对俄罗斯 20 世纪 90 年代实行的农地私有化以来农地交易和农地市场的发展进行了研究。在俄罗斯，自 1990 年实行土地私有化改革以来，农地交易市场迅速发展，农地流转非常活跃。在所有的私人土地交易中，乡村的土地市场实际上占有不容忽视的比例，例如 2000 年乡村的土地交易占所有私人土地交易的 42%。[85] 在每年进行的大量土地交易中，土地所有权买卖所占比例极低，到 2000 年，土地租赁市场大约占全部土地市场（租赁和买卖）的 90%。[86]

  Vikas Rawl 以印度南部的 Aurepalle 和 Dokur 两个村庄为例，对印度独立以来实行的土地改革后农场状况进行了研究。印度自上世纪 70 年代政府实行了土地改革后，农户可以通过乡村的政府机构土地分配获得土地，也可以通过佃农登记而获得土地，还可以通过土地买卖获得土地，使得无地和少地的农户获得了土地。在印度，土地买卖并不活跃。据调查数据显示，在 Panahar 和 Muidara 两个村庄，1995 年私人拥有的农地在 1977—1999 年间平均被买卖的比例大约只有 1.7%，而同期在印度其他地区被买卖的农地仅占 0.19%—1.23%。在印度，土地集中趋势比较明显，土地买卖的趋势是净卖出土地的主要是小规模土地持有者，净买入土地的主要是大规模土地持有者。大约有 20% 的农户是作为佃农耕种土地，土地租赁市场比较活跃。[87] 张红宇在《中国农村的农村土地制度变迁》一书中也提到，印度推行的政府干预农地市场的农村土地制度改革活跃了农地市场，使得穷人和无地的农户获得了土地，土地市场交易比较活跃，在印度南部的 Arepalle 和 Dokur 两个村庄，1993 年，在被调查的样本地块中，被 Panchayats 机构分配的农地用于交易的分别占 16.5% 和 1.9%，而在授证的样本农地中，用于交易的农地分别占 47.7% 和 28.3%。[88]

  在东欧前社会主义国家，尽管 20 世纪 90 年代农村普遍实行土地私有制，但是这些国家对农地买卖实行了严格的限制，农地所有权买卖仍然比较少，根据 Anna Burger（1995）对匈牙利 Csongr 的 6 个县的调查，从 1994 年 3 月到 1995 年 3 月间，农地买卖占全部农地的比例为 7%。即使是在西方国家，农地买卖的比例也是极低的，例如，在美国，1987 年农地买卖比例为 2%—5%；在英国，1989 年仅占 1%。Claudio Frisehtak（1995）提出政府干预会影响土地市场，导致土地市场的低效率和对穷人的歧视，主张改革土地交易管理制度，认为好的土地交易管理须具备完善的制度体制；建立土地信息系统，提供土地价格、附加投资以及地租等信息；建立地界纠纷处理系统，专门调节土地划分的变动，促进土地以较快的速度和合理的成本进行交易；解决土地交易争端和实施所有权；建立土地估价系统，依据地块大小、所有关系、产量、投入及产出等，估计地块的市场价，为农村土地流转交易提供价格信息；鼓励土地登记；地方政府和社区提供专门的土地技术支持；对为公共目的进行的土地征用进行合理补偿。

Matth、Gorto 通过对 Moldovaf 地区现在小规模土地经营状况的分析，认为鼓励农业生产的联合经营会减少土地交易的障碍，但如果没有界定清楚的土地所有关系和正式授权的土地证书，土地市场的功能仍然很微弱。[89] Jean Olson Lanjouw 利用一般土地租借均衡模型来说明农村土地市场和信息是否有效。[90]

帕金斯对中国长江中下游和其他高度商品化地区如福建沿海以及主要产米富足的地方如湖南中部等地的农地制度研究后认为，即使有某种机会，农民也不会轻易地出卖他们的土地。长期和永久的租佃契约是上述地区通常和主要形态。John L. Pender、John M. Kerr 根据印度两个村庄的调查分析限制土地交易对土地投资、耕种抉择及农业贷款的影响。[91]

Douglas C. Macmillan 从经济学角度分析土地市场，认为土地可以在公开市场进行自由交易，但是在交易过程中会发生市场失效，造成土地利用的动荡，因此，财政部门应支持政府干预市场，以弥补市场缺陷。以上的研究表明，产权的清晰界定是农村土地流转的前提；农村土地流转应遵循经济理性的原则，注重市场化因素；由于农地的自由流转存在着一定的市场缺陷，所以需要行政干预。[92]

Basu ArnabK（2002）通过研究指出，在土地资源配置过程中，土地利用开发的最普通方式是通过土地租赁市场合约形式。在不少发展中国家，由于农村金融和保险市场以及社会保障制度的缺失，农地买卖市场不但无法满足贫穷和无地的农户获得土地，反而可能使其失去土地，从而失去攀登社会阶梯的机会。[93]

2.2.1.3 文献评述

众多国外研究显示，交易费用是阻碍农地流转的一个因素，在推动农村土地流转时，各级政府应该充分考虑到这一因素，为农村土地流转搭平台，供便利，有效地降低农村土地流转的交易费用。研究我国的农村土地流转必须要关注基层政府组织、新兴的资本势力与农民集体力量的对比以及双方对权利的纷争。我们必须结合我国的具体国情以及基本制度框架来研究我国的农村土地流转问题。中国的土地使用权流转是建立在土地集体所有、家庭承包经营基础之上的，是在逐步完善土地市场机制下稳步推动的土地使用权流转，为的是提高农业生产的效率问题。由于中国农地的产权界定不够清晰，关于农村土地流转的法律与法规不够完善，在实际操作中存在着许多问题需要解决。

2.2.2 农村土地流转微观方面研究的综述

2.2.2.1 关于农村土地流转收益分配的研究

威廉姆森认为："人们不可能在合约签订以前的阶段，就事先估计到所有有关的讨价还价行为。"[94]正是由于当事人的有限理性和环境的不确定性，所以事前不可能签订面面俱到的合约，即签约之前的激励固然重要，签约之后的事后支持制度更为重要。威廉姆森虽然认识到了合约的不完全性，并认为这种不完全性根源于人们普遍存在的有限理性和环境的不确定性，但是他并未对不完全合约本身进行深入的研究。哈特与他的合作者格罗斯曼、莫尔提出了一种概念框架，也称为 GHM 分析框架。[95]经济学家把围绕这个框架发展起来的理论称为"不完全合约理论"。哈特教授是运用现代合约理论研究企业理论的开拓者，他的理论的基础就是合约的不完全性，即合约双方不可能详尽地把全部可能发生的情况下的责任和义务写进合约。在合约没有写明的情况下，对资产有控制权的一方便行使权力，由此便引出权力和控制权的配置问题，因为这一配置问题将影响企业的经济效率。

2.2.2.2 文献评述

笔者认为农村土地流转市场首先要解决机制设计问题，2007年诺贝尔经济学奖授予莱昂尼德·赫维奇、埃里克·马斯金和罗杰·迈尔森三名美国经济学家，以表彰他们在创立和发展"机制设计理论"方面所作的贡献。机制设计理论是研究在自由选择、自愿交换、信息不完全及决策分散化的条件下，能否设计一套机制（规则或制度）来达到既定目标的理论。由此可见，农村土地流转市场的核心是农村土地流转市场的机制设计问题，由于我国农村土地制度与完全竞争市场机制的基础相距甚远，土地供给方在市场力量方面的弱势、中国农地的产权界定不够清晰以及基层政府和集体组织对市场机制的权威的剥夺，农村土地流转市场的监管势必成为核心问题，在市场得到监督的前提下再进行农村土地流转市场的价格机制以及剩余收益分配机制的设计。有了良好的农村土地流转市场机制，农民在农村土地流转中的意愿就可以得到真实的表达，农村土地流转也就可以有序运行，达到优化资源配置，优化经济结构，从而推进国民经济增长以及社会结构的转换。

3. 研究的内容和主要研究方法

3.1 研究的内容

全书共8章，具体结构如下：

第一章：导言。本章首先提出本书研究的问题和研究目标，然后从农村土地流转宏观与微观两个方面进行综述。结合研究目标确立具体的研究内容、研究框架和研究方法，并对关键概念进行界定。另外，该部分还对论文的主要创新点和不足之处进行阐述。

第二章：农村土地流转的理论基础。本章首先对马克思主义地租理论与土地价格理论进行简要概述，然后对制度变迁理论在农村土地流转中的应用以及不完全合约与企业剩余理论在农村土地流转中的应用进行阐述，最后构建农户兼业经营行为的分析模型、农村土地流转的国家效应模型。在我国目前大力推动农村土地流转实现规模经营形势下，资本主义地租理论的研究对我国农村土地流转中土地租金的设定大有裨益，地租理论的分析，会给我国农村土地流转租金的合理确定提供一个重要参考。我国以市场化为取向的改革，认为市场是资源配置的有效手段，通过改善我国经济竞争环境，力求达到资源配置的帕累托最优化状态。完全市场竞争条件下，合理土地价格可以根据土地资源的帕累托最优化配置给出，即为土地的影子价格。制度变迁理论是新制度经济学体系的核心部分。新制度经济学的两个重要的制度变迁理论模型，即诱致性制度变迁和强制性制度变迁。农村土地流转制度与以前的强制性的农村土地制度变迁不同，作为我国农村土地制度的又一次改革，这一变迁过程具有明显的诱致性和自发性特点。农户兼业经营行为的分析模型表明：农户对两个部门的资源禀赋的使用的边际效用相等。由此可见，要使农民把资源禀赋由农业生产部门转向非农业生产部门，必然要求非农部门能够为农业生产提供比农业生产部门更高的边际效用。农村土地流转的国家效应模型表明：如果国家片面追求农村土地流转的经济效用即值较大，会导致农村土地流转的数量增大；如果国家注重农村土地流转的政治效用（趋向保守）即值较大，会导致农村土地流转数量不足。

第三章：我国典型地区农地流转态势。本章选取东部沿海地区三省（市）（上海市、江苏省、浙江省）、中部地区的四省（江西省、河南省、湖北省和安徽省）和西部的五省（自治区）（陕西省、甘肃省、新疆维吾尔自治区、云南省、贵州省），重点采用比较分析的方法，比较这些地区农地流转和适度规模经营的具体做法及其绩效差异，总结成功经验，为对策研究提供基础。

第四章：农村土地流转中的现状、存在的问题及制约因素。农村土地流转使土地实现了部分资本化，为农村经济发展带来新的活力，但由于土地产权、流转方式、市场培育、监督管理等诸因素的制约,我国的农村土地流转还存在很多问题与制约因素。本章结合前面的调查研究数据以及实证分析结果对农村土地流转中的问题及制约因素进行了分析。

第五章:农村土地流转动力机制及模式分析。土地作为农业生产最重要的生产要素与其他生产要素一样也具有经济物品与商品特征,其流动必然受经济规律以及政策制度的影响。本章从家庭联产承包责任制的制度优势已释放完毕、农村土地流转能实现农业规模经营,实现农业生产的规模经济、农业产业结构优化的客观要求、农村劳动力的转移要求、各级政府的大力推动五个方面总结出农村土地流转的动力机制。在此基础上按照土地承包经营权流转中的主导力量的差异,把农村土地流转模式总结为集体组织主导型、民间自发流转型、资本主导型这三种模式,并进行分析阐述。最后对农村土地流转的长沙模式进行总结。

第六章:农地流转促进农业适度规模经营的实现形式及绩效。本章从微观角度出发,选取我国农业生产大省——湖南省的典型案例为研究对象,分析企业型适度规模经营、专业合作组织型适度规模经营、大户型适度规模经营和股份型合作社适度规模经营等四种适度规模经营形式的主要做法及其绩效差异,以寻求适合不同地区实际情况要求的适度规模经营形式。

第七章:农户农村土地流转意愿实证分析。本章采用实地调查研究获取第一手资料,然后运用统计与计量模型对调查数据进行处理分析,从客观因素与主观因素两个方面来考察农民农村土地流转的意愿,客观因素主要考察户主的属性及家庭规模、土地耕作条件、家庭经济状况三个方面对农户农村土地流转意愿的影响;主观因素主要考察农村土地流转政策环境对农户农村土地流转意愿的影响。

第八章:基于博弈论视角的农村土地流转的机制设计分析。从博弈角度分析,一项制度安排的均衡实际上就是各相关利益群体利益格局的均衡。即使是一种制度安排会增加全社会的福利,降低社会成本,但如果可能对既得利益群体造成巨大的利益损失，他们为了保护自己的既得利益，可能起来反对新制度的安排，使新制度的创新不能实现。农村土地制度作为一国政治经济中的一项重要制度安排，不仅关系到一国政治稳定与经济发展，更是牵涉到各经济主体方方面面的产权利益，所以农村土地制度安排的选择必然会受到各利益群体的影响，对农村土地流转机制的设计必须要考虑到土地流入方、流出方、地方政府以及中央政府的利益平衡。本章将以博弈论为工具从农村土地流转的价格机制、剩余收益分配机制、上级政府对基层政府或组织农村土地流转行为监督机制三个方面来进行机制设计分析。

第九章：对策与建议。主要根据前述的分析，提出促进农村土地流转，增加农民收入的可操作性的对策和建议。

3.2 研究的主要方法

（1）文献回顾

理论回顾和文献阅读为本研究提供理论依据、研究思路以及方法借鉴。本研究问题的提出、研究目标及研究内容的确定都是建立在对现有理论和文献总结和归纳的基础之上。通过系统回顾土地经济学理论、农村土地流转宏观理论及农村土地流转微观理论，对现有研究文献进行深入总结和回顾，为研究的深入开展奠定了坚实的理论基础。

（2）实地调查

在调查研究方法的设计上，本研究主要采取快速调查和深度访谈相结合的两阶段调查法，将定量数据的收集同定性的农户访谈信息的获得相结合，这有利于从广度和深度两个不同层面对研究的问题进行探讨。定量数据主要通过结构性问卷调查法来获得，而定性数据信息则主要通过焦点小组访谈、农户访谈等社会调查方法来获得。问卷调查法常常被用于较大规模的抽样调查，且常常与数据资料的定量分析有关。户主的属性及家庭规模、土地耕作条件、家庭经济状况、农村土地流转政策环境等方面信息采取与农户面对面的问卷调查方法取得。

（3）定性与定量研究

定性分析常被用于对事物相互作用的研究中，它主要是解决研究对象"有没有"或者"是不是"的问题。定性分析有两种不同的层次：一种是研究的结果本身就是定性的描述材料，没有数量化或者数量化水平较低；另一种是建立在严格的定量分析基础上的定性分析。

同定性分析一样，定量分析方法也统属于研究领域的方法学体系。定量分析主要是通过可以量化的标准去测量事物，通过定量分析可以使人们对研究对象的认识进一步精确化，以便更加科学地揭示规律，把握本质，理清关系，预测事物的发展趋势。科研中的定量分析主要有统计分析和测量方法，而统计分析又分为描述统计和推断统计。定性分析和定量分析的共同点在于，二者的最终目的都是为了获得科学的符合实际的证据充分的研究结果；而二者的不同点则在于，定性研究侧重的是自然情境之下的主观方面的内容，定量研究则是注重数理化客观指标的实证。

在定量分析方面，描述性统计分析方法是一种不可或缺的方法，同时也是研究者普遍采用的一种分析方法。本研究中，将广泛采用此研究方法。本研究对户主的属性及家庭规模、土地耕作条件、家庭经济状况、农村土地流转政策环境等方面将主要采用描述性统计分析方法。

计量模型分析方法也将是本研究广泛采用的一种分析方法。在对户主的属性及家庭规模、土地耕作条件、家庭经济状况、农村土地流转政策环境与农户农村土地流转意愿的分析上，本研究将分别采用假设条件概率服从正态分布的二分类因变量模型，即 Probit 模型。本研究主要利用 eviews6.0 软件对所建立的模型进行统计与计量分析。

（4）比较研究

比较研究方法是社会科学研究的一种常用方法。本研究中比较研究方法多处使用，分别对不同调查地区、不同经济状况的农户，在土地转入或转出意愿方面进行了比较研究,借此总结规律、得出结论。

3.3 研究的程序和技术路线

3.3.1 研究的程序

本研究的研究程序按以下七个步骤进行:

第一步,提出研究目标。通过文献回顾,与专家指导小组讨论并听取相关专家建议,完善研究总目标,分解和提出可执行的具体研究目的。

第二步,设定研究的框架。从客观因素与主观因素两个方面来考察农民农村土地流转的意愿,客观因素主要考察户主的属性及家庭规模、土地耕作条件、家庭经济状况三个方面对农户农村土地流转意愿的影响;主观因素主要考察农村土地流转政策环境对农户农村土地流转意愿的影响。研究手段采用实地调查研究获取第一手资料,然后运用统计与计量手段对调查数据进行处理分析。

第三步,利用抽样调查问卷,进行入户调查。该阶段为本研究的重要一步,取得农户数据是本研究的关键点。问卷设计充分利用农业经济学、西方经济学、心理学、社会学、管理学等多学科知识,不但取得户层面的数据,同时也收集区域层面的数据。本研究的问卷设计分为户主的属性及家庭规模、土地耕作条件、家庭经济状况、农村土地流转政策环境等事项。在收集农户调查数据的同时,进行样本农户的村级访谈以了解村级基本情况,同时收集相关的文献资料。

在本阶段的农户调查可细分为两个阶段,一是快速的以问卷形式的农户调查,访谈主要以完成问卷内容为主。二是以深度访谈形式,忠实记录农户的声音,以定性为主,以问卷记录定量数据弥补仅问卷调查的不足。该阶段还有充足的时间来直接观察,这种方法需要调查者与被调查者密集交流,有利于观察者获得调查点农村环境的一般印象,甚至可能通过观察村庄里的某些重大事件来获得对村庄更进一步的认识。通过深度访谈了解某些特定的调查对象对某种事件的知识、观点和态度。

第四步，录入和整理从文献和实地调查所得的数据。

第五步，数据分析。从目的出发，对调查数据进行统计描述与计量分析。

第六步，形成本研究的基本发现。并通过对熟悉该领域的有关专家的咨询和交流，最后形成本研究的结论。

第七步，不断修改完成论文定稿。

3.3.2 研究的技术路线

本着理论联系实际的宗旨，本书在对农村土地流转一般原理进行梳理的基础上，试图对农村土地流转在中国的理论与实践展开研究，并严格遵循"理论—动力机制—机制设计分析—意愿分析—对策"这一逻辑路线，渐次展开分析研究工作。具体逻辑路线层次如图1所示。

4. 研究的创新与不足

4.1 可能的创新

（1）选题方面

本研究的选题契合了当今我国政府对农村土地问题重视的需要，农村土地问题是关系当前经济与社会发展的重大问题，农村土地流转受到各级政府与理论界的重视。

（2）内容方面

1. 对湖南部分地区农户农村土地流转意愿进行了实地调查，并运用统计与计量手段对调查数据进行分析处理，从客观因素与主观因素两个方面来考察农民农村土地流转的意愿，客观因素主要考察户主的属性及家庭规模、土地耕作条件、家庭经济状况三个方面对农户农村土地流转意愿的影响；主观因素主要考察农村土地流转政策环境对农户农村土地流转意愿的影响。

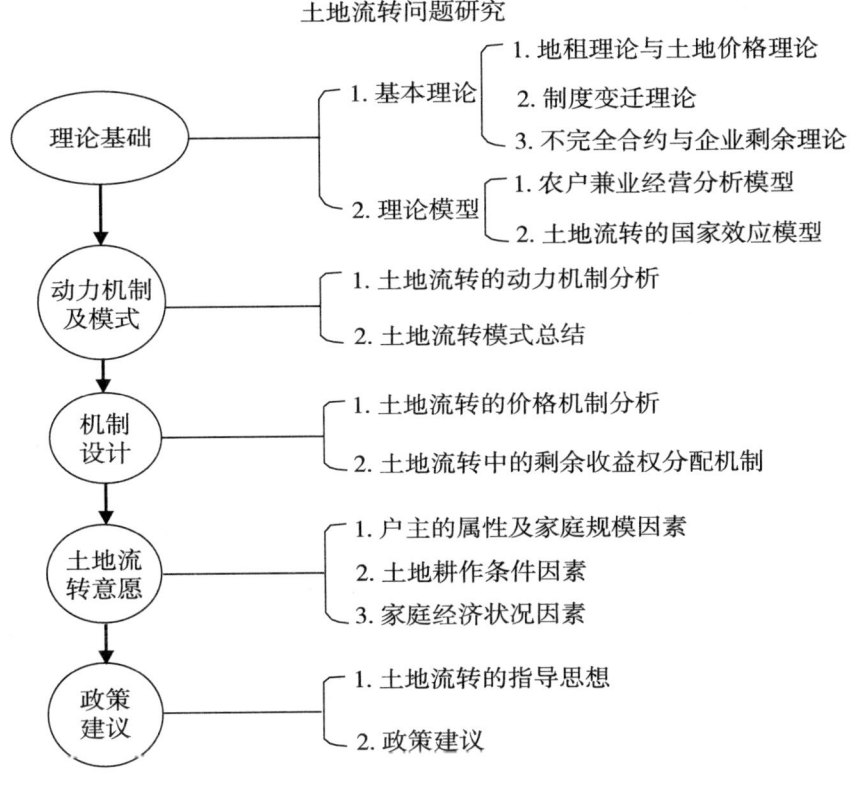

图1.1　全书研究的逻辑路线框架

2. 从土地转入与转出两个角度实证分析总结影响农户农村土地流转意愿的因素，改变了多数学者只关注土地转出的研究分析而忽视土地转入的因素分析。

3. 运用博弈论对农村土地流转的机制设计问题进行分析，指出农村土地流转的价格机制、剩余收益分配机制、监管机制是农村土地流转的关键问题。

4. 构建了农民兼业经营模型、农村土地流转的国家效用模型。

(3) 数据方面

本研究的第一手数据,来自于 2009 年深入农村实地入户调查的大量样本数据。收集的关于农村土地流转的综合性信息以及农村土地流转的外部环境与农户家庭详细资料,为本研究的结论的科学性提供了保证。

研究方法上,以具有广泛性和深入性大样本农户调查数据来进行分析。计量模型利用、对比研究、案例研究等相结合为结论的可靠性提供了保障,尽力忠实地反映了农户的真实表达,加强了对定量研究结论的支持。

4.2 存在的不足

1. 本研究实证研究的数据来自同一时刻的不同样本点的截面数据,只能反映截面的信息,而对随时间变化的动态信息没有体现。

2. 本研究以农户为研究对象,主要从微观角度用实证方法来研究和解释农村土地流转问题,对宏观方面因素的研究以规范分析为主。

第 二 章

农村土地流转的理论基础

我国农村家庭联产承包责任制无法解决农户的超小规模经营与现代农业集约化要求的矛盾、土地细碎化与发展土地规模经营的客观需要的矛盾、按福利原则平均分地与按效益原则由市场机制配置土地资源的矛盾,以及分散经营的小农生产与社会化大生产的要求的矛盾。这一系列的矛盾需要我们对现有农村土地制度进行改革与创新,在此背景下,农村土地流转被寄予厚望。本章首先对马克思主义地租理论与土地价格理论进行简要概述,然后对制度变迁理论在农村土地流转中的应用以及不完全合约与企业剩余理论在农村土地流转中的理论应用进行阐述,最后将构建农户兼业经营行为的分析模型、农村土地流转的国家效应模型。

1. 农村土地流转的基本理论

1.1 地租理论与土地价格理论

1.1.1 地租理论

关于地租的定义,马克思及其经典作家认为,地租是土地所有权在经济上的实现,一切形态的地租都以土地所有权的存在为前提。资本主义地租是资本主义土地所有者凭借其土地所有权取得的一种剥削收入。资本主义地租是剩余价值的转化形式,其本质是农业资本家获得的超过平均利润以上的那部分剩余价值(超额利润),这不同于封建土地所有制下的地租,封建地租是农民的全部剩余劳动产品,而资本主义地租是剩余价值的一部分。农业资本家因为对土地所有者的土地的租用,而把这部分剩余价值交给土地所有者,这部分超额利润就是地租。

经典地租理论认为,地租可以分成绝对地租、级差地租和垄断地租三种基本形式。其中,绝对地租是租种任何土地都必须向土地所有者缴纳的地租。级差地租是因耕种的土地的丰度(肥沃度)或地理位置不同,以及对同一块土地连续投资的收益差别而产生的优质土地的个别生产价格与劣等土地的一般生产价格之间的差额,其产生的原因是土地经营权的垄断,级差地租的实体是超额利润。按照级差地租形成的条件和超额利润转化为土地占有收入的特点,可将其分为级差地租Ⅰ和级差地租Ⅱ。级差地租Ⅰ是指由于土地自然、经济条件,主要是指土地经济区位的差别而形成的生产价格之间的差额。级差地租Ⅱ是指集约化经营所产生的超额利润,即由于在同一块土地上连续追加投资引起劳动生产率的不同而产生的超额利润。根据投资的不同特点,级差地租Ⅱ又可细分为两种:一是级差地租Ⅱa,是由于对土地的直接投资所形成的级差地租;二是级差地租Ⅱb,是由于对土地间接投资所形成的级差地租。

从马克思地租理论的角度来看,绝对地租是租种任何土地都必须向土地所有者缴纳的地租,应该属于土地所有者所有,级差地租Ⅰ形成的原因之一是土地位置的差异,级差地租Ⅱ产生的原因是因为在同一块土地上连续投资的劳动生产率的差异造成的。级差地租Ⅰ应该归土地所有者所有,级差地租Ⅱ应当由土地所有者和征地者共同所有。垄断地租是指租用极少数自然条件特殊,因而能生产稀有名贵产品的土地而缴纳的高额地租,应归全民所有。

在我国目前大力推动农村土地流转实现规模经营形势下,资本主义地租理论的研究对我国农村土地流转中土地租金的设定大有裨益,地租理论的分析,会给我国农村土地流转租金的合理确定提供一个重要参考。

1.1.2 土地价格理论

我国以市场化为取向的改革,认为市场是资源配置的有效手段,通过改善我国经济竞争环境,力求达到资源配置的帕累托最优化状态。帕累托最优的含义是:在一种经济状况下,如果没有一种方法能在不使任何其他人境况变坏的前提下,使某(些)人的境况变得更好,那么这种经济状况就是帕累托最优状态。如果资源和产出的配置能满足这个条件,即任何改变都不能在不使任何其他人境况变坏的前提下,使其他人的境况变得更好,那么这种配置就是帕累托最优配置。

完全市场竞争条件下,合理土地价格可以根据土地资源的帕累托最优化配置给出,即为土地的影子价格。在西方经济学里,影子价格定义为帕累托最优化配置时资源、产品或服务的边际价值。对于土地的影子价格,则定义为:土地资源达到帕累托最优化配置时土地资源的价格。

为简便起见,这里只讨论两个单位 A 和 B(是我国土地市场上的价格博弈,故既可以是用地者也可是土地出让者),两块不同质(不同地片或不同公共市政条件)的土地 G^1 和 G^2 的模型,在模型中还假定单位 A 对 G^1 和 G^2 的禀赋分别为 W_A^1 和 W_A^2,B 对 G^1 和 G^2 的禀赋分别为 W_B^1 和 W_B^2,A 对 G^1 和 G^2 的需求分别是 X_A^1 和 X_A^2,B 对 G^1 和 G^2 的需求分别是 X_B^1 和 X_B^2,A 和 B 的效用函数分别为 $u_A(X_A^1, X_A^2)$ 和 $u_B(X_B^1, X_B^2)$。

给定单位 B 的效用水平,即令 $u_B = u_B^0$,可构造单位 A 的效用最大化模型:

$$\begin{cases} \max\limits_{x_A^1,\ x_A^2,\ x_B^1,\ x_B^2} u_A\ (X_A^1,\ X_A^2) \\ u_B\ (X_B^1,\ X_B^2)\ = u_B^0 \\ X_A^1 + X_B^1 = W^1 \\ X_A^2 + X_B^2 = W^2 \end{cases}$$

式中 W^1 和 W^2 分别是土地 G_1 和 G_2 的总量。

构造拉格朗日函数：

$$L = u_A\ (X_A^1,\ X_A^2)\ -\lambda u_B\ (X_B^1,\ X_B^2)\ -u_B^0 -\mu_1\ (X_A^1 + X_B^1 - W^1)\ -\mu_2\ (X_A^2 + X_B^2 - W^2)$$

其中 λ，μ_1，μ_2 为拉格朗日乘数。[96]

由拉格朗日函数的一阶最优条件，可确定帕累托最优配置点，同时可确定 λ，μ^1 和 μ^2 三个拉格朗日乘数。这里的 μ^1 和 μ^2 正是商品 G^1 和 G^2 的影子价格 SP^1 和 SP^2，即：

$$SP_1 = m_1 = \frac{\partial u_A}{\partial X_A^1}\bigg|_{\substack{X_A^1 = X_A^{1*} \\ X_A^2 = X_A^{2*}}} \qquad SP_2 = m_2 = \frac{\partial u_A}{\partial X_A^2}\bigg|_{\substack{X_A^1 = X_A^{1*} \\ X_A^2 = X_A^{2*}}}$$

研究市场竞争条件下，土地资源的价格对我国农村土地流转标准的合理制定有很大的参考价值。

1.2 制度变迁理论

制度变迁是制度的替代、转换与交易过程。作为一种"公共物品"，制度同其他物品一样，其替代、转换与交易活动也都存在着种种技术的和社会的约束条件。制度变迁可以被理解为一种效益更高的制度（即所谓"目标模式"）对另一种制度（即所谓"起点模式"）的替代过程。在这个过程中，实际制度需求的约束条件是制度的边际替代成本（即机会成本）。制度变迁理论是新制度经济学体系的核心部分。在正统经济学中，制度被视为既定的，而在新制度经济学家看来，在人类社会经济发展历史上，制度是至关重要的。新制度经济学有两个重要的制度变迁理论模型，即诱致性制度变迁和强制性制度变迁。诱致性制度变迁指的是现行制度安排的变更或替代，或者是新制度安排的创造，它由个人或一群人在响应获利机会时自发倡导、组织和实行（林毅夫，1989）。诱致性制度变迁必须由某种在原有制度安排下无法得到的获利机会引起。诱致性制度变迁是否发生，主要取决于个别创新者的预期收益和预期成本的比较。诱致性制度变迁的特点可概括为：盈利性、自发性和渐进性（卢现祥，2003）。强制性制度变迁由政府命令和法律引入而实现。与诱致性制度变迁不同，强制性制度变迁可以纯粹因在不同选民集团之间对现有收入进行再分配而发生（卢现祥，2003）。[97]强制性制度变迁的主体是国家，国家最终还是要对自己的所有行动从总体上进行成本和收益分析比较的。也只有在预期收益高于国家强制推行制度变迁的预期成本，强制性制度变迁才得以发生。诺斯等人在多年研究的基础上，出版了《制度变迁与美国经济增长》一书，在该书中，诺斯和戴维斯构建了一个比较成型的制度变迁理论框架。这一框架就是制度变迁理论的基本原型，被称之为"诺斯—戴维斯模型"。[98]

农村土地流转制度是农村土地制度整体框架中一个重要的组成部分，与以前的强制性的农村土地制度变迁不同，作为我国农村土地制度的又一次改革，这一变迁过程具有明显的诱致性和自发性特点。

1.3 不完全合约与企业剩余理论

1.3.1 不完全合约理论

不完全合约理论的理论体系主要是在20世纪80年代后由哈特建立的，它起源于科斯在1937年发表的著名论文《企业的性质》，而后由哈特、格罗斯曼、莫尔等人进一步发展。其实，早在100多年前马克思就在《资本论》中，通过对工人和资本家两大产权主体缔约关系的系统、细致和深入的考察，深刻揭示了企业起源及企业内剩余权利界定的内在机理，提出了丰富而深刻的不完全合约思想，并形成了较为完整严谨的理论分析框架。

哈特是最早运用现代合约理论研究企业理论的开拓者。他首先研究了市场的不完全性，证明在不完全的市场里存在多个均衡点，这就离开了阿罗—德布罗只有一个均衡点的世界。在多个均衡点的市场里，并非所有均衡点都最优，这样市场就出了毛病。之后，哈特把研究工作从不完全市场转到了合约理论，进而得到了不完全合约理论。[99]

哈特的不完全合约理论对产权理论的发展作出了很大的贡献，首先它解释了德姆塞茨提出的"产权的分配可以解决搭便车问题"这一命题的漏洞，同时也否定了另一个产权理论即阿尔钦提出的"分配产权解决团队工作的激励问题"。概言之，在哈特之前，在经济科学中不存在一个透彻的产权理论。也就是说，不存在一个从基本原理推出的产权理论。过去已存的理论仅仅是些猜测。哈特的理论是在科斯猜测的基础上的一个重大的理论突破。这是当代经济学前沿中的一个重大问题。当前在经济学前沿，关于产权的理论和企业理论的争论基本都集中在对不完全合同这一概念的认识和争论上。但哈特的不完全合同这一概念对经济学的影响远超出了产权理论和企业理论。在《企业、合同与财务结构》一书中我们可以看到这一概念在许多其他方面的应用：财务合同、劳工合同、管理结构、企业兼并以及破产等等。

1.3.2 企业剩余及剩余索取权理论

丹尼尔森（1995）认为企业剩余是"准租金"，就是指那种不会影响现有的对需求者的供给而只是将来影响供给的要素的报酬。[100]青木昌彦（Aoki, 1990）认为企业剩余是："准组织租金"抑或"组织租金"。[101]德姆塞茨（Demsetz, 1983）认为企业剩余是企业的不确定的收入流与合同中规定给予代理人的固定报酬的差额，即企业的净现金流量，合约所规定的对净现金流量的所有者为剩余索取者。企业剩余索取权是指对企业总收入扣除所有的固定合约支付后的剩余额的要求权,即对企业剩余的要求权,是企业所有权的一个重要方面。[102]张维迎(1996)认为剩余索取权是相对于合约收益权而言的,指的是对企业收入在扣除所有固定的合约支付(如原材料成本、固定工资、利息等)的余额("利润")的要求权。[103]杨瑞龙、周业安(1997)从制度经济学的角度认为,对企业的所有权就是对企业经营的"剩余"或利润的独占权利。[104]费方域(2006)认为剩余索取权指的是对于团队的净收入及向其他投入支付报酬的权利。[105]法马与詹森(1983)认为剩余索取权是对企业的不确定的收入流与合约中规定给与代理人的固定报酬的差额的要求权,即对企业净收入流量的要求权。[106]

企业作为一系列合约关系的纽结,是个人之间交易产权的一种方式。这就意味着作为签约人的企业参与者必须对自己投入企业的要素拥有明确的产权即财产所有权,这是企业存在的前提条件;还意味着企业是由不同财产所有者组成。显然,企业所有权不等于财产所有权。"财产所有权是交易的前提,企业所有权是交易的方式和结果。"(张维迎,1996)。企业所有权是对企业的剩余索取权和剩余控制权,剩余索取权作为企业所有权的重要方面,其来源于合约的不完备性。[107]

合约的不完备性意味着任何一个合约不可能准确地描述与交易有关的所有未来可能出现的状态以及每种状态下合约各方的权利与责任。因而,当不同类型的财产所有者作为参与者组成企业时,每个参与人在什么条件下干什么、得到什么,并没有明确说明。这就决定了企业未来的收入流是不确定的,因而,所有企业参与者都得到固定合约收入是不可能的,这就产生了两类企业参与者,一类是只领取固定合约报酬但不承担经营风险的债权人、工人、原材料和半成品及劳务等外部供应者;另一类是不领取固定合约报酬或固定合约报酬较少,甚至忽略不计,但承担经营风险的企业股东和经营者,他们分享企业剩余,这就是剩余索取权的由来。企业剩余索取权具有状态依存特征,即在不同的企业经营状态下,对应着不同的企业剩余索取权。

我国的农地产权的残缺性和农村土地流转合同的不完备性必然导致农村土地流转巨大的剩余收益空间,这是我们农村土地流转机制设计时必须要考虑的问题。

2. 农村土地流转的理论模型

2.1 农户兼业经营行为的分析模型

所谓农户兼业经营即农户这一微观经济主体既经营农业生产又从事非农产业经营的一种跨部门经营现象。在农业生产中,农户为克服土地规模太小的弊端,努力在小规模农户经营的基础上选择适应农户兼业的经营模式。经过改革开放以来高速经济增长以后,我国农业生产的机械化程度有所提高,促进了农业生产效率的提高,农户把节省的时间用于从事非农产业,农业生产劳动力逐渐向非农部门转移。目前我国的农户大部分的生产经营为兼业经营方式,存在大量兼业农户的原因主要有以下几方面:一是多数农村家庭需要从事非农产业补贴农业生产;二是兼业户出于安全感保留自己的土地,一旦在城市失去工作还可以回到农村,兼业户的存在也使得农村劳动力敢于在低工资的情况到城市受雇。

农户兼业经营的效应最大化模型:

假设1:农户一定时期(如一年)拥有的全部资源禀赋为 M。

假设2:农户经营的产业分为农业生产部门与非农业生产部门。

假设3:农户在一定时期(如一年)的投向农业生产部门的资源为 M_1,投向非农业生产部门的资源为 M_2,$M_1+M_2=M$。

假设4:资源禀赋的使用给农户带来的效用为 U,其函数为柯布—道格拉斯形式即 $U(M_1, M_2) = M_1^\alpha M_2^\beta\ (\alpha+\beta=1)$ （2.1）

上述问题可以用如下线性规划解决:

$$\max_{M_1, M_2} U(M_1, M_2)$$

$$s.t. \quad M_1 + M_2 = M$$

建立拉格朗日函数:

$$L = M_1^\alpha + M_2^\beta - \lambda (M - M_1 - M_2) \tag{2.2}$$

$$\tag{2.3}$$

$$\frac{\partial L}{\partial M_1} = 0 \Rightarrow \lambda = (1-\alpha) M_1^\alpha M_2^{-\alpha} \tag{2.4}$$

所以,由上面两式可以得出:

$$\frac{M_1}{M_2} = \frac{\alpha}{1-\alpha} \tag{2.5}$$

这就是农户在兼业经营的状态下,为追求效应最大化的最优资源禀赋的使用比例。在这个比例的约束下:

$$M_{U_{M_1}} = \frac{\partial U}{\partial M_1} = \alpha M_1^{\alpha-1} M_2^{1-\alpha} = M_{U_{M_2}} \tag{2.6}$$

即农户对两个部门的资源禀赋的使用的边际效用相等。由此可见,要使农民把资源禀赋由农业生产部门转向非农业生产部门,必然要求非农部门能够为农业生产提供比农业生产部门更高的边际效用。

2.2 农村土地流转的国家效应模型

公共选择学派的经济理论研究表明,国家的行为也遵循"理性人"假设,具有追求自我利益的行为方式。我们假设国家在农村土地流转方面追求的是政治利益和经济利益的最大化。把农村土地制度和中国社会政治体制的改革联系起来,那么农村土地制度的改革就会变成巨大的进步动力,这既符合农村土地流转的利益,也符合中国政治社会发展的大趋势。土地问题对任何国家来说都不是单纯的经济问题,因为农村土地制度体现了一个国家的政权基础。所以制定农村土地政策时要追求的目标，必须体现效率与公平的原则，一方面要追求农业生产效率的提高，另一方面要有利于我国的政治稳定和可持续发展。土地承包经营权的流转一方面可以大幅提高农业劳动生产率；另一方面农村土地流转可以提高土地的利用水平。从成片的大规模的农村土地流转经验来看，耕地面积可以扩大15%左右，耕地面积的扩大有利于建设用地的占补平衡，由此可以推算出：集中流转10000亩土地相当于为中央与地方政府贡献了1500亩建设用地，其价值可以相当于一个县1年左右的财政收入。[108]

假设1：U表示国家在农村土地流转方面所获得的效应总和，U_e表示国家从农村土地流转中所获的经济收益，U_p表示国家在农村土地流转当中获得的政治收益，政治收益为非货币化收益。

假设2：为农村土地流转总效用：$U = U_e + U_p$ （2.7）

假设3：国家全部农地资源数量为M，在一定时间内农村土地流转数量为X，未留转数量为Y。

U_e表示国家从农村土地流转中所获的经济效用，所以农村土地流转面积越大，国家从中获取的经济收益就越多，于是我们把U_e定义为：

$$U_e = aX \qquad (2.8)$$

$\dfrac{\partial U_e}{\partial X} = a$ 表示农村土地流转的边际经济效用

X为农村土地流转数量。

U_p表示国家在农村土地流转当中获得的政治效用，我们把U_p定义为：

$$U_p = -Y^2 + \beta Y + C \qquad (\beta > 0) \qquad (2.9)$$

Y为未流转的土地数量，随着农村土地流转，Y逐渐减小。

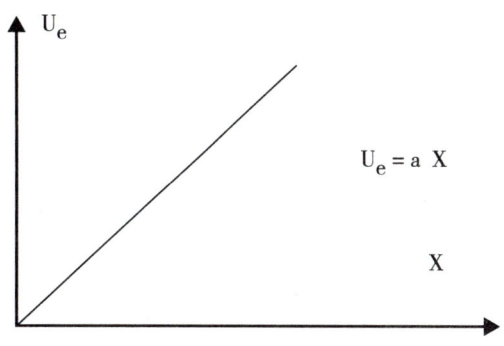

图 2.1　农村土地流转的国家经济效应

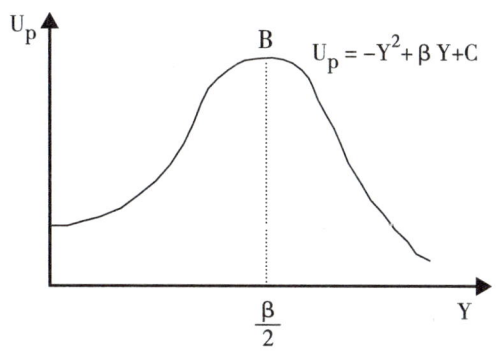

图 2.2　农村土地流转的国家社会效应

农村土地流转有利于农村经济的发展,农民从农村土地流转中也可以获得一定的收益,从而有利于农村社会的稳定,所以国家在农村土地流转当中获得的政治收益随着农村土地流转开始增大,当农村土地流转达到一定数量时（B 点,$Y=\beta/2$）,其政治收益达到最高,这一点叫农村土地流转政治效用最大化点。然而,大面积地普遍推行农村土地流转,会诱导农民大量地从土地上转移出去,在农民工还不可能有稳定的非农就业,并且国家没有能力建立一个可以覆盖全体农民的社会保障系统的这样一个发展阶段,会造成很大的社会安全隐患,故国家在农村土地流转当中获得的政治收益在达到峰值后下降。

$$U = U_e + U_p = \alpha X - Y^2 + \beta Y + C \tag{2.10}$$

农村土地流转的边际效用：

$$MU_X = \partial U/\partial X \tag{2.11}$$

$$= \alpha - 2Y\frac{\partial Y}{\partial X} + \beta\frac{\partial Y}{\partial X}$$

$$= \alpha - \beta + 2Y$$

$$= 2M + \alpha - \beta - 2X$$

由上式可以可以看出，农村土地流转的边际效用随着农村土地流转的面积增大而降低，符合边际效用递减的一般规律。

国家全部农地资源数量为 M，求解国家效应最大化的农村土地流转数量：

$$U = U_e + U_p = \alpha X - Y^2 + \beta Y + C \tag{2.12}$$

$$\max_{X,Y} U = (X, Y)$$

$$s.t. \quad X + Y = M$$

建立拉格朗日函数：

$$L = \alpha X - Y^2 + \beta Y + C - \lambda(M - X - Y) \tag{2.13}$$

$$\frac{\partial L}{\partial X} = 0 \Rightarrow \lambda = -\alpha \tag{2.14}$$

$$\frac{\partial L}{\partial Y} = 0 \Rightarrow \lambda = 2Y - \beta \tag{2.15}$$

所以，由上面两式可以得出国家效应最大化的情况下的农村土地流转数量：

$$X = \frac{2M + \alpha - \beta}{2} \tag{2.16}$$

所以最佳的农村土地流转数量随农村土地流转的边际经济效应增大而增大，随着农村土地流转的政治效用最大化点的土地保有量（未留

转量 $Y=\beta/2$）增大而减小。

这个模型揭示了一个很有意义的结论：如果国家片面追求农村土地流转的经济效用即 α 值增大，会导致农村土地流转的数量增大；如果国家注重农村土地流转的政治效用（趋向保守）即 β 值较大，会导致农村土地流转数量不足。

3. 本章小结

农村土地制度是农村经济的基本经济制度之一，它的变迁将在很大程度上影响农业乃至整个社会经济制度和政治体制的变迁和发展。随着我国市场经济的发展及生产技术进步，农业必须实行规模化和集约化的经营模式，所以土地承包经营权流转制度应运而生。由于存在制度变迁的倡导者和推动者——初级行动团体（农民以及国家），他们能够获取来自制度不均衡以及技术改变和社会生产力的发展带来的获利，农村土地流转制度的形成是一种在国家利益得到优化下的诱致性制度变迁。同时，农村土地流转制度由民间自发进行继而上升为政府意志也体现了需求引致型向供给主导型转变的过程。我国的农业生产由于土地细碎化以及制度原因一直保持着小规模的兼业经营模式，农民精心地在他们从事的一系列的产业中维持边际的平衡。然而随着我国经济的快发展，非农业部门的效率迅速提高，生产要素开始向非农业部门转移，农村土地流转也就应运而生了。农村土地流转能够提高农业生产的效率，有利于农民收入的增加以及农业乃至整个国民经济结构的快速转换。但在我国当前的背景下，由于社会保障体制尚不完善，大规模的整体推动农村土地流转在带来经济效应的同时会给社会带来很多不稳定因素，所以就整个国家而言，农村土地流转存在一个最适宜的规模要求。

第三章

我国典型地区农地流转态势

1. 东部地区农地流转情况分析

1.1 上海市农村承包经营权流转情况

2005年,上海市政府出台了《关于鼓励规划粮田向规模经营集中的政策意见》和《关于完善本市粮食生产补贴政策的若干意见》,对粮食、蔬菜种植达到一定规模以上的种植大户实行种植补贴,部分区县还出台促进流转发展规模经营的鼓励政策。松江区,为培育和发展粮食家庭农场,除给予种粮补贴外,还给予每亩150—200元的流转补贴,同时实行种子供应、农业技术指导、产品上门收购及农资供应等一体化综合服务以调动种粮积极性。

2007年,上海农户土地承包经营权面积共计250.3万亩,涉及农户79.5万户,签订承包合同77.7万份,合同签订率97.7%,发放土地承包经营权证72.5万份,权证发放率为91.2%。近年来,随着现代农业加速发展和新农村建设不断推进,上海农村土地承包经营权流转呈现加速趋势。至2007年底,农户承包土地流转面积134.3万亩,占农地承包面积的 53.7%。

在总流转面积中,由农户委托村组统一流转的 111.7 万亩,占 83.2%。如松江区围绕培育发展粮食家庭农场,集体经济组织引导农户委托流转,全区 9.1 万亩粮食家庭农场经营的耕地,基本是实行农户委托流转的。农户自行流转的 22.6 万亩,只占流转总面积的 16.8%,主要集中在南汇、奉贤、崇明等地。总流转面积按流转方式划分,其中转包 51.8 万亩,占 38.6%;出租 41.1 万亩,占 30.6%;转让 38.5 万亩,占 28.7%;入股 2.9 万亩,占 2.1%(见图 3.1)。

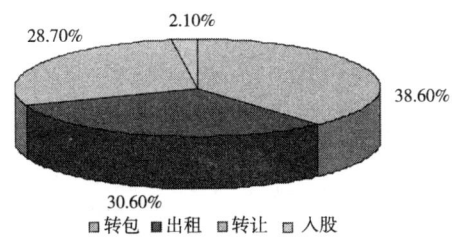

图 3.1 2007 年上海市农地流转方式情况

上海农地流转主要特征有:流转用途以粮食生产和规模经营为主。用于粮食生产的 84.7 万亩、蔬菜生产的 14.2 万亩,分别占流转总面积的 63.1% 和 10.6%。在实行规模经营的 84.6 万亩流转面积中,由本地专业大户经营的 35.7 万亩,占 42.2%;专业合作社经营 24.8 万亩,占 29.3%;合作农场和农业企业经营 12.9 万亩,占 15.3%;外地经营户经营 11.2 万亩,占 13.2%。

土地流转区域化特征明显。土地承包经营权流转与农民非农就业程度密切相关,近郊和非农就业充分的地区,农户流转积极性高,流转比例大,如浦东、嘉定、松江等地区流转比例接近或超过 90%;相反,农业比重高、非农业不充分的地区,土地承包经营权流转比例相对较低,南汇、奉贤、崇明等地区流转比例为 20% 左右。

流转价格逐步上升。2003年前，土地承包经营权流转价格一般每亩在100—150元之间，有的土地价格不足50元。近几年通过调整，流转价格不断提高。松江、金山、崇明等地耕地流转价格不低于每亩250千克稻谷基价，菜地流转价格平均每亩700—800元之间，并确定了价格递增机制。南汇、奉贤等地种植蔬菜、水果流转价格已在1000元以上。

农业适度规模经营增加。近年来，农村土地承包经营权流转以农业区域化布局为导向，促进了农业规模化、集约化经营。至2007年底，土地承包经营权流转后实行农业适度规模经营（当地按粮食作物30亩、蔬菜、水果等经济作物15亩以上统计）的土地面积为84.6万亩，占流转面积的63%。松江区农户承包面积18.6万亩，全区通过组建粮食、蔬菜、花卉等农业专业合作社98家，规模经营面积13.6万亩，占全区承包面积73.1%，平均每社近1400亩；粮食家庭农场597家，户均经营面积150亩左右，共经营土地面积9.1万亩，占全区粮田总面积的60%以上。嘉定区马陆镇通过土地承包经营权流转，组建葡萄合作社，发展农业适度规模经营，2007年，葡萄规模种植面积达6000亩。

农地流转作用表现为：农民收入稳步增涨。土地承包经营权流转，农民一是获得稳定的流转收益，二是可获得在合作社、农场的工资性收入，有效促进农民增收。宝山区通过流转，组建集体合作农场32家。2007年，按800元/亩发放粮田流转费、1500元/亩发放菜田流转费，吸纳782名流出农民就业，农民人均月工资在1000元以上；奉贤区柘林镇的绿都农业合作社，农户以土地承包经营权入股方式流转，农户在获得每亩800元固定收益基础上，又可参与土地综合开发收益分配；同时，有200多名入股农民在合作社工作，人均年工资性收入8000元以上；嘉定区外冈农机粮食合作社，通过流转，规模经营粮田3200亩，合作社成员收入逐年提高。2007年，合作社成员32万人，人均收入2.2万元，比2005年增加0.8万元。

新农村建设先行区大部分通过土地流转，实行规模经营，促进了新农村建设。土地承包权流转，为改善农村路桥等基础设施建设、整治村容村貌、自然村落归并推进新农村建设，创造了有利条件，促进了设施粮田和设施菜田建设。到2007年，已建成了102万亩设施粮田和15万亩设施菜田。浦东新区加快推进土地承包经营权流转后，设施菜田和设施粮田面积占全区蔬菜和粮食种植面积的60%左右。奉贤区庄行镇，通过流转，连片建设"四个一万亩"现代农业先行区，即一万亩粮田、一万亩菜田、一万亩水产养殖和一万亩水果生产，促进了自然村落改造和农民居住集中化，当地农业生产条件和农村生态环境也得到显著改。

1.2　江苏省农村承包经营权流转情况

2007年，江苏省累计流转土地面积960万亩，占家庭承包面积5002万亩的19.2%，考虑到近几年来土地逆转和到期返还等因素减少面积164万亩，实际流转经营的土地面积为796万亩，占家庭承包面积的15.9%。

农村土地流转以出租和转包为主，两种形式的流转面积占总面积的82.6%。流转土地进一步向种养大户集中，流向种养大户面积占48.6%，流向农业企业、工商企业和外商等面积占比分别为26.2%、20.0%和5.2%（见图3.2）。土地股份合作得到了发展，通过积极推进农村土地股份合作制改革试点，承包地入股面积增加较快，约占流转面积的6%。截止2008年底，全省共有比较规范的农村土地股份合作社560家，入股面积52万亩，入股农户14.8万户。从合作形式看，主要有三种：一是单一以土地入股为主，入股土地原则上不作价，以统一对外租赁或发包为主，取得的收益按农户土地入股份额进行分配，这种形式在苏中和苏北居多；二是土地作价，参与开发经营，这种形式在苏南和苏中居多；三是承包土地与社区集体资产统一入股或量化，设立土地资源股，实行股份化经营，年终优先分配，这种形式在苏南居多。

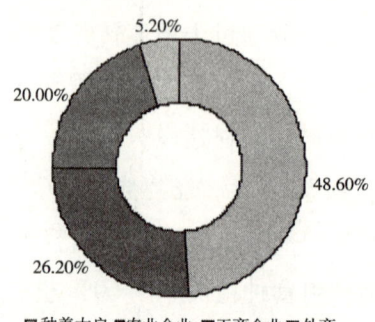

图 3.2　2007 年江苏省农地流转主体情况

农地流转作用不断显现，主要表现在以下三个方面：农地流转促进了农业适度规模经营，主要有产业集中型和土地集中型两种形式。大力发展多种形式的农业适度规模经营，各地以粮食等主要农产品供给为基本目标，进一步调动和保护农民生产积极性，加快粮食等高产技术普及化，提高粮食生产能力和经济效益；各地在大力发展"统一服务＋家庭经营"的产业集中适度规模经营的同时，着力培育专业大户、家庭农场、土地股份合作社等规模经营主体，稳步推进单个经营主体的土地适度规模经营，采取多种形式集中连片流转土地，扩大生产基地，不断提高农业适度规模经营水平。

农地流转提高了土地产出率和劳动生产率，使土地流入方收入增加，土地流出方收入也增加的双赢局面。经典型调查，流入方租地经营高效规模农业的收益是传统农业的 3—5 倍之间；而转出土地的农民除了得到租金收入外，还能通过在本地农业项目找工或外出找工，获得较高的工资性收入。近年来，土地流转价格也呈上升态势，流转平均价格每亩由原来的 300 元左右提高到现在的 600 元左右。

农地流转程序不断规范，江苏省先后制定《江苏省农村土地承包经营权流转办法》、《江苏省农村土地承包经营权保护条例》、《江苏省农村土地承包经营权流转合同示范文本》等政策性法规和文件。自

2004年2月1日起，新发生的农村土地承包经营流转，除不超过1年的委托代耕外，都按照合同示范文本签订流转合同。南京、无锡等地根据当地经济社会发展水平还制定了土地流转最低保护价，促进了土地流转规范操作，保护了农民土地权益。全省已有近半乡镇依托农经管理部门成立了"农村土地流转服务中心"，为农地流转提供信息和服务，对存在的问题进行分析和探索，对农地流转的纠纷进行调解等。从2007年起，省财政每年安排2000万资金，建立了农村规模流转补贴制度，对单宗土地流转面积1000亩以上（土地股份合作社入股面积300亩以上），省财政对土地流出方按每亩100元标准给予一次性奖励。扶持土地流转中介组织，建立土地流转有形市场，三年共以奖代补150万元。张家港、昆山等经济发达县市出台了扶持农村土地流转和规模经营的有关政策，扶持资金达1.6亿元，扶持的土地流转面积43万亩。

1.3　浙江省农村承包经营权流转情况

从2001年起，浙江省财政累计安排1.53亿元资金，专项支持合作社发展，并出台了用地用电、减免税费、信贷支持等政策鼓励发展农民专业合作社。从2005年始，将粮食专业合作社纳入种粮直补范围。从2006年起在县市开展政策性农业保险试点，对专业大户、农业龙头企业基地、农民专业合作社参加农业保险的，保险费由政府给予一定的补助。保险品种扩大到水稻、大棚蔬菜、油菜等10个品种。部分地方成立了农业担保公司，为专业合作社等新型规模经营主体提供担保服务。现有各类农业担保公司30家，为土地流转和规模经营提供了资金保障和风险防范作用。

同时，政府引导和鼓励农户依法采取转包、租赁、转让以及其他条例法律法规允许的方式流转土地。支持村、组集中连片流转，推行承包农户委托发包方或土地流转中介服务组织流转承包土地。鼓励农户在承包期内长期流转土地，大力推行土地季节性流转，防止土地季节性抛荒。鼓励探索以土地承包经营权入股合作经营,允许农民把依法取得的土地承包经营,以入股的形式组建农民专业合作社,并鼓励统一对外租赁经营,实行保底分红和二返利获取收益。

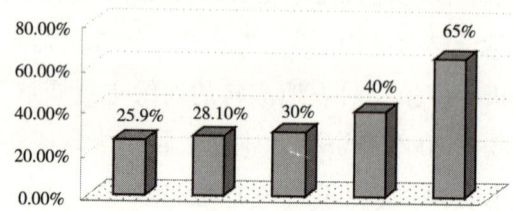

1 流转的农地占总耕地面程;2 流转土地的农户占总农户;3 流转其限5年以上的农地占流转面积;4 流入农民专业合作社的农地占流转面积;5 土地集中连片流转点流转面积

图 3.3　2007 年浙江省农地流转概况

2007 年,浙江省有 937 万户农户承包经营了 1984 万亩耕地,户均 2.1 亩。2008 年,全省共流转承包土地面积 513.5 万亩,占承包耕地总面积的 25.9%;流转土地的农户 263.3 万户,占全省家庭承包经营农户总数的 28.1%。土地流转以集中连片为主,面积占 65%,其中流转 100 亩以上的面积 17.9%,平均每亩流转价格 400 元左右,部分高达 1000 元;流转期限 5 年以上的已超过流转面积的 30%。近 40% 的土地流入农民专业合作社,全省形成农民专业合作社达 7265 家,成员 39.8 万个,带动 317.2 万户,占全省总农户的 35.8%,其中种粮大户 434 个,面积 118 万亩。与此同时还形成 10 亩以上的种粮大户 6.98 万户,面积 225.8 万亩。农民专业合作社成为全省稳定粮食安全的重要力量,他们提供的商品粮占全省的 50% 以上(见图 3.3)。

到 2008 年 6 底,全省新签订土地承包合同 104.4 万份,新颁发土地承包经营权证 154.4 万本,全省 98.1% 的农户落实了土地承包经营权,土地承包经营权证到户率达 93.4%,土地承包经营权流转的法律凭证有保障。全省纯农户（农业收入占家庭总收入75%以上）不到20%，70%以上农业劳动力已转移到二、三产业，农民收入中来自农业的收入只有20%左右。全省已普遍建立了新型农村合作医疗制度、农村最低生活保障制度，最低保障水平已达到1500元。城乡居民养老保障制度已在试点，土地已不再是农民的生存和生活基础，从而为农地流转奠定了坚实的经济基础。近年在大力发展高效生态农业，通过调整农业结构、应用先进农业科技，改进农作制度，农业经济效益明显提高，一批农村能人和工商企业愿意经营更多的土地，从而使土地流转规模经营成为现实。

2. 中部地区农地流转情况分析

2.1 江西省农村承包经营权流转情况

2002—2007年，全省土地流转面积分别为215万亩、253万亩、203万亩、166万亩、159万亩、163万亩，占耕地总面积的比重在5.5%—8.7%之间，总量小，变化量不大。2005年，重点调查了四个典型县，南昌县、鄱阳县、新干县和石城县的土地流转面积分别达5.7万亩、24.4万亩、5.0万亩、2.9万亩；而2007年土地流转面积分别为4.2万亩、28.4万亩、6.0万亩、3.3万亩，与2005年相比，增幅分别为-26.51%、16.8%、20.26%、11.8%，总体呈增长趋势。农地流转表现出三个特征：

流转形式单一、缺乏创新。土地流转主要以转包和出租为主。据统计，2002—2007年间，全省土地转包面积分别为123万亩、144万亩、112万亩、84万亩、84万亩和77万亩，分别占流转面积的57.2%、56.9%、55.2%、50.6%、52.8%、47.2%。2002—2007年间，全省土地出租面积分别为28万亩、40万亩、43万亩、39万亩、39万亩、51

万亩，分别占流转面积的 13.0%、15.8%、21.2%、23.5%、24.5%、31.3%（见图3.4），比例逐年增加，显示公司参与流转的数量呈增加态势。其余以转让、互换、入股等方式流转的比例非常低。4 个重点调查县的情况基本一致，南昌县 2005 年转包、出租的面积分别为 1.96 万亩、2.54 万亩，分别占流转面积的 34.4%、44.6%，该县 2007 年转包、出租的面积分别为 2.4 万亩、1.0 万亩，分别占流转面积的 57.1%、23.8%。

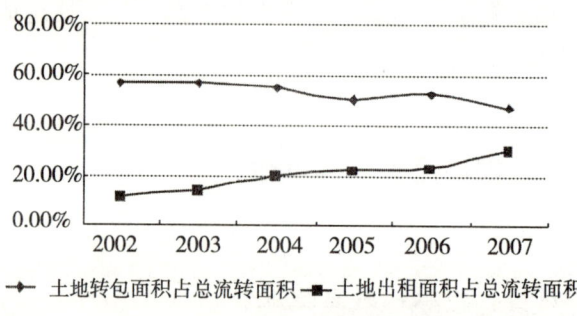

图3.4　2002-2007 年江西省农地转包以及出租流转情况

流转主体以农户间流转为主，农户企业间流转少。全省流转土地 90%都流向农户，企业只占 10%左右。流入农户土地中用于粮食生产的占 92%；流入企业土地用于粮食生产的只占 22%，企业将流转的农地主要用于经济效益相对较高的农业生产，如蔬菜、草莓、花卉等农作物。农户间土地流转面积由乡村组织提供服务的面积比重只占 11%，口头协议的土地流转占的比重大，主要是土地流转的价格低的原因。流入企业的土地面积由乡村组织服务的面积比重占 98%，企业对农户的信任度与乡村组织的信任度相比，要低很多，同时，企业为了节省成本，为了快捷完成流转手续，一般都会寻求政府的支持。

流转时效变长，收益增加。一是流转手续较为完备，农地流转合同签订随意性降低，规范性增加；二是流转期限呈长期化趋势，长的有到农地承包期结束的，不少为5—10年。效益也逐步提高，近几年的土地流转，特别是规模比较大的，基本上都是流转给了基地、公司用于农业综合开发或者是特色养殖。由于产生了规模效益，公司收益较高，相对来讲农户得到的流转金也提高。如赣州市会昌县小密乡赣州市欢乐农家现代化农业示范基地115亩土地，前5年的租金每亩为300元，第6—10年每亩增加10%的租金，即330元，第11—15年，再增加10%的租金，达到360元，可以说当地农民得到了较高而又较稳定的收益。景德镇市乐平市蔬菜主产区的土地流转价格也达到300元每亩。

2.2 河南省农村承包经营权流转情况

2007年，全省实行家庭承包经营的耕地面积为9523万亩，实行家庭承包经营的农户数为1931万户，户均承包耕地面积4.93万亩，低于全国户均5.36万亩的水平。2005年全省农村土地流转面积312万亩，占家庭承包经营耕地面积的3.3%。2007年全省家庭承包耕地流转面积为453万亩，占总承包耕地面积的4.8%。2007年与2005年相比，流转面积净增加141万亩，增长了45%。从总体上看，全省农村土地流转面积逐年增加，流转进程加快，但流转水平依然较低，低于全国7%的水平。该省农地流转表现出五个方面的特征：

流转主体多元化。随着农村土地流转进程不断加快，农户间自发、随意的流转逐渐减少，由村组牵头或中介组织参与的流转增多。一些社会工商企业、农业产业化龙头企业、农民专业合作经济组织等逐渐在农村土地流转中发挥关键性作用。从该省调查的情况来看，全省流转入企业和合作社的土地面积达到98.4万亩，占土地流转面积的25%。郑州市由村组牵头的农地流转占全市农村土地流转总面积的46.5%，所占比重较大。

流转形式多样化。由过去以转包和互换为主向出租和入股等多种形式快速增加的态势转变。以出租方式流转承包地面积逐年增加，从

2002年的14.3万亩，到2007年达到129万亩，5年间，净增114.7万亩，年均增加23万亩，增长了8倍。入股方式当前仍属于探索阶段，以入股方式流转承包面积总量仅为8.5万亩，增长空间很大。2007年，转包面积达235万亩，占流转面积51.9%，如郏县1000亩以上承包户10户，100亩以上承包户76户。出租面积124万亩，占流转面积27.5%，出租形式流转承包地多以经济条件较好的地方为主。互换面积37.6万亩，占流转面积的8.3%。转让面积19.6万亩，占流转面积4.3%。入股只有8.5万亩，占流转面积的1.9%（见图3.5）。

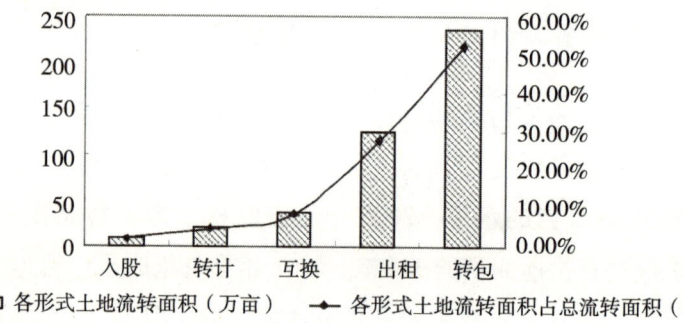

图3.5 2007年河南省土地流转情况

流转期限在延长。2004年前农村土地流转期限以5年内的短期流转为主，占流转总量的60%，长期流转的很少。近几年，农村土地流转快速向长期转变，多在10年以上或至承包期结束，2007年底，这个比例已达到了27.4%。

流转土地用途由种粮为主向其他经济作物发展转变。前几年主要以种植粮食为主，现在以种植经济作物或建设高效农业示范园区为主。如淇县丰果业合作社租赁67户农户1000多亩土地，建设了50个猪、沼、果、粮立体化生态农业生产小区，再承包给农户经营，提高了农户生产的专业化程度，年人均增收5000元以上。平顶山郏县1000亩土地出租后，承租方种植日本菜心、罗马菠菜等名牌蔬菜，亩均利润达到4000

元以上，效益明显。

土地流转区域差异性明显。由于不同区域的农业资源条件和经济社会水平各不相同，不同区域农村土地流转的规模和形式也各不相同，呈现明显的区域非均衡性特征。如许昌市农村土地流转率为9.45%，而新乡市农村土地流转率只有1.47%，郑州市巩义市农村土地流转率达到了16.5%。

2.3 湖北省农村承包经营权流转情况

2008年6月，全省通过各种方式流转土地276.48万亩，占全省家庭承包经营面积的6.39%，略低于全国平均水平。农地流转主要有以下特点：

流转行为以自发性的为主，尤其以亲友间的转包及委托代耕最为普遍。这种流转多以口头协议为主，流转期限较短，流转价格以无偿为主，每年0—300元不等，也有年终以实物（谷物或蔬菜）作为租金的。如郧县柳陂镇30%以上家庭承包地委托给亲友耕种，且绝大多数是口头约定，只有3份流转合同在镇财经所备案，主要是流转价值量低，且亲友间相互信任度高，合同意识低等原因所致。

流转形式多样。在流转形式中，主要以转包和出租为主，农地入股的方式发展也较快。如监利县桥市镇安桥村耕地3300亩、387户、1563人，人均耕地2亩。二轮延包前已有3100亩水田改造成150口精养鱼池。完善二轮延包时，经村民代表大会讨论同意，该村土地只确权不确地，按每亩折算1股合股经营。387户中257户外出打工或经商，150口鱼池和200亩耕地由村集体按市场价格发包给村留守的130户农户经营，发包收入全体村民（股民）每年按股分红。几年来分红收入逐年增加，已由2004年的每股52.5元上升到去年的每股265元。同时累计化解村级债务40多万元。

流转主体不限于农户，越来越多的龙头企业、个体工商户、农民专业合作社、农业机械化服务组织等通过土地流转组织规模经营。如深圳益晟农业有限公司在襄樊市襄阳区双沟镇流转土地4000亩，成立了襄阳乾兴农业有限公司，生产无公害蔬菜直销香港、澳门和东南亚地区。新洲陶咀村农业机械合作社转包本村土地200亩，实行全程机械化示范种植。赤壁市中伙铺镇中伙铺村一名种粮大户，通过土地流转经营1020亩的种植面积。

流转规模扩大。土地流转由过去的村组内转包、出租等方式发展到跨村、跨乡甚至跨县流转，经营规模也由过去的几十亩扩大到几百亩，上千亩。如江夏区通过招商引资建立了大花山花卉苗木产业园，当前已经集中连片流转土地面积8万亩。大冶市大箕镇一名全国种粮大户2008年在大冶市和阳新县流转土地达1.9万亩。武汉市今年新增1000亩以上规模经营面积占2008年土地流转总面积的45%以上。

流转土地用途多趋于特色农业和优势农业。如湖北开放特色农业发展有限公司在崇阳流转土地500亩发展优质马铃薯，计划流转10万亩建马铃薯生产基地。浙湖互爱彩叶花木园艺场在鄂州梁子湖区太和镇莲花贺村连片流转7个组219户近千亩土地生产花卉苗木；黄陂县某一农民整体流转某村3000亩地经营特色蔬菜；崇阳沙坪镇、青山镇流转2000亩旱地建丰水梨果园、白茶园等等。

土地流转区域不平衡。受区位、经济水平和思想观念的影响，在城市周边、经济发达、交通便利的地域流转规模明显高于偏远山区。如武汉市土地流转面积占家庭承包经营面积的12.16%，而十堰市只有2.6%，梁子湖区的流转面积占耕地面积的23.02%，襄阳区只占1.89%。因经营项目不同致土地流转速度相差很大，发展特色农业为主的地区流转速度逐年上升，而粮食主产区流转速度增长缓慢甚至下降。武汉大力发展都市农业，发展蔬菜、水产、苗木、花卉，2008年1—4月，全市新增土地流转面积14.83万亩，相反，襄樊市以粮食生产为主，自完善二轮延包以来，土地流转规模逐年缩小，2005年为17.7万亩，2006年为10.7万亩、2007年只有5.4万亩。

2.4 安徽省农村承包经营权流转情况

安徽省农村土地承包面积6183万亩，土地流转面积810.84万亩，其中耕地面积537万亩，占全省耕地总面积的8.7%；水面115.94万亩，约占养殖面积的14%；山场面积157.9万亩，约占2.5%。2007年，全省土地流出户数为91.9万户，流入户数65.45万户，在各种流转形式中，农户自发流转占85%。2007年全省共有50亩以上的种粮大户14686户，经营耕地面积199万亩，占全省耕地面积3.2%。其中，经营面积50—100亩的有8173户，占总户比重的55.4%；100—500亩的有6105户，比重为42%；500—1000亩的有305户，比重为2%；1000亩以上的有102户，比重为0.6%（见图3.6）。

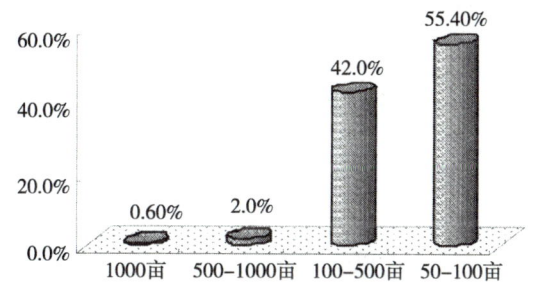

图3.6 2007年安徽省50亩以上的种粮大户的分布情况

土地流转的形式主要有四种：土地租赁。由于农民外出务工多，规范农村土地流转成为各级政府的一项重要工作。另一方面，为了提高农业生产的效益，各地采取"公司＋农户＋基地"的形式进行土地流转，扩大农业生产规模，提高农业的综合效益。如太和县一位农民，重点从事马铃薯和红薯的产业化经营，形成了一个"示范带动、订单种植、基地管理、合同销售"的农业技术推广和农产品生产流通模式。在太和县共承包土地7500亩，其中基地有7000亩，租赁500亩，在内蒙古租有

7200亩连片土地,其中粮食种植面积1500亩。与农民签订合同,5年期限,租金一年一付。太和县土地租金由2001—2006年的500元/亩涨到2007年的900元/亩,由于技术的进步和应用,有一定的规模经济效益。

土地流转合作社。如肥西县木兰村土地流转经营合作社,将农民转包的土地集中起来,通过招投标,按每亩358元的租金租赁给种植大户,加上各种种粮补贴和土地重新测量实际转包的田亩数增加等,每亩实际收入600—700元,而且不要投入劳动量,承租大户安排转包户农民务工,按每天50元工资计算,一般工资性收入3000元。一些外出务工经商的农民对从农地得的收入还是比较满意的。农民要求入社的越来越多,2006年10月成立时有483户,到2008年3月达到561户,转包流转土地1670亩,占全村土地53%。

土地入股。如利辛县一位农民成立了科益农种业有限公司,2006年,76户农民以1006亩土地作为股份入股。基本收益为每亩400元,超额部分,农户得70%,公司得30%。如亏损,农户与公司各承担50%,但农户最低收入每亩不得低于300元。入股经营,已在经济相当发达地区,有所发展。

技术承包。如太和县一位农民共承包了土地3200亩,种植小麦和大豆,涉及3个村民小组,460户农民。土地主要来源于外出务工的农户,承包费每亩260元,合同一年一签,大多在秋种前。采取技术承包的方式,土地仍属农民,即土地承包权不变,土地流转关系主要体现在技术服务上。主要方式是:统一购买种子,统一购买农资,统一种植管理,统一收割,分户储存,统一出售。合同规定小麦最低亩产500千克,大豆150千克,遇到不可抗拒力量,按当地平均产量,比其他大田增收20%以上,直接给农户资金,达不到上述指标的,由其赔偿。达到和超过上述指标时,收取超产部分20%作为有偿技术承包费。农户化肥等各种生产资料成本由农户按面积均摊,小麦的农户成本270元/亩,大豆农户成本80元/亩。对生产过程分段进行技术报务,促进了规模经营。在农业生产过程中,企业或专业户为农民提供一部分服务。如凤台县星光农技服务公司,为农户进行育苗和插秧服务,每亩收取70元,2007年,该公司插秧2万亩。收割服务市场已发展相当成熟。

3. 西部地区农地流转情况分析

3.1 陕西省农村承包经营权流转情况

陕西省由家庭承包的耕地面积4386万亩,2008年底,进行土地承包权流转面积89.55万亩,占承包土地总面积2%。榆林市流转面积最多,为29.3万亩,其次是渭南、咸阳,分别为16.7万亩和13.3万亩。土地流转是农民的创造,实行家庭承包经营以来就随之产生,但早期以互换形式为主,主要解决承包地块过于分散和特殊产业用地等问题,目地是为了方便生产,以提高生产效率为重心。以后随着外出务工农民数量的增加,重点是解决务工后土地生产的问题,其形式以转包为主。

农地流转中转包的农地面积为36.7万亩;出租的农地面积24.8万亩;互换的农地面积为10.3万亩;转让的农地面积10.5万亩;入股流转的土地非常有限,只有0.25万亩;代耕地或其他方式流转的土地面积7万亩,这些形式比较灵活,大多数没有签订流转合同(见表3.1)。

表3.1 2008年陕西省土地流转情况

流转形式	转包	出租	互换	转让	入股	代耕地及其他方式	合计
面积(万亩)	36.7	24.8	10.3	10.5	0.25	7	89.55
比例(%)	40.98	27.69	11.50	11.73	0.28	7.82	100

3.2 甘肃省农村承包经营权流转情况

甘肃省由家庭承包的耕地面积4542万亩,2008年底,进行土地承包权流转面积63.6万亩，占承包土地总面积1.4%。其中土地转包面积19万亩、出租面积15.9万亩、互转面积8.8万亩、转让面积6.2万亩、入股面积0.5万亩、代耕及其他方式13.2万亩（见表3.2）。

表3.2　2008年甘肃省各种形式的农地流转情况

流转形式	转包	出租	互换	转让	入股	代耕地及其他方式	合计
面积（万亩）	19	15.9	8.8	6.2	0.5	13.2	63.6
比例（%）	29.87	25	13.84	9.75	0.79	20.75	100

全省农村土地20亩以上规模经营面积107.27万亩，占家庭承包经营耕地面积的2.29%。其中承包户合作经营面积43.81万亩，占规模经营总面积的40.8%；承包集体耕地经营面积41.11万亩，占规模经营面积的38.4%；租赁集体耕地22.35万亩，占规模经营面积的20.8%（见表3.3）。

表3.3　2008年甘肃省20亩以上土地规模经营情况

适度规模	20亩以上	合作经营	承包集体耕地经营	租赁经营
面积（万亩）	107.27	43.81	41.11	22.35
占规模经营面积的比例（%）	100	40.8	38.4	20.8

土地经营面积在20亩以上的单位数1.88万个，其中20—50亩的经营单位数1.41万个，占总土地规模经营单位数的75%；经营51—100亩的经营单位数0.29万个，占总土地规模经营单位数的15.4%；规模经营面积在100亩以上的单位数有0.18万个，占总土地规模经营单位数的9.6%（见表3.4）。

表 3.4　2008 年甘肃省流转土地的规模情况

适度规模	20 亩以上	20－50 亩	50－100	100 亩以上
单位数（万户）	1.88	1.41	0.29	0.18
占规模经营单位户数比（%）	100	75	15.4	9.6

从规模经营种植作物看，种植玉米面积 24.37 万亩，占规模经营总面积的 22.7%；种植马铃薯面积 10.96 万亩，占规模经营面积的 10.2%；制种面积 6.60 万亩，占规模经营面积的 6.2%；蔬菜面积 12.87 万亩，占规模经营面积的 12%；种植经济作物面积 29.87 万亩，占规模经营面积的 27.8%；其他作物面积 22.60 万亩，占规模经营面积的 21.1%（见表 3.5）。

表 3.5　2008 年甘肃省适度规模种植作物情况

种植品种	玉米	马铃薯	制种	蔬菜	经济作物	其他作物
种植面积（万亩）	24.37	10.96	6.60	12.87	29.87	22.60
占适度规模经营面积比例（%）	22.7	10.2	6.2	12	27.8	21.1

3.3　云南省农村承包经营权流转情况

到 2008 年 11 月份，全省土地流转面积为 252 万亩，占承包耕地总面积的 6.5%。在重点抽样调查中（县市级），9 个样本县市流转面积 22.6 万亩，占承包耕地总面积的 5.85%。流转面积最多的新平县为 8 万亩，占承包耕地面积的 43%；最少的麒麟区为 0.83 万亩，占承包总面积 2.95%。农村经济相对发达的坝区，土地流转速度加快，规模不断扩大，而一些山区，经济欠发达，流转速度和规模还较小。

在流转土地中，出租面积 132.6 万亩，转包面积 46.7 万亩，转让面积 28.6 万亩，入股面积 17.1 万亩，互转面积 14.8 万亩，其他形式面积 12.2 万亩；出租和转包面积较大，分别占家庭承包土地流转总面积的 52.6% 和 18.5%。

农地流转主体较广。种田大户的土地面积 85.6 万亩，占流转总面积的 34%，流转入专业合作社的面积 5.6 万亩，占流转面积的 2.2%，流转企业的面积 52.1 万亩，占流转总面积的 20.7%，其余大部分属农户间自发流转。

农地流转以农户间自发流转为主。农户间自发流转的面积 199 万亩，占流转总面积的 79%，乡村组织提供信息流转的面积 31.6 万亩，占流转面积的 12.5%，委托乡村组织流转的面积 20.5 万亩，占流转总面积的 8.1%。说明土地流转行为现绝大多数是农户间的自发行为，中间服务机构的只是起辅助的作用。

流转土地来源以农户承包的耕地为主，面积为 229 万亩，占流转总面积的 91%，非承包耕地面积流转只有 23 万亩，占流转面积的 9%。

流转后的土地用途以农业生产为主，面积为 229.2 万亩，用于非农业生产的面积 22.8 万亩，分别占流转面积的 91% 和 9%。

流转农地的规模经营规模偏小。全省达 50 亩以上的总和为 61.3 万亩，其中 50—100 亩之间的面积总和 20.4 万亩占 50 亩以上农地流转面积总和的 33.2%，101—300 亩之间的面积总和 17.6 万亩占 28.7%，301—500 亩之间的面积总和 10.2 万亩占 16.6%，501—1000 亩之间规模经营的面积总和 8.3 万亩占 13.6%，1000 亩以上规模经营面积总和 4.8 万亩占 7.8%（见图 3.7）。

3.4 贵州省农村承包经营权流转情况

2007 年，贵州省土地流转面积 154 万亩，占全省耕地面积的 5.8%，与 2005 年相比，流转面积增加了 79 万亩，增长了 105.3%；与 2001 年相比，流转面积增加了 125.5 万亩，增长了 440.4%。2007 年全省出租和转包面积共 116.3 万亩，占流转总面积的 75.5%，其他几种方式只占 24.5%。遵义市出租和转包的比例高达 93.3%。遵义市流转面积 2007 年为 56 万亩，比 2002 年 30.89 万亩增加了 33.3%；贵阳市土地流转面积 2007 年为 9.79 万亩，比 2005 年 5.88 万亩增加了 66.37%；铜仁地区土地流转面积 2007 年为 22.9 万亩，比 2005 年 19.7 万亩增加了 16.1%（见图 3.8）。

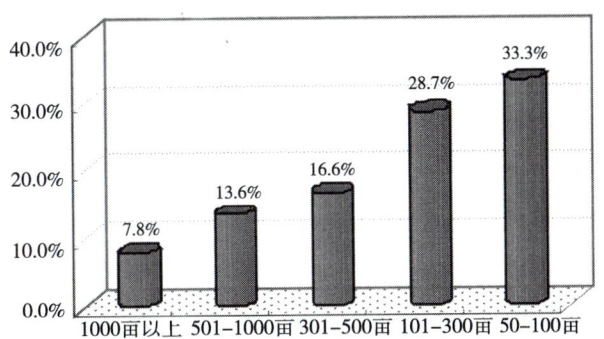

图 3.7　2008 年云南省流转农地规模的经营情况

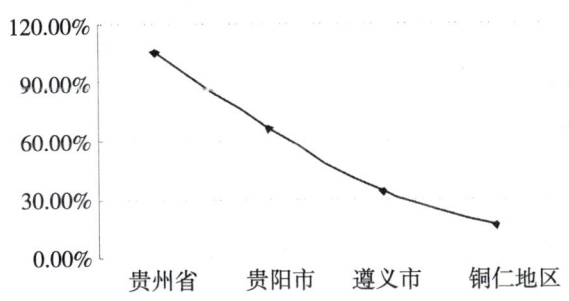

图 3.8　贵州省及其部分地区 2007 年土地流转较 2005 增长情况

政府出台了经济政策，鼓励流转农地进行规模经营。如凤冈县在 2007 年度，通过规模建园的予以一次性补助。其中一户建园 50 亩以上的每亩补助 30 元土地流转费用；200 亩以上的每亩补助 50 元土地流转费用；500 亩以上的每亩补助 100 元土地流转费用；1000 亩以上的每亩补助 120 元土地流转费用。

通过农地规模经营刺激政策，2005年，凤冈县为发展茶产业、烤烟业，流转土地面积2.94万亩，占承包土地面积的7.4%；白云区流转土地的90%以上用于发展特色种植业、养殖业和花卉产业。白云区艳山红镇尖坡村2007年117户农户有77户参与土地流转，参与度达到65.81%。该村土地流转面积343亩，占总土地流转面积1300亩的26.38%；2007年，道真县通过土地流转1.5万亩，发展茶产业。2007年，正安县白芨中草药发展公司流转3000亩土地建立了白芨种植基地。特色农业发展，在土地流转中起着了很大的促进作用。

3.5 新疆维吾尔自治区农村承包经营权流转情况

截止2008年6月，新疆实行家庭承包经营耕地面积2799.8万亩，占总耕地面积的85%，参加家庭承包户数为206.7万户，颁发农村土地承包经营权证书190.8万本，全区共签订农户土地承包经营流转合同19.7万份，流转土地面积为130.9万亩，占总承包土地面积的4.7%。其中，以转包方式流转面积为82.1万亩，占总流转面积的62.7%；以转让方式流转面积为7万亩，占总流转面积的5.4%；以互换方式流转为7万亩，占总流转面积的5.4%；以出租方式流转面积为32.7万亩，占流转面积的25%；以入股方式流转面积为0.3万亩，占总流转面积的1.4%。

4. 不同地区农地流转态势的比较

农地流转程度由东向西逐步递减。对东中西三个区域的典型地区土地流转面积占耕地面积比重进行比较发现，经济发达地区的东部明显高于经济欠发达的中西部。如2007年，东部地区的上海农地流转面积占农地承包面积的53.7%；浙江这一比例达到25.9%；江苏也达到15.9%；而中部地区的江西为8.7%、安徽为8.7%、湖北为6.4%、河南为4.8%；西部地区的云南为6.5%、贵州为5.8%、新疆为4.7%、陕西为2%、甘肃为1.4%。

农地流转主体，东部地区以种养大户为主，中西部地区以农户为主。调查数据显示，2007年，东部地区的江苏省农地流向种养大户面积占48.6%；浙江省近40%的土地流入农民专业合作社。中西部地区的江西省全省流转农地90%都流向农户、河南农户间农地流转面积在总农地流转面积中占到75%、安徽农户间流转的农地占85%、云南省农户间流转的农地占79%。

农地流转形式以转包和出租为主，其他方式并存。调查显示东中西部农地流转形式并无明显差异。如2007年，东部地区的上海转包和出租分别占总流转面积的38.6%、30.6%；江苏农地以出租和转包形式流转的面积占总面积的82.6%；中西部地区的江西转包和出租分别占总流转面积的47.2%、31.3%；陕西分别为41.0%、27.7%；云南分别为18.5%、52.6%；贵州农地以出租和转包形式流转的面积占总面积的75.5%；2008年甘肃这一比例为54.9%。与此同时，东中西部地区农地以互换、转让、入股、代耕地及其他方式流转的现象广泛存在。

农地流转用途主要以生产粮食为主。上海农地流转用以粮食生产的农地占农地流转总面积的63.1%；浙江农地流转的主要对象为农民专业合作社，而该社是全省稳定粮食安全的重要力量，提供的商品粮占全省50%以上；江西流转到农户的土地中有92%用于粮食生产；甘肃流转的农地中种植玉米面积占总面积的22.7%，种植马铃薯面积占总面积的10.2%。

农地流转价格由东部向中西部地区递减。调查显示上海菜地流转价格平均每亩700—800元之间，并确定了价格递增机制，而南汇、奉贤等地种植蔬菜、水果流转价格已在1000元以上；江苏流转农地平均价格在600元左右；浙江平均每亩流转价格400元左右，部分高达1000元；江西每亩租金约为300元；湖北农户间的农地流转价格以无偿为主，每年 0—300 元不等，也有年终以实物（谷物或蔬菜）作为租金的；安徽土地承包费大约每亩 260 元，而西部地区的价格更低甚至是无偿的。

5. 本章小结

本章主要从农地流转的规模、流转主体、流转形式、流转用途、流转价格等几个方面详细分析了东中西部典型地区的农地流转态势，比较发现农地流转程度由东向西部地区逐步递减；农地流转主体东部地区以种养大户为主，中西部地区以农户为主；农地流转形式以转包和出租为主，其他方式并存；农地流转用途主要以生产粮食为主；农地流转价格则表现出由东部向中西部地区递减等特征。

第 四 章

农村土地流转的现状、存在的问题及制约因素

随着经济社会的发展以及国家土地政策的调整,农村土地流转在全国各地不断发展,农村土地流转使土地实现了部分资本化,为农村经济发展带来新的活力,但由于土地产权、流转方式、市场培育、监督管理等诸因素的制约,我国的农村土地流转还存在很多问题。

1. 农村土地流转的现状

改革开放以来,我国农户家庭人口和经济收入来源构成的变化引发了农户农地流转的内在需求;从家庭联产承包责任制确立以来,我国农地制度的不断完善与创新,使得农户拥有承包土地的使用权和流转权;各级地方政府在政策或行为上都对农地流转予以支持或鼓励。由于这些原因的共同作用与影响,我国自20世纪80年代中后期出现了农户之间自发的农地流转现象。在21世纪初,为了实现农业生产的规模化、专业化、产业化经营,提高农业生产水平,许多县镇进行了大规模的农业产业结构调整,土地流转数量进一步扩大,土地流转规模呈上升趋势,并且出现了转包、出租、转让、互换和入股等多种流转形式。有关数据表明,至2008年初,全国农户家庭承包耕地流转总面积已达

370.08hm² （平方公顷），占承包经营耕地的 4.57%。经济发达地区土地流转更为活跃，同期浙江的农户家庭承包耕地流转总面积 26.22 万 hm²，占承包经营耕地的 19.80%。除此以外，政府也不断出台相关的政策来鼓励农村土地合理有序地流转。从最早的延长承包地期限到允许土地在不改变用途的情况下自由流转，这一系列措施都表明了国家从实际出发，在放活土地使用权，提高土地的利用率。在政策上，1999 年，国土资源部确定安徽芜湖等地为农村集体土地建设用地流转试点；十五规划鼓励积极探索土地流转制度；2008 年胡锦涛总书记访问小岗村；2009 年两会对土地流转作了提案，这一系列的政策促进了我国的土地流转市场不断地完善。

1.1 总体流转规模偏低，各省内部流转规模有差异

以广东、江苏、湖南、安徽 4 省为例，其流转耕地占各自耕地的比例均较低，4 省平均流转比例为 9.1%。但不同省份流转规模又有差异，主要表现为经济发达地区土地流转规模要高于经济落后地区，广东省耕地流转比例比安徽高出近 10 个百分点。原因是经济发达地区城镇化、工业化水平较高，第二、三产业发展水平较高，农民非农就业渠道相对较多，对土地的依赖程度要低于经济落后地区。因此，其土地流转的积极性和动力较足，土地流转的规模也相对较大。

1.2 土地流转主要在农户与农户之间进行

我国农村土地市场还比较封闭，土地流转市场还没有真正发挥效应，也尚未按照市场机制的原则优化土地资源配置；此外，农业的弱质性及农业投资回报率低等因素，也导致了农业投资缺乏积极性。

1.3 土地流转引发的纠纷持续不断

前些年，由于农民种田效益低、负担重，农业生产条件差及部分农

民外出务工等原因，农民弃田撂荒现象比较普遍。一些地方村集体为了不让承包地税费落空，不至撂荒田地，采取了一系列措施让承包地转包给他人耕种，并由其承担税费。近年来随着中央"1号文件"和《农村土地承包法》的出台、农业生产效益的提高，外出农民纷纷回乡要求重获土地使用权。但由于农民对土地承包经营法律法规的认知度普遍偏低，无土地流转协议、合同不规范以及土地流入方经营管理不善或流入方不按时支付年固定使用费和流出方中途终止合同等原因引起的纠纷在某些地区的表现逐渐明显。

1.4 部分农户对流出土地质量不够关注，破坏性流转现象突出

一些举家外出户为了不让稻田抛荒，随意把承包田转让出去让人种植。一些农民对土地流出后因改变土地用途而导致的土地质量下降漠不关心，缺乏耕地保护和可持续发展意识。

2. 农村土地流转存在的主要问题

2.1 农村土地流转的剩余收益分配机制缺位

农村土地流转存在较大的剩余收益空间，现在的农村土地流转案例基本都没有对此作出界定。据课题组的调查情况看，农村土地流转双方对农村土地流转的剩余收益存在很大的分歧，这将会在一定程度影响农村土地流转的顺利进行。

2.1.1 直补金分配

从现有流转案例来看，直补金一般都归土地流出方所有，这个补贴方式很明显有违国家直补金的目的与本意。种粮补贴是各地政府先做好财政预算，提交中央政府，再由中央政府做总的财政预算，政府发给农民或者家庭的补贴，属于政府转移支付的一部分，是以中央政府名义，

由地方政府实施发给家庭的,其本意是为了鼓励农民种粮,现在的分配方式则把直补金当做一种土地承包权的租金。从课题组的调查数据来看,对直补金的分配,农户存在较大的争议,大部分认为应该归流出方,有26.29%的农户认为应该归流入方,还有6.86%的农户认为应该双方共同协商处理。

表4.1 农村土地流转直补金分配

		户数	比率(%)
农村土地流转合同的直补金分配	归流出方	117	66.86
	归流入方	46	26.29
	共同分享	12	6.86

资料来源:根据调查统计整理

2.1.2 农村土地流转后,国家直补金增加部分的分配

农村土地流转后,国家直补金增加部分完全是一种合同剩余,关于这份剩余的分配,农村土地流转双方也存在很大的分歧,见下表。这个问题如不妥善解决,将会影响农村土地流转的进程,甚至造成农村土地流转各方之间的矛盾,影响社会稳定。

表4.2 国家直补金增加部分分配意愿

		户数	比率(%)
农村土地流转后,国家直补金增加部分的分配	归流出方	106	60.57
	归流入方	44	25.14
	协商处理,共同分享	25	14.29

资料来源:根据调查统计整理

2.1.3 因灾失收造成的合同剩余

我国作为一个自然灾害频繁的国家,农业生产面临很大的不确定

性，一旦出现1998年那样的自然灾害，受灾地区普遍绝收，如果流入方还要支付土地租金的话，就会导致大大地打击农村土地流转的积极性。从调查情况来看，农民群众还是很宽容的，有超过半数的农户同意在灾年调整土地租金，但关键问题是我们没有一个机制来解决这个问题。

表4.3　因灾失收造成的合同剩余

		户数	比率（%）
因灾失收是否同意农村土地流转补偿金额	同意	92	52.57
	不同意	83	47.43

资料来源：根据调查统计整理。

2.1.4　农村土地流转后因土地征用产生的剩余收益

随着我国经济的快速发展，建设用地的规模越来越大，涉及到征用土地的项目越来越多，在土地没有流转之前，土地征用的补偿费用的分配就是一个充满矛盾与纠纷的领域，如土地补偿费具体包括哪些项目，其收益究竟农民群众可以获得多少，以及归属于哪一级的集体经济组织，如何监督集体经济组织管理、支配、分配土地补偿费，等等。而这些涉及群众切身利益的问题往往处理结果很难让村民满意，村民认为确定分配标准的程序不合法、分配标准不统一、分配不公平等等。在农村土地流转后，这个问题将更加复杂化，因为征地补偿费用里本身就包含着土地上附着的作物的补偿，这一块补偿费用的标准怎么确认，以及由于农村土地流转合同的终止导致土地流入方的损失问题怎么补偿都需要认真地考虑。从调查结果来看，流入方、流出方均有分配要求，另外还有集体经济组织甚至地方政府也肯定会参与分配，这个问题将如何解决，目前的农村土地流转案例并没有相关的统一规约或方案。

表4.4 土地征用产生的剩余收益分配意愿

		户数	比率（%）
农村土地流转后因土地征用发生的补偿费用如何分配	归流出方	104	59.43
	归流入方	25	14.29
	协商处理，共同分享	44	25.14
	由政府处理	2	1.14

资料来源：根据调查统计整理

2.2 农村土地流转期限较短，机会主义行为严重

目前，大多数农村土地流转是短期的或是不确定的，流转双方可以随时终止流转交易。从笔者在部分乡镇的调查来看（见表4.5），所有乡镇土地转包期限为一年的最多，转包期限在5年以上的极少。而从慈利、平江、长沙三县的调查来看，农户希望流转的合理年限大多要求在5—10年之间（见表4.6），还有部分农户要求的流转期限更长。由于农村土地流转规模较小，流转期较短，集中程度不高，转入方不会进行专用性的资产投资，机会主义行为严重，耕地难以进行规模经营。生产成本不能有效地降低，生产效率无法提高，也就无法实现通过农村土地流转，推动现代农业建设的目标。

表4.5 湖南各地土地实际流转期限比较表　　　单位:%

期限	高峰乡（慈利县）	加义镇（平江县）	李家镇（汨罗市）
1年	27.8	57.4	29.5
2-5年	16.7	12.3	7.6
5年以上	0.0	3.3	0.0
长期或永久	0.0	4.3	0.8
不确定	22.2	17.5	60.0
未回答	33.3	5.2	2.9

资料来源：根据调查统计整理

表4.6　农户希望的流转年限

农村土地流转的希望年限	年限	户数	比率（%）
	5—10年	118	67.43
	10—15年	30	17.14
	15—20年	19	10.86
	20年以上	8	4.57

资料来源：根据调查统计整理

从上面两个表的数据比较来看，农村土地流转的实际期限与农户的意愿相差甚远，这也是导致目前农村土地流转不够活跃的原因之一。

2.3　没有建立有效的农村土地流转机制

目前的土地承包经营权流转一般发生在本村及其邻村、邻乡，并发生在亲戚、朋友或相互关系较好的村民之间的私下行为。在流转过程中，大多仅以口头方式达成协议、没有书面合同，即便签订合同也存在着责、权、利关系没有明确的条文、合同手续不规范、未经土地所有者村集体的同意也没有向集体备案等缺陷；有的农民甚至通过土地承包经营权流转擅自改变土地的农业用途；还有一些土地承包经营权的流转由村组织代替承包户进行，但缺少农户委托书，流转完成后，也不签订合同。

课题组在湖南省慈利县调查的116个农户中，没有签订农村土地流转书面协议的占80.5%，其中，既无书面协议又无口头约定的占13.6%，签有书面协议的只占15.6%，而经过乡镇农业承包合同管理机关登记、备案或签证及公证机关公证后流转的土地更少。其他省的调查资料也显示出这个问题，如青海的调查资料显示，至2005年年初，湟源县共有846户农民的7485亩耕地进行了流转，流转面积占总耕地面积的3.3%，其中以转包、转让形式最为突出，全县流转农户中有

568户农民有口头协议，占流转农户的67%；有115户农民按照"依法、自愿、有偿"的原则，签定了书面合同，占流转农户的13.5%，大多未经过乡镇农村土地承包管理部门备案，均属私下自发签定。[109]

还有一些地方的集体经济组织在对外发包流转土地过程中，既没有按照规定实行公开招标，也没有按照规范的合同样文签订承包协议，而是由村干部私下与承租者达成交易。

不规范的流转行为导致当前农村土地纠纷大量存在。由于农村土地流转程序的不规范，导致流转双方责任不尽明确，无法保障流转权益不受侵害。一旦出现不支付流转费用、不兑现收益分成、受让方将土地使用权自行再转让、土地使用权发生权属等纠纷时，当事人的合法权益难以得到维护，大量的不规范行为也破坏了农村土地承包经营权流转秩序和农业生产的稳定。

2.4 农村土地流转过程中存在忽视农民利益倾向

近年来，农村土地流转的速度明显加快、规模明显加大，但许多地方的农村土地流转具有明显的行政推动色彩。在农村土地承包经营权流转过程中，一些地方政府或村级组织扮演了农村土地流转的主导者作用，在土地承包经营权流转中违背自愿原则，越俎代庖，通过行政干预强制性地推动农村土地流转，或随意改变土地承包关系，如，湖南汉寿县酉港镇花护村一组，现有居住人口198人，耕地面积327亩，人平1.66亩，在2002年年底，花护村全体干部为了完成政府下达的全村财政上交任务，兑现村干部工资，在未经村民同意的情况下，强行将该村120亩耕地出租给外乡的大户从事珍珠养殖（合同期5年，租金为90元/亩），村民意见很大，反映强烈，要求还田，镇政府多次调解，仍没解决。[110]另外，由于土地终极所有权的模糊性和土地使用权的不完善性，各个"上级"借土地所有者的名义来侵蚀农民的土地使用权，出现了随意终止承包合同、无偿收回或非法转让、出租、征用农民承包地、强迫农民以土地入股、干涉农民自主经营等侵犯农民合法土地权益的情况；有的甚至与流入方事先串通搞假招标，通过欺骗手段损害土地流出方的利益。

2.5 农村土地流转机制及条件不理想

农地市场是农业用地的一级市场，农村土地流转市场是农业用地的二级市场，二者相辅相成、互相促进，农村土地流转可以促成农地市场的发育和完善，健全的农地市场能为农村土地流转提供规范的交易场所，使农村土地流转更趋合理化。但当前农村土地流转市场化运作机制还没有完全建立起来，更未形成统一规范的农村土地流转市场，这严重制约农村土地流转的有序进行。农村土地流转信息流动受阻、渠道不畅，或辐射面狭小，农村土地流转对象与范围选择余地小，往往出现农户有转让土地意向却找不到合适的受让方，而需要土地的人又找不到出让者的现象，即使实现了农村土地流转，也往往局限于村内甚至是组内，使土地效益得不到最大限度的发挥，在一定程度上影响了农村土地流转的程度、规模和效益，限制了农村土地流转的区域范围。一些地方没有专人负责土地承包管理工作，对农村土地流转放任自流，流转行为无人监管，流转纠纷无人受理，农民的合法权益受到损害。不少乡镇由于机构改革和换届、人员分流和调整，没有安排专人专职负责农村土地流转，资料建档不规范，在一定程度上影响了农村土地流转的顺利推进。[111]

农村土地流转条件不理想。尽管当前的农村土地流转方式已经呈现出了多元化的特点，但是黄祖辉 2009 年的调查显示，80%以上的农村土地流转都发生在小规模分散经营的农户之间，他们往往由于土地经营效益低、家庭劳动力不足、太辛苦以及长期在外工作等被动的原因，自发地将农村土地流转给还未面临相同问题的亲戚、朋友或邻居。以土地规模经营为目的的土地流入户很少，认为土地经营还有一定效益和家庭还有剩余劳动力的分别占27.2%和10.3%，由此可见，目前流入土地户主要以散户为主。很显然，散户间的自发性农村土地流转在适应农业规模化的发展要求方面并不具备优势。[112]然而即使流入方以土地规模经营为目的要求土地流入，也难以实现集中流转。主要原因是：在农村土地流转过程中，受让方一般从事农业规模经营，往往要求地块相对集中、面积足够大，有流转愿望的农户所承包的土地往往面积少、地块小，区域分散，要实现土地的集中连片，有赖于承包土地的农户一致同意，而农户间的情况千差万别，有的愿转出，有的不愿转出；有的愿长期转出，有的只愿短期转出，意见很难统一，这些客观因素使那些有流转愿望的农户难以实现其土地的流转。

2.6 农村土地流转双方融资困难

建立农村土地使用权的流转机制是实施规模经营的有效途径，农村土地流转可以实现区域农业生产规模化经营，有利于进行机械化操作，改善农产品质量，有利于提升农产品的国内与国际市场竞争能力。农业规模化经营的一个大的瓶颈就是资金的支持，作为土地流入方，由于前期成本投入大，投资收回期长，所以龙头企业在完成农村土地流转后急需资金的支持；与此同时，作为土地流出方——农户也需要资金的支持来从事二三产业的发展。因此，如何建立适应农村土地流转后规模经营贷款方式、担保机制以及农户的小额融资方式是需要解决的问题。而当前我国的金融机构，主要是已经上市的四大国有控股银行在追求利润最大化的情况下纷纷收缩农村网点，而农村信用社由于资产质量差，规模小，提供信贷的资源十分有限。在我国资本市场尚不发达以及农地抵押困难重重的情况下，当今农业经营项目与农民融资途径单一，成本高昂，数量远远不能满足土地规模经营与现代农业发展的需求。

3. 农村土地流转的存在问题的原因分析

3.1 农村土地承包经营权物权化不彻底

农村土地承包经营权具有物权属性已是不争事实，目前学术界通说认为该项权利是一种物权，如：农村"土地承包经营权性质上属于物权，属于物权中的他物权，属于他物权中的用益物权，且是一种新型的用益物权"；[113]但是，就目前现状而言，无论是在理论研究上，还是在立法实践上，都存在未将其彻底物权化的问题。[114]浓厚的债权色彩，成为农村经济发展的障碍和农民权利无法切实保障的主要原因之一。根据农村土地承包经营权据以存在的法律关系的内容和特点，其债权表现具体有以下几个方面：

第一，土地承包经营权的取得有悖于物权法定原则。"当法律保持沉默时，权利的物权性质从来都不可能是真实的。"[115]从《民法通则》第80条第2款与第81条第3款的规定、《土地管理法》第14条与第15条的规定，到《农村土地承包法》第22条的规定，都表明土地承包经营权是基于承包合同约定而非法律直接规定产生，承包方自承包合同生效时取得土地承包经营权。把农民享有的承包经营土地的权利付诸于承包合同的约定，承包经营权的内容不是由法律作出明确规定，而是由承包方与发包方通过自由意思加以确定，土地承包经营权的这种约定性及不确定性的特性，显然不符合物权法定主义的基本要求。同时，在很多地方，仍然将税收、提留、定购、乃至计划生育等都纳入了土地承包合同，而这些事项都不属于物权的权能，使得土地承包经营权性质模糊。

第二，承包人对土地没有独立支配权。《土地承包法》和《流转管理办法》中规定承包方有权自主决定土地承包经营权是否流转和流转方式，但在《土地承包法》第37条、第41条，及《流转管理办法》第18

条规定,采取转让方式流转的农村土地承包经营权应当经发包方的同意。由此可见,集体组织仍有权决定承包地能否流转,"依据联产承包经营合同,发包人对土地承包经营权的标的物(及农民承包的土地),仍具有相当大的支配力。"[116]承包人在土地承包经营权流转过程中难以独立行使支配权。物权的转让应由物权人自己决定,其转让的效力应如其取得过程那样,经过登记的公示程序后即可产生。只有债务的转让才需经债权人同意。而立法中,在土地承包经营权的流转过程中,发包人对土地承包经营权的标的物仍有相当支配力,承包人没有独立支配权。

3.2 对流转方式限制过多

相关法律对土地承包经营权的流转施加了过多的限制,如:《土地承包法》第41条规定:"承包方有稳定的非农职业或者有稳定收入来源的,经发包方同意,可以将全部或者部分土地承包经营权转让给其他从事农业生产经营的农户",把土地承包经营权转让的受让方限定在有稳定的非农职业或者稳定收入农户;《土地管理办法》第13条规定:"以转让方式流转的,应当事先向发包方提出转让申请。"把发包方同意作为土地承包经营权转让的前提;根据《土地承包法》第49条和《流转管理办法》第34条的规定,土地承包经营权抵押仅限于"通过招标、拍卖、公开协商等方式承包农村土地,经依法登记取得土地承包经营权证或者林权证等证书"的土地。

法律法规对流转方式的过多限制造成流转障碍,弊端是非常明显的。首先,过多的限制抑制了农村土地承包经营权的流转,尤其对耕地的抵押被我国担保法所禁止,使农民失去了最有力的融资手段。其次,农民面对法律的限制往往宁愿放弃法律对农民的权利保障,依靠民风民俗私下进行土地承包经营权的流转,流转造成土地承包经营权的流转期限短、缺乏稳定性,农民无法实现对土地的长期大规模投入和远期效益取得。再次,限制性的流转致使农村土地规模过小、地块零碎分散的现状难以有改变,农村农地市场无法激活,农民也就不能从土地交易中获得高回报的收益。

3.3 农村土地承包经营权登记制度不完善

土地权利登记是土地登记的重要组成部分,是为了确定土地权利的归属、变更以及土地权利状态有无负担等,对土地上权利的确立、变更、转移、消灭所作的记录。它是土地权利变动的基本公示方式,是判断土地权利流转合法生效的依据。

家庭承包方式取得的土地承包经营权是意思主义的变动模式,土地承包经营权的互换和转让,在公示效力上采用的是登记对抗主义。《农村土地承包法》第38条规定:"土地承包经营权采取互换、转让方式流转,当事人要求登记的,应当向县级以上地方人民政府申请登记。未经登记,不得对抗善意第三人。"《流转管理办法》第17条规定,同一集体经济组织的承包方之间自愿将土地承包经营权进行互换的,当事人可以要求办理农村土地承包经营权证变更登记手续。根据此规定,以互换和转让方式进行的土地承包经营权的流转采用的是登记对抗主义,即土地权利变动的效力依当事人的意思表示而定,债权合同生效,物权即发生变动,只要双方意思表示一致并达成协议,流转就发生法律效力。登记为任意登记,当事人办理了登记手续的,其法律效力可以对抗第三人,不登记不能对抗第三人,转让或互换的当事人在与第三人发生债务纠纷时,不得以土地承包经营权已经转让或互换为由对第三人进行抗辩。

家庭承包取得的土地承包经营权采取转包、出租等其他方式流转,物权变动模式和效力并没有明确规定,因为规定的不确定性而存在更多争议。

通过招标、拍卖、公开协商取得的土地承包经营权,与家庭承包取得的土地承包经营权不同,采取登记生效主义。《土地承包法》第49条规定:"通过招标、拍卖、公开协商等方式承包农村土地,经依法登记取得土地承包经营权证或者林权证等证书的,其土地承包经营权可以依法采取转让、出租、入股、抵押或者其他方式流转。"从这一条可以理解，未经登记的土地承包经营权不可以依法采取转让、出租、入股、抵押或者其他方式流转，表现出登记生效要件主义的特征，即形式主义的物权变动模式才具有的特征。

笔者认为现行农村土地承包经营权流转的登记制度有其缺陷。首先，登记公示是物权享有和变动的基本原则。"就土地物权法而言，土地登记的基本目的，在于确定土地权利归属和保障土地交易完全。"[117] "现今世界各国，无论英美法系还是大陆法系，均采用登记制度。"[118] 为确保土地承包经营权的归属和流转安全，不管是家庭承包方式还是其他方式取得的农村土地承包经营权的流转都应采用登记生效主义，对取得方式不同的土地承包经营权采取不同的物权变动模式并不合理。其次，《土地承包法》仅规定土地承包经营权的互换、转让可以依当事人要求登记，但对于其他的流转方式如何保障交易安全没有规定，不利于保护交易安全；即使采取互换、转让方式流转农村土地承包经营权的，也未规定必须登记，而是取决于当事人的要求，交易安全同样没有保障。再次，《土地承包法》仅规定"向县级以上地方人民政府申请登记"，其中没有规定具体的登记部门，由于难以操作而不能落到实处。

3.4 土地承包经营权流转的监督主体缺位

目前我国没有设立对农村土地承包经营权流转的管理机构。虽然我国在县级以上政府成立了国土局，乡政府也有国土站，但是这类机构只负责国土的规划、耕地的保护、用地的审批，而没有土地承包经营权交易的监督职能和管理权限。由于监督功能弱化，权利变动信息不公开，使土地承包经营权主体的利益经常受侵蚀，不能为主体提供稳定的收入预期，这又阻碍了交易组织的进一步发育。因此，农村土地承包经营权流转在既没有权威性法规可遵循，又缺乏相应的市场规则和监督机构保证的情况下运作，容易造成农村土地流转市场混乱、集体土地资产流失及管理失控,也刺激了农村土地流转中大量不符合市场规律和现行政策的问题的产生。

3.5 交易中介服务体系缺乏

《流转管理办法》第8条和第30条都提到了通过中介组织流转承包土地,但当前我国完善的交易中介服务体系尚未建立起来。

我国农民文化程度普遍较低,农村相对闭塞,获取信息途径少,据钟涨宝对湖北钟祥、宜城两市的农地流转调查(见表4.7)发现,土地承包经营权流转很少有跨越村民小组范围的。从农地流转主体间的关系上看,湖北钟祥、宜城两市的农地流转发生在亲属关系间转出与转入的比例分别高达48.8%、38.2%;而浙江绍兴的这一比例分别为20.9%、23.8%。农民个人对农村土地承包经营权的流转仅限制在小范围内,而很难有跨地区、规模化的流转。而农村集体经济组织的社会活动范围小、能力有限,组织大规模的农村土地承包经营权流转也有困难。事实上,在不同地区,由于地区差异造成某些地区人多地少耕地紧张,某些地区地广人稀土地抛荒,但由于信息无法及时沟通而不能通过土地承包经营权流转优化土地资源配置。这需要中介机构及时提供信息促进土地承包经营权的合理流转。[119]

表4.7 农户转入土地的来源

农户转入土地的来源	湖北省(%)	浙江省(%)	合计(%)
本组	90.9	59.0	74.1
本乡外组	9.1	18.0	13.8
本乡外村	-	8.2	4.2
外县	-	1.7	0.9
其他	-	13.1	6.9

资料来源:根据调查统计整理

同时，农地承包经营权作为一种特殊的商品，其交易与其他商品相比运作程序相对复杂，涉及到多个主体的经济利益。再加上农民本身法律素质较低，无法通晓如此复杂的转让程序，这就要求有完善的中介服务机构为之服务，如资产评估机构、委托代理机构、法律咨询机构、土地投资机构、土地融资机构和土地保险机构等。

3.6 土地的流转空间受到系列因素的限制

3.6.1 农地承担的社会保障功能限制了农村土地流转的空间

农村土地承包经营权可转让性差，与农地资源仍承担较为沉重的社会保障功能有关。长期以来，占我国人口80%的农民大多游离于社会保障之外，农村社会保障始终处于我国社会保障体系的边缘，存在着层次低下、覆盖面小、社会化程度不高等缺陷。显然，在土地还是农民生存的最后保障时，农民对土地依赖性较强的情况下，农民是不会轻易放弃土地的，即使已经转移出去的劳动力也会作出这样的选择：一方面进城务工，另一方面保留土地甚至不惜抛荒。结果，在我国这个农地资源十分紧缺的国家，就形成了农村农地的闲置和大量的农村剩余劳动力并存的现象。

3.6.2 农地权属相对固化限制了农村土地流转的空间

目前，我国农地集体多以村民小组为边界，农地的流转空间受到限制。无论土地的分配还是土地的转让，都表现出很强的对外排斥性。当农地承包经营权交易范围局限于某一特定社区时，一般而言，由于农户生活范围和社区游戏规则的限制，农户大多在社区范围内寻找交易对象，转让土地承包经营权。在某一特定的社区范围内，由于生产工艺、操作技能、机械化水平、人力资本等具有相似性，农户的土地边际产出率相差无几，从而导致农户的交易对象极为有限。扩大交易半径，尽管能增加交易的对象，但随着交易范围和交易半径的扩大，农户市场知识、交易能力的制约日益凸现，使交易的边际搜寻成本呈现边际递增趋势。由于农地市场信息的不完全性,农地交易的复杂性,农户为实现农地承包经营权交易而搜寻交易信息往往需要花费太多的代价,都会影响到农地承包经营权市场流转的实现。

3.6.3 农户兼业经营限制了农村土地流转的空间

随着经济的发展,土地价格日益上涨。农民把土地作为一种财产增值的手段,不会轻易放弃。随着科技的进步和第三产业的发展,许多农民成为兼业农户,只是利用闲散劳动力和闲散时间从事农业生产,土地经营粗放。由于兼业农民对土地福利保障和增值的要求,即使无力耕种也不愿意转让,因此限制了土地资源按经济原则合理利用和有效配置。总之,从全国范围来看,农村土地承包经营权流转仍处于起步阶段。1998年对8个省的调查显示,参与流转的土地只占全部土地的3%到4%,发生面最广的浙江省也只有7%到8%。浙江到2001年流转土地300万亩,占全省耕地的12.4%,湖北到2001年达到331.9万亩,占全省耕地的8.44%,2000年江苏流转土地116.7万亩,占全省耕地的2.2%,黑龙江占全省耕地的6.8%,江西占全省耕地的9.3%。最近几年来,虽然流转速度有了更快增长,但总的来看,农村土地流转依然只是很小范围的现象,如吉林省2004年人均流转土地0.29亩,仅占承包土地面积的6%。这种状况制约了土地资源效能的充分发挥。

4. 本章小结

我国正处于经济体制的转轨时期,土地产权的分割过细、土地问题的敏感性以及经济发展程度不高等一系列的问题使我国的农村土地流转处于多重约束之下。尽管如此,土地承包经营权流转作为农民群众的一项伟大的创新,在党和政府的密切关注下已经在我国各地蓬勃展开,随着经济社会的进一步发展,我国的农村土地流转必然为我国的现代农业建设乃至整个国民经济的发展提供越来越多的要素支持与产品贡献。

第五章

农村土地流转动力机制及模式分析

发轫于安徽凤阳县小岗村的家庭联产承包责任制把农业由"队生产"改变为"家庭生产",提高了农业生产中家庭经营的效率,解放了生产力,推动了我国农业经济发展。然而,经过20多年的发展,我国的经济发展水平与社会结构已经发生了重大转变,家庭联产承包责任制的制度优势逐渐释放完毕,同时这种制度也不可避免的造成了耕地细碎化,地块零散分割,农户经营规模过小等问题。这些问题成为农业进一步发展的瓶颈。如蔡继明认为:改革30年来,农村土地制度再没有发生大的变化。家庭承包体制发挥的能力已经用尽了,必须有制度创新才能调动农民的积极性。罗必良认为:农村土地流转的本质,就是推进土地要素的市场化,能够有效改善土地资源配置效率,进一步激活农业剩余劳动力的转移,为农业规模化、集约化、高效化经营提供广阔空间。2009年中央1号文件指出:加强土地承包经营权流转管理和服务,建立健全土地承包经营权流转市场。按照依法、自愿、有偿原则,允许农民以转包、出租、互换、转让、股份合作等形式流转土地承包经营权,发展多种形式的适度规模经营,有条件的地方可以发展专业大户、家庭农场、农民专业合作社等规模经营主体。因此,从理论高度认识土地经营权流转的动力机制,从实践层面大力推动土地经营权流转已经成为当前我国农业生产制度改革的关键。

1. 农村土地流转的动力机制分析

土地作为农业生产最重要的生产要素与其他生产要素一样也具有经济物品与商品特征，其流动必然受经济规律以及政策制度的影响。土地交易性的提高能够增加土地拥有者在需要土地流转时找到土地需求者的概率，也能增加土地投资实现其价值的概率，从而提高农民进行土地投资的积极性（Besley，1995）。[120]通常认为，制度影响经济绩效，制度的完善可以降低交易成本，提高经济效率；如果制度不能够反映资源的稀缺性，则经济会出现扭曲并带来效率的损失（North，1990）。[121]

1.1 家庭联产承包责任制的制度优势已释放完毕

我国现在的以农民家庭经营为主的农地经营制度即家庭承包责任制的实行是我国农村最具实质意义的一次根本性变革，从根本上再造了农业的微观组织结构，确立了农民家庭的独立经济地位和自主经营的权力，促进了农村生产力的飞跃发展。从整体来看，其仍适应农业生产的自然特点，适应我国的农业技术水平，适应我国农村的社会经济状况，但是1985年以来，随着粮食总产量的徘徊，特别是近几年来，农民增产不增收的状况，使这种经营制度的问题日渐暴露。

1.1.1 耕地细碎化导致土地利用效率低下，影响粮食安全

由于土地按人口均分，好坏、远近相搭配，造成耕地过于零散，农民经营过于分散。根据典型调查，目前我国每个农民平均只经营0.557公顷（8.35亩）耕地，平均分成9.7块，每块不到1亩。[122]从本研究对慈利县、平江县、长沙县的调查结果来看，样本点农户家庭承包耕地面积集中在2—5亩这个区间，超过10亩的只有4户，占2.29%，承包地细碎化非常严重，平均每块承包地面积在1亩以下的农户占

了65.72%。

表5.1 慈利县、平江县、长沙县家庭承包耕地情况

项目	面积区间	户数	比率（%）
承包土地面积	1亩以下（左开右闭区间，下同）	5	2.86
	1—2亩	7	4.00
	2—3亩	34	19.43
	3—4亩	41	23.43
	4—5亩	42	24.00
	5—6亩	25	14.29
	6—7亩	9	5.14
	7—10亩	8	4.57
	10—14亩	4	2.29
平均每块承包地的面积	0.2—0.5亩（左开右闭区间，下同）	26	14.86
	0.5—0.8亩	50	28.57
	0.8—1亩	39	22.29
	1—1.5亩	40	22.86
	1.5—2亩	12	6.86
	2—3亩	7	4.00
	3—4亩	1	0.57

数据来源：根据调查统计整理

土地经营规模狭小，一方面使得先进的科技成果应用困难，阻碍了技术变革对农业生产率的提高，导致农民的生产积极性不高，土地经营粗放，甚至出现弃耕、撂荒现象。另一方面是现有农户家庭半自给性、小规模土地承包经营基础上的农民兼业化，使土地蜕化为"生活保险手段"，导致土地经营的目标不是追求投入产出收益最大化，而是获取稳定的"口粮"保障，从而使土地配置缺乏效率。此外，不合理的开

发,使得土地沙化、盐碱化,耕地面积锐减,环境日益恶化,生态遭到破坏。在可耕种土地减少的同时,由于土壤的保护、改良措施不力,农业化肥的不合理使用,农民对土地的掠夺性经营等,使土地质量下降,产出效益差,大部分地区都存在着不同程度的弃耕、撂荒现象,粮食减产,更加剧了人地矛盾,威胁着粮食安全。

1.1.2 超小规模经营制约现代农业的建设与发展

现代农业是农业发展的根本目标,现代农业建设可为国民经济的高速发展提供要素支持与产品贡献。而在家庭联产承包责任制条件下耕地条块分割不利于经营的规模化,由于把土地按人口实行"均包",土地经营权凝固在千家万户手里,而且一家一户承包的土地小而分散,形成普遍的超小型土地经营格局,因此不利于农业规模经济和规模效益的形成。农户经营规模过小形成一系列不利影响: 1. 超小型的土地经营规模造成劳动生产率过低,农民收入受限。受耕地面积限制,农户粮食总产量少,在留足口粮之后,能作为商品出售的粮食有限,在扣除生产资料投入,种粮农户所剩无几。2. 由于耕地经营规模小,在保证完成上交国家粮食任务以及口粮需要后,没有多余的耕地去种植效益较高的经济作物。3. 土地经营规模小造成农产品生产成本上升。比较美国、加拿大、中国小麦生产的成本结构中,中国的物质费用比美国和加拿大明显低,而劳动力成本却是他们的 3 倍。[123] 这是因为在粮食生产上最适合机械替代劳动力,但小规模限制了机械的应用。加入 WTO 以后,生产成本过高使中国粮食等大宗农产品丧失了国际竞争力。虽然小规模的家庭经营与农业现代化并不存在实质性的矛盾,土地经营者照样可以广泛使用各种现代化生产要素,但化肥、农药及农业机械等现代化生产要素的广泛使用,必然导致农业生产成本中不变资本的增加,而一家一户为单位的家庭经营者一般是无力承受农业现代化带来的农业投资增加的。同时,这种小规模的生产经营,势单力薄、交易方式落后,不仅进入市场难,而且保护自身利益也难,与欧美发达国家规模经营化、高度现代化的农业相比,我国的农业是相当落后的,在国际市场上竞争力还十分弱小。

1.2 农村土地流转能实现农业规模经营,实现农业生产的规模经济

从发达国家的农业现代化进程来看,西方国家的农场规模不断扩大是一种普遍的现象。以美国为例,美国农场的平均规模在1860年为54公顷,1950年为87公顷,1970年为151公顷。日本是一个多山的岛国,农地零星分散,不太适宜大规模的机械化耕作,但农业的经营规模也有不断扩大的趋势。

2009年的中央1号文件肯定了目前我国农村的以家庭承包经营为基础、统分结合的双层经营体制同时也强调了要健全土地承包经营权流转机制,强化流转机制的建设,以及有条件的要发展规模经营。通过土地经营权的有序流转,促进农业的适当规模经营,推进传统农业逐步向现代农业转变。按照2006年全国农业普查数据,我国有农业生产经营户2亿户,住户农业从业人员3.42亿人,共有耕地18.27亿亩(1.22亿公顷),户均耕地9.13亩(0.61公顷),劳均5.3亩(0.36公顷)。[124]与此同时,一户多地、一地多户现象普遍存在。耕地的细碎化阻碍了土地的规模经营的进程,土地有序流转是土地规模经营的必然要求。

1.2.1 规模经济的基本理论

传统经济学主要是从微观经济学生产理论中的规模报酬来分析和阐述企业生产规模与其投资效益变动间的相互关系及其规律的。这里对企业规模作简单的定义:企业规模是指企业内各种生产要素的集合,用 $S(f_1, f_2, f_3, \cdots\cdots, f_n)$ 表示,其中 S 表示企业规模,f_n 表示第 n 种生产要素的投入。在生产理论中通常是以全部生产要素以相同比例发生变化来定义企业生产规模变动的。而规模报酬变动是指在其他条件不变的

情况下，企业内部各种生产要素按相同比例变化时所带来的产量变化。

企业规模扩张可能会带来成本和收益的变化，其中边际成本的变动很重要。如果企业规模变动带来的边际收益大于边际成本，则表明此时处于规模报酬递增阶段，企业的规模扩张是合理的。反之，如果企业因规模变动而形成的边际成本大于边际收益，则表明企业规模不适应企业的发展了，是不合理的，此时企业就处于规模报酬递减阶段。一般来说，在任何生产类型中，当厂商从最初的较小的规模扩张时，几乎都会遇到某种程度的规模报酬递增现象，在企业得到了由生产规模扩大所带来的产量递增的全部好处以后，将生产保持在规模报酬不变的阶段。在这以后，企业若继续扩大生产规模，就会进入一个规模报酬递减的阶段，经济学中的长期平均成本曲线说明了这一点，如图5.1。在图5.1中，E点为平均成本最低点，如果一家企业的现有规模（用产出Q来表示）处于A点，则在E点左侧范围内，LAC曲线下滑，表明企业规模继续扩大。

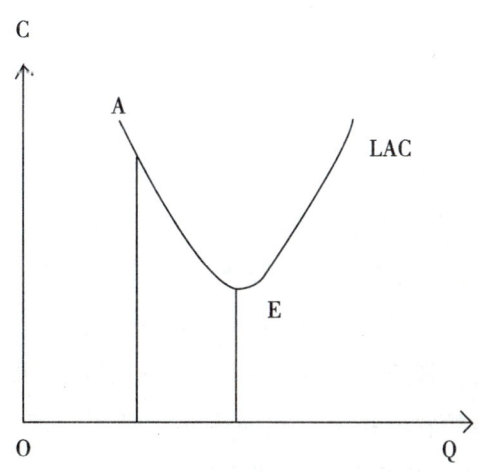

图5.1　长期平均成本曲线

规模可以使长期平均成本下降，收益增加，也就是说当企业产出在

E 点左侧区域时,规模扩张使企业可以获得报酬递增。但规模的扩张不是无限的,超过 E 点后,LAC 开始上升,即长期平均成本上升,收益减少,此时处于规模报酬递减阶段,说明企业的现有规模不利于企业发展。需要指出的是,关于 LAC 曲线的形状变化,西方经济学家近年来的经验性的研究结果表明,在大多数行业的生产过程中,规模报酬递减往往要在很高的产量水平上才会出现。即下降的 LAC 曲线需要在经历了很大范围的产量变化以后,才会转变成上升的 LAC 曲线。我国农户生产的规模都非常小,处于规模报酬递增阶段,通过农村土地流转实现农业的规模经营能够获取农业生产的规模经济。

1.2.2 农业生产规模经济形成的原因

1.2.2.1 专业化分工与合作可以提高生产效率

从亚当·斯密的著作开始,人们认识到分工可以提高效率。规模越大的企业,其分工也必然是更详细的;阿林·杨格(Allyn Young)也说过,"如果只观察一个个别企业或一个特定行业规模变化的效果,则递增报酬的实现机制就不能被充分了解,因为累进的行业分工和专业化是递增报酬实现过程的至关重要的一部分"。农业与农民是人类社会第一次分工的结果,所以我们并不能把农民看作一个非常专业的分工,由于我国农业经营规模偏小,导致农业兼业经营十分严重,当农民看似很简单但要掌握的技能却十分繁杂。从对湖南省调查来看,一个农民必须掌握各种农作物的全套生产栽培技术(如水稻、油菜、玉米、大豆以及蔬菜等)、养殖技术(尤其是生猪养殖,在养猪多的地方,农民的猪病防治技术必须达到兽医水平)、农机操作与简单维修技术(包括各种农业机械)、基本的农电技术,此外还必须学一门泥木工或其他手艺。由此可见,农业的小规模经营倒逼农民必须学习和从事多种技能的劳动,导致专业化程度不高,农民的劳动熟练程度不够,技术生疏,小农生产已经不像许多学者宣称是富有效率的。许多农民种出的庄稼,稗草比禾苗茂盛;养起猪来,病死的猪比活的多;每到农忙时节,农业机械事故频繁，机器成了伤人夺命的杀手（某医院仅2009年7月份，就接诊了30余名被打谷机弄伤手指的患者，接诊的被耕田机割伤、扎伤病人达20余位）。所以，通过土地承包经营权的流转，扩大农业的经营规模，推进农业劳动者的进一步分工，把农业劳动者从兼业经营的困境中解脱出来，能够提高农业劳动的生产效率，实现农业生产的规模经济。

1.2.2.2 土地规模经营能有效地降低农业生产的交易费用

考虑到企业的成本＝生产性成本＋非生产组织性成本＝生产费用＋交易费用，如果忽视对交易费用的考虑，而仅停留在简单的描述企业规模变动和报酬变动间的关系这个层面上，就无法充分认识企业规模变动的性质。当然，新古典经济理论并非对交易费用视而不见，只是认为从定量分析的角度出发，交易费用的估算较为复杂。因此传统经济学就忽视了交易费用以保持自身体系的完整性和逻辑性，而新制度经济学则对交易费用问题进行了必要的考虑与研究，提出了交易费用理论，对企业规模经济研究作出了更新更深的发展。新制度经济学认为企业的总成本等于企业与市场的交易成本和企业自身生产所耗费的成本之和，企业通过将市场活动内化为企业活动来扩张规模，从而为企业节省了大量的交易费用。农户分散经营组织化程度低，交易成本大，经营主体难以承受市场风险，无力掌握市场的动态和信息，竞争力弱，容易出现增产不增收的局面。而农业规模化经营能够使资金、技术、劳动力等生产要素有机组合，降低交易成本与生产成本，增加产品市场竞争力，提高农业整体利益，增加农民收入。相比分散兼业经营，农业规模经营的优势是明显的，能够有效地降低农业生产的交易费用，提升农户的市场力量，从而获取更优的利润。要实现农业经营的规模化，无论其具体形式如何，其基本的条件是人均占有农田的数量必须具有相当的规模。在维持农民长期稳定的承包经营权的前提下，通过转让、转包、出租等方式流转土地承包经营权，适当集中土地，使生产资料、资本和土地三者之间比例协调，实现规模经营。

1.2.2.3 土地规模经营能有效提升卖方谈判地位

在初级农产品市场上由于买卖双方地位不同导致不同的市场结构，如表 5.2 所示。在我国现实的农产品交易中，由于买方具有较高的组织程度及人员素质，故买方的谈判地位不会处于劣势，又由于大部分农产品买主不只一个，买方不可能实现独家垄断，故买方在大部分产品市场中谈判地位处于中等，而卖方由于人数庞大，组织松散，文化素质不高，在谈判中处于弱势地位，故买卖双方在市场交易中表现为买方控制。而通过农村土地流转可以减少农业生产者的数量，提高扩大经营规模，进而把生产者的谈判地位恢复到体现竞争水平的中等程度。

表 5.2 初级农产品市场结构

卖＼买	谈判地位低	谈判地位中	谈判地位高
谈判地位低	竞争	买方垄断	买方垄断
谈判地位中	卖方垄断	竞争	买方垄断
谈判地位高	卖方垄断	卖方垄断	双边垄断

(1) 买卖双方均没有市场力量的竞争型市场

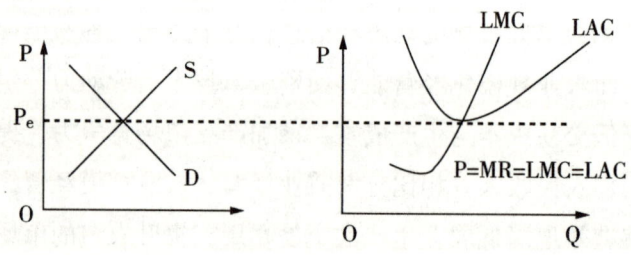

图 5.2 竞争型市场

在处于充分竞争的初级农产品市场中，农民和购买商都是市场价格的接受者，农民与购买商从交易中获得的经济利润为 0，但仍能获得正常利润，这是一种理想的市场结构。

(2) 买方运用市场力量的比较静态分析

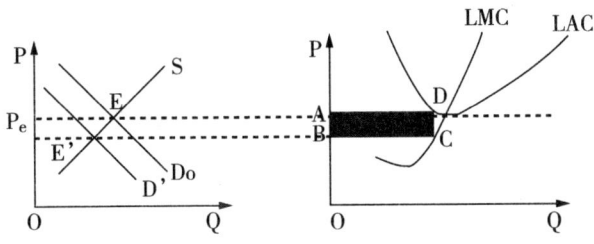

图 5.3 买方垄断市场

在现实中,由于买方运用市场力量将市场需求曲线由 D_0 推至 D_1（如在农产品集中上市季节运用种种方法卡农民的脖子）,而农产品的供销在短期内无法改变,所以在新的均衡状态下,农民以更低的价格卖出更少的产品,矩形 ABCD 表示在买方垄断下农民的亏损。

(3) 如果通过农村土地流转形成较大规模的农场或农业企业,使生产者的谈判地位与购买商不相上下,都处于中等状态,则市场结构恢复为竞争型,均衡点仍回到 E 点,土地经营者的盈利能力会增强。

1.2.2.4 减少农业生产的不确定性,降低市场风险

在我国农产品生产中,由千家万户生产质量千差万别的初级品,由于市场集中度低以及农民的有限理性经常出现生产经营"一哄而上,一哄而下",导致农产品供给剧烈波动。大部分农民按适应性预期来安排生产,导致上一年价格好,下一年产量就猛增,上一年价格低,下一年产量猛降,经常出现"增产不增收"困境,以及"价格猛涨,农民无货"的有价无市现象,这种初级农产品的供给价格弹性大而需求价格弹性小导致农产品的需求供给呈现为发散型蛛网形态,如图 5.4：

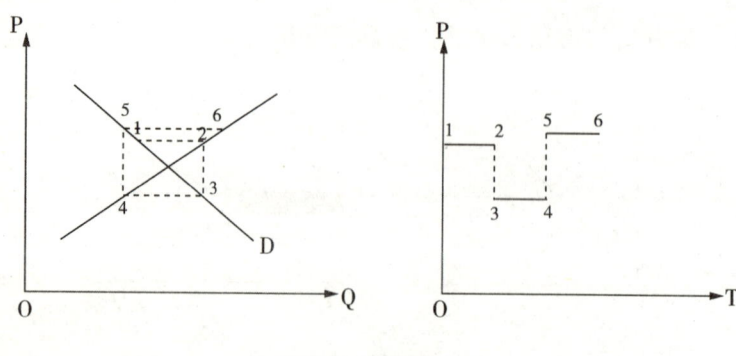

图 5.4　蛛网模型

当 $|K_D| > |K_S|$ 时即需求曲线相对于供给曲线较陡时，蛛网是发散型的。需求曲线较陡意味着需求对价格变化不敏感，这比较符合初级农产品的需求特性，供给曲线较平缓意味着供给对价格变化敏感，即表现为农民生产时"一哄而上，一哄而下"。

由于初级农产品的需求弹性是相对稳定的，要使市场稳定下来降低经营风险关键是要降低初级农产品的供给弹性。通过农村土地流转，扩大土地经营规模，鼓励土地流入方提升专用性资产投资水平，使农户变为农场主或农业企业，可以有效地提高生产者的生产经营水平，降低农产品市场的波动，进而保证土地经营者能够获取正常利润。

1.3　农业产业结构优化的客观要求

多年来我国主要实行的是以追求农产品尤其是粮食数量增长的农业生产发展模式。但是，经过二十多年的发展，我国农产品供应相对充足，一些农产品还出现相对过剩。同时，随着经济社会的发展与城市居民生活水平的提高，农产品消费结构逐渐高级化，农业生产的目标必须转向追求高质量、高效益的农产品。这就要求调整农业产业结构，以满足日益变化的农产品需要。尤其是面临着国际农产品市场的贸易壁垒，农业产业结构调整的要求更为迫切。产业结构的调整，必然要求采用新技术、新手段、新工具、新组织，而这些都只有在规模经营时才能实现。因此，农业产业结构调整，首先要解决农地细碎化问题，使农村土地相对集中连片，便于新的生产方式的推广。要使土地相对集中，如果依据行政手段，强制实行土地调整，又会回到集体经营的老路上去，历史已经证明这条路是走不通的。所以，为实现农业产业结构调整的要求，同时又要降低土地资源"重组"成本，必然要求在市场机制的作用下实现土地承包经营权流转。

1.4 农村劳动力的转移要求土地承包经营权流转

随着经济总量的迅速增长与国民经济结构的转换，农村劳动力转移进程也日益加速。自20世纪80年代中期以来，乡镇企业累计吸纳了1亿左右农业剩余劳动力，年均吸纳600万人，城镇里平均每4个职工中就有一个农民工。这就导致了现在农村中从事农业生产的都是老弱妇孺，削弱了农业与农村发展的基础与动力。与此同时，一些在城市打工多年已经融入城市生活的打工族，希望放弃土地，却因为土地承包经营权无法流转而不得不无偿转给他人耕种或者撂荒，同时一些种田能手、农业经营大户却苦于无田可种，不得不放弃土地规模经营计划，于是出现了"有地无人种"、"有人无地种"的资源配置悖论。而造成这一现象的根本原因，即是土地承包经营权流转市场的缺乏。再者由于小规模的兼业经营农业比较利益低下，导致了大量的农民不愿在农业上投入更多的劳动力和资源，催生了土地承包经营权流转的现实需求。近几年来，虽然国家实行各种措施提高农产品价格，但是农业收入在农民总收入中的比重仍在不断下降，如2005年农民人均纯收入3253.93元，其中农业生产收入占33.7%（1097.71元），比2000年的37%，下降了3.3个百分点。另一方面，大量农村剩余劳动力进入城市，据调查，目前农民外出打工，年收入可达6000元左右，相当于20亩地的收入。我国现在正处于城市化高速发展阶段，农村劳动力转移进程日益加速，这些客观因素要求我们建立土地承包经营权流转市场，推动农村土地承包经营权的有序流转，适应国民经济的发展与结构转型。

1.5 各级政府的大力推动

首先是中央政府部门在法律法规方面为农村土地流转进行正名，旨在推动土地的有序流转。1988年中央政府从法律上开始承认了农民的土地使用权，允许农村土地流转开始，国家不断推出一系列法律法规，旨在促进农村土地流转的规范发展。1994年农业部《关于稳定和完善土地承包关系的意见》中规定："在坚持土地集体所有和不改变土地农业用途的前提下，经发包方同意，允许承包方在承包期内，对承包标的，依法转包、转让、互换、入股，其合法权益受法律保护，但严禁擅自将耕地转为非耕地。"2003年3月1日，《中华人民共和国农村土地承包法》正式实施，这部法律确定了农村家庭承包基本经营制度，赋予了农民长期而有保障的土地使用权，并对农村土地流转的形式、基本原则作了明确的规定，为规范土地流程提供了法律准则。为规范农村土地承包经营权流转行为，维护流转双方当事人合法权益，促进农业和农村经济发展，2005年农业部又颁发了《农村土地承包经营权流转管理办法》。这些法律法规都对农村土地流转的不断规范发展提供了政策的保障。

其次，地方政府的行政性推动使农村土地流转逐渐升温。促进农村土地流转，发展规模经营，成为不少地方政府追求的政策目标，并作为农业结构调整和发展效益农业的战略措施。地方政府在农村土地流转中的行政性介入，大大推动了流转的规模和速度。自80年代后期，在全国，通过农户自发的农村土地流转，每年发生的农村土地流转率也就在1%—3%之间。但近年来，农村土地流转在速度与规模上都有明显提高。在湖北，1998年以后，承包农村土地流转的面积不断扩大，在山东，据对7县市1524个村的调查，农村土地流转面积占总耕地面积的

4.5%，涉及7.2%的农户，由政府出面的农村土地流转近40%。地方政府的积极介入，从政策上鼓励了农村土地流转市场的发展，并且在一定程度上，发挥了信息、组织等优势，节约了交易成本，规范了流转程序，使规模经营的优势在一些地方得以发挥。

2. 农村土地流转模式总结

按照土地承包经营权流转中的主导力量的差异，本研究把农村土地流转模式分为集体组织主导型、民间自发流转型、资本主导型这三种模式，并进行总结分析。

2.1 集体组织主导型

集体组织主导型的农村土地流转模式是指在农村土地承包经营权流转中，集体组织（社区）主导了农村土地承包经营权流转，农民在这个过程中处于被动的地位。这种农村土地流转模式又可以分为土地股份合作制和两田制模式。

2.1.1 股份合作型

股份合作型农村土地流转是指基层集体组织把村民承包的土地入股成立了合作经济社，一般来说这种模式是在坚持土地集体所有的前提下，按照市场经济的要求，把集体土地的占有权、使用权、权益权、处置权进一步分开，集体只保留部分收益权和最终处置权。土地的占有权和收益权则分为两部分，通过股份分红，一部分归集体所有，一部分归农民个人所有，村级集体实行土地的统一规划和统一开发利用，发展适度规模经营。

土地股份合作制产生于20世纪80年代中后期的广东珠江三角洲，在这些地区基本每个村都把村民承包的土地入股成立了合作经济社，这种模式后来在山东、江苏、浙江等沿海发达地区也有所扩展。农村土地股份合作制具有产权分割清晰、利益直接、风险共担、操作简便等特点，能够克服现行的土地集体所有、家庭平均承包经营导致的分散经营弊病，具有较为明显的经济效益和社会效益。

土地股份合作制的缺陷在于：这种模式的农村土地流转是发达地区的农村社区为了分享土地资本化收益而进行的制度创新，社区成员对土地的产权关系是残缺的，社员拥有的股权在很大程度上仅是一种单纯的福利分配权，福利性质浓厚；同时，社员拥有的股权只是享有按股分红的收益权，而没有所有权（即不准买卖、转让和继承），这使股权天然地带有封闭性，限制了股权功能的进一步发挥，高效的土地市场也不可能真正建立；再者这种农村土地流转模式导致基层组织以集体的名义进入了土地市场，分享土地资本化收益，致使珠三角地区出现了大量的小产权房以及城中村这种城市化后遗症。

2.1.2 两田制模式

两田制模式是由基层集体组织（社区）决策的，为了更有效地配置社区内土地资源，同时兼顾社区成员获取土地使用权的天然权力，将农村土地分为口粮田和责任田，口粮田按人口平均分配将农村土地的经济发展与社会保障功能进行了分离。口粮田按人口平均分配，责任田按人承包、按劳承包和招标承包等三种主要方式承包经营。

两田制最初发生在80年代的山东省，而后在全国推进。通过两田制的制度安排，"口粮田"注重社区内人人有份的公平原则，"责任田"则注重效率优先，在社区内部农村土地使用权可以流转，通过竞争获得。一般认为它是"效率和公平并重"的制度安排。[125]也就是前述均田承包的理想化做法，被看作是均田承包的一种变通。在两田制模式下把一部分农村土地以按劳分配进行了优化配置。但是两田制一般较为适用于农村土地资源充裕的地区，有相当数量的承包田可以作为盈余分配，而且在推广过程中，渐渐地农民似乎在农村土地流转中失去了话语权，集体和地方政府主导了农村土地制度的安排，剥夺限制了农民承包责任田的成员权,违背自愿意志。到 90 年代中期以来,中央对两田制开始持否定态度,并于 1997 年发文要求整顿甚至取消两田制。

2.2 民间自发型

民间自发型农村土地流转是指一方面使农民自愿地将无力经营或不愿经营的土地及时转让出去,另一方面使部分经营有方、有能力扩大经营规模的农民能及时获得相应的土地,解决"有人无田种、有田无人种","多种不能、少种不行"的人地矛盾,为土地规模化经营创造有利条件。这种农村土地流转模式以民间自发为主,政府管理职能缺位,集体组织功能弱化。集体组织对农村土地流转大多采取放任态度,实践上缺少干预措施。没有建立农村土地流转的备案和变更登记制度。农村土地流转具有较强的亲缘关系,流转基本上在亲戚朋友之间进行。由于农村土地流转没有完善的市场机制,一家一户的土地比较零碎,没有集体组织的引导不可能大规模集中流转,农村土地流转人多在"小圈子"内进行。流转形式不规范,口头协议多,除土地承包关系发生变化外,一般都是一年一定的短期协议。由于流转不规范,容易产生因农村土地流转而引发的纠纷。

2.3 资本主导型

资本主导型的农村土地流转模式是指由有一定经济实力的投资主体(个体老板、企业、农业服务协会等)按照市场机制购买一定期限的集体或者农民的土地承包经营权,实施农业规模经营与建设现代农业园区的农村土地流转模式。

2.3.1 "四荒"拍卖模式

"四荒"即荒山、荒坡、荒滩、荒沟等荒地,由于其经济利用价值较低,一般没有承包给农民经营。为鼓励农民治理"四荒",基层集体组织在地方政府的支持下,将集体所有的"四荒"土地的承包经营权一次性长期拍卖给经营者。"四荒"地经营权流转在20世纪90年代中期以后,逐渐成为在全国分布最广、影响最大的典型农村土地制度创新类型。其制度设计的特点是:第一,承包经营权购买的主体限制很少,只要具备经济实力与经营能力,如农户、城镇居民、企事业单位等都可以购买,而不以土地所属村集体成员为限;第二,土地承包经营权的内容比较完整,可以继承、转让、抵押、出租;第三,承包经营权的期限较长,一般为50至70年。

"四荒"地使用权流转是农村土地产权制度的一大创新,实现了农村土地制度新的跨越,具有重要的积极意义:首先,在所有权不变的情况下,将土地承包经营权出让给农民,使农民对土地产生较强的权属感,极大地调动了农户改良土地、发展农业生产的积极性,避免短期行为;其次,"四荒"地的购荒形式既打破了行政区划界限、所有制界限、土地使用权分配上的平均主义,通过公平竞争的方式,将分散的土地使用权转移到了实际需要又有经营能力的农户手中,实现了"四荒"的规模经营和土地资源的市场化配置;再者,"四荒"地使用权流转使农户替代政府成为开发治理的投资主体,通过把市场机制和竞争机制引入,使"四荒"地经营权由行政手段配置变为市场机制配置,加快了农村生产要素的合理流动和配置优化,使闲置的自然资源和劳动力资源得以双重利用,取得了良好的生态、经济和社会效益。[126]

2.3.2 反租倒包和承租反包模式

这一模式的典型做法是,由一个比较有实力的投资主体首先将分散在农户手中的承包地租赁过来,付给农民合理的承租费用,再由该投资主体投资对土地进行基础设施建设,并由该投资主体安排合适的农业经营项目,同时提供统一的科技、销售服务,这时再将土地反包给农户由农户按投资主体的要求进行种植。农户支付承包费后,由于土地投入增加值合适,仍可获得比以前更为丰厚的利润。

反租倒包和承租反包模式的优点是突出的,增加了农业投入、提高了农村土地的利用效率，同时又保证了农民的社会保障。但这一模式的适用也存在多方面的约束条件，如必须有一个具备较强经济实力、了解市场的投资主体，必须选择合适的科技含量较高的种植项目等，单纯种植粮食作物因收益较低是难以进行反租倒包和承租反包的。而且这一模式市场依赖度较高，存在较大的投资风险。在取消了农村税费后，农民发现种地有利可图，自己种地的收益有可能比反租倒包更可观，那么农民会选择自己种地而抵制反租倒包，除非集中经营者开出的条件特别优厚。所以，反租倒包很大程度上还取决于经济效益的好坏和经营规模的大小。

2.3.3 现代农业园区模式

这种模式的农村土地流转以大资本为主导、以推进现代农业园区建设为目的，在政府的产业规划与支持下，按照"依法、自愿、有偿"的原则，以项目建设为切入点，大规模成片地从农民手中交换土地承包经营权。这种流转模式具有以下几个特点：

一是以引进现代农业项目为契机，促进土地规模流转。农村土地流转的根本目的是为了发展现代农业，增加农民收入。因此，必须把农村土地流转与发展现代农业有机地结合起来，着力做好发展文章，在做好土地的流转基础上，加大现代农业招商引资力度。这些项目的建设开发，保障了农民的土地收益，使农民得到了实实在在的效益，消除了农民疑虑，产生了良好的示范效应，反过来又促进了农村土地流转，切实解决了"有土地无项目"、"有项目无土地"的问题。

二是建立了规范的流转机制与程序。这种流转模式一般把农村土地流转与农业项目开发引进相结合、与农村新社区建设相结合、与农村剩余劳动力转移就业相结合，实行流转与开发并举，农村和农民共惠的农村土地流转机制。

三是农村土地流转规模大，项目科技含量较高。近年来国家对农村的政策扶持使不少产业资本与金融资本开始试水农业项目，这些项目一般起点较高,投资较大,具有一定的科技含量,同时对农村土地流转的规模要求较大。

3. 农村土地流转的典型模式——长沙模式

几千年来的农耕文化、分散的经营方式造就了中国农村特有的品格,广袤的土地上,无数个崇尚"耕读传家"的"家庭细胞"牢固地维系着一种根深蒂固的生产方式。然而,这种束缚土地活力与人的创造精神的生产方式与生活模式已经弊端丛丛,正等待着大勇大智者去打破,去创新。被誉为"三湘第一县"的长沙县就是一位注定会在中国农村改革史诗上留下一首脍炙人口的壮美诗篇的创作者。

3.1 长沙县基本县情

3.1.1 文化厚重,区位优势明显

长沙县自古为三湘首善之区,其建制远溯秦汉,迄今已2200多年。全县总面积1997平方公里,辖20个乡镇,228个行政村,41个居委会,总人口78.8万。长沙县交通区位优越,紧靠省会长沙市,从东、南、北三面环绕长沙市区,处于长株潭两型社会综合配套改革试验区的核心地带,已构筑水、陆、空交互的立体化交通网络。

3.1.2 自然条件优越

长沙县自然环境优美,流经境内的湘江及其支流浏阳河、捞刀河滋润和哺育着沿岸的土地和人民;全县属亚热带季风性湿润气候,雨量充沛,河塘密布,土地肥沃,物产丰富,自古就有"鱼米之乡"的美称。全县森林覆盖率达43.5%,县城城区人均绿化面积35平方米,大气质量和饮用水源质量均达到了国家一流标准。

3.1.3 工业基础雄厚,经济实力超群

2008年,全县完成GDP370.3亿元,增长17%;完成财政总收入

40.7亿元，增长27.5%；完成工业总产值714.4亿元，增长23.8%；完成全社会固定资产投资173.3亿元，增长31.6%。城乡居民人均可支配收入分别达16887元和7885元，增长6.6%、20.9%。在第八届全国县域经济基本竞争力评比中排名百强县第37位，跃居中部第一。荣获2008年度全国中小城市实力百强、全国最具投资潜力中小城市百强、全国最具区域带动力中小城市百强称号，被列为全国18个改革开放典型地区之一。

3.1.4 现代农业初具规模

以推进新型工业化而著称的长沙县也是一个农业大县：粮食综合生产能力位居全国百强第87位，生猪位列全国调出大县第二位；百里茶廊、百里花木走廊、无公害蔬菜产业带在全省举足轻重，油茶、食用菌、时鲜瓜果等新兴产业异军突起，发展现代农业产业已初具规模。2008年，全县完成农林牧渔业总产值58.9亿元，增长7%。积极推进长沙现代农业创新示范区建设，规划34万亩超级杂交稻"种三产四"丰产高效示范工程，推动100个现代农业项目建设。已形成了粮猪两大传统优势产业，茶叶、蔬菜、花卉苗木三大新兴产业，水稻播种面积稳定在120万亩以上。"百里花木走廊"成为中南地区最大的花卉苗木基地，"百里茶廊"被列入湖南省五大农业优势带之一，长沙县也被评为全国"三绿工程"茶业示范县。

优越的区位条件，丰富的自然资源，强大的经济基础为长沙县实施土地规模流转、建设现代农业提供了坚实的保证。

3.2 农村土地流转长沙模式的特点

3.2.1 农村土地流转与区域发展规划结合

2009年初，长沙县在全国创造性地实施区域发展分类指导战略，将该县北部10个乡镇确定为重点发展农业的乡镇，建立"长沙县现代农业创新示范区"，形成主题突出、特色鲜明的"两大基地、四大精品园、六大产业优势区、百个现代农业项目"的现代农业产业基本格局。依据长沙县山、水、田、土等独特的自然资源和地理环境，按照城郊生态区、绿色原生态区、红色旅游区、融城核心区四个功能分区，科学规划、精心规划包装了100个现代农业项目（其中现代农庄99个），县政府出台了支持现代农庄发展的产业政策，吸纳城市资本和社会资本投入现代农庄建设。

案例：乐活A计划——一幅快乐农村新蓝图

"湖园白鹭驰名，飞鹭落霞堪雅赏；山为石牛增色，牧童游客任逍遥"，"一湖春水浓于酒，醉倒寻芳拾翠人"，文人骚客笔下的长沙县，如诗如画，而长沙县当今的决策者将在这片土地上重排山水，再创佳作，由香港洪达仁国际策划公司设计的乐活A计划，描绘了长沙北部的农村新景。

长沙县北部辖黄花、春华、果园、安沙、北山、青山镇、路口、高桥、金井、双江、福临、白沙、开慧十个乡镇，面积1324.6平方公里，耕地面积481631.5亩，45.2万人中，农业人口达43.1万人。这里山峦连绵，丘陵起伏，溪流纵横，土地肥沃，为农业乐土。在农业乐土上做农字文章，建设新农村，长沙县以全新的理念与视觉，请顶尖的设计公司重新包装这片土地，将之整体推向市场营销。

乐活A计划就是快乐生活的计划，这片土地以空间结构分成赤、橙、黄、蓝等9个方型色块，不同色块代表不同的功能区，九个功能区里99个现代农庄和一个现代农业博览园点状式均匀地撒落在拱盘之中。现代农庄规模从2000亩到3万亩不等，以农业生产加休闲观光的模式实施，将一、二、三产业揉合于农庄中。北部的10个镇根据各自地理位置、道路交通、生态环境、基础设施、景观建筑设计各自农庄的产业特色及发展模式，分别设计科技博览、农园体验、特色种植、农贸物流、游园游憩、自然体验、精致养生、红色旅游、文化创意等不同风格与体验的农庄。这里既有异国风情园，也有现代农业主题园；既有市民农庄、亲子农庄，也有温泉度假农庄、高端食疗农庄。

"大珠小珠落玉盘"式的农庄，温馨浪漫又意趣无穷的农业体验园，还有漫山遍野的花草扑面而来，芬芳沁肺，这样的画面不是在发达的美国、日本，也不用去古老的西欧，就在咫尺之遥的长沙北部乡村；这样的美景不是个别罕见，而是在1000多平方公里土地上遍布。

乐活A计划的100个项目只是一种大胆的构思、全新的尝试，这100个项目为我们展示了一个依托现代农业项目，推动土地规模流转，建设魅力星城的美好前景，如同各区域里的星星之火，一旦燃起，必成燎原之势。那时，新型的农村凤凰涅槃，浴火重生，而其每个色块上形成的以资源优势为依托的产业也将像竹笋—竹林一样形成"扩张效应"，形成独具长沙特色的现代农业产业集群。

3.2.2 以现代农庄为载体推动土地规模流转

尤其引人注目的是，长沙县借鉴国内外先进农业发展理念，创新性地选择现代农庄为载体，全力推进现代农业发展。这种全新的业态的核心是在农村土地流转形成适度规模后，根据市场需求和产业定位，由农庄投资人对连片土地实行企业化运作，提高农业生产的专业化、标准化与规模化水平，逐步实现农业的现代化。

在这个复杂的过程中，农民实现了成为产业工人的转变，投资人实现了成为农庄主的转变。相比传统的分散经营模式，这无疑是一场深刻的变革。用长沙县委、县政府负责人的话来说，这场变革带给长沙县的将是美丽农村、快乐农业、幸福农民。

3.2.2.1 圣毅园现代农庄

圣毅园现代农业发展有限责任公司于2008年2月1日经国家工商局注册登记，湖南省工商局颁发工商营业执照，公司注册资本5000万元，其中董事长周猷庚出资4550万元，占注册资本金的91%。

该项目为该县包装对外发布项目。项目选址北山镇，园区规划占地面积36699亩，其中耕地12087亩、林地22525.5亩、水面1987亩，其他设施用地99亩，涵盖5个行政村（社区）。项目规划总投资15亿元，拟通过招商引资建设以种植业为基础、加工业和休闲旅游业为支撑，集生态农业、农产品深加工、生态旅游"三位一体"的现代农业产业园区。

项目已投资2.3亿元。其中：生产性投资50800万元，基础设施建设1.792亿元。投资650万元建设了入园公路2.6公里；投资3800万元建设了国际会所和专家楼；投入基础设施建设包括支付农村土地流转费、作物补偿费、机械费、材料费及人工工资等7000万元，流转耕地并全面完成整改6065.862亩、建设标准沟渠5000米、园区道路50公里、种植油菜近2000亩，根据2009年春耕生产计划购置种子、化肥、机械等投入300万元。拟建农产品深加工项目之一"板蓝根"凉茶深加工厂已完成签约、选址、设备订购、地下水勘探等前期准备，于2009下半年度正式投产，该项目第一期工程计划投资1.2亿元，预计年产720万件，年产值3.8亿元，利润1.2亿元。该农庄已被市人民政府列为"长沙市农村土地承包经营权流转综合配套改革示范点"和"长沙市新农村建设示范片"，并在申报国家发改委立项。

3.2.2.2 宇田现代农庄

湖南中天凯顺农业连锁有限公司是从事农资连锁经营管理的专业公司，是长沙市农业产业化龙头企业，公司注册资本500万元，2009年由于第一季度基础设施投入力度较大，到11月份为止销售收入780万元，利税95万元。

宇田现代农庄下设宇田蔬菜专业合作社和宇田优质稻专业合作社，其中长沙县宇田蔬菜专业合作社，是长沙市现代农业建设十大标志性工程单位，2008年度市级优秀专业合作社，注册资本100万元；长沙县宇田优质稻专业合作社自2006年5月成立以来在长沙县主要乡镇稳步推广了"湘早籼32号、岳优9113、岳优6135、玉针香、鄂早18、黄花占、农香18"等品种，聘请了省水稻所有关专家和县农业局技术干部进行了15场次的农民技术讲座和3次科技下乡活动,直接参加培训课和接受整套优质稻高产栽培技术资料的农民达2000多人次。2009年与湖南省水稻研究所和华中农业大学合作,共同启动了"高档优质稻有机栽培技术研究及示范"项目,该项目两个指标目前在国内处于领先水平,一是高档优质稻品种资源目前在国内处于领先水平,二是有机栽培技术和病虫害综合防治目前在国内处于领先水平。

宇田现代农庄项目选址春华镇春华山村,总规划面积为5000亩,其中蔬菜标准化生产基地2000亩,优质稻标准化生产基地2000亩,特种果园及休闲山庄开发面积为1000亩(含生产加工配套设施建设用地98亩)。建设开发期限3年。项目规划总投资11352万元,其中:蔬菜标准化基地投资6362万元,特种果园及休闲山庄投资4990万元。拟通过自筹和招商引资手段,建设以开发高档有机蔬菜、高档优质稻、农耕文化走廊、农副产品深加工和体验式休闲农业为主要内容的现代农庄。

宇田现代农庄农村土地流转共涉及1个村春华山村14个组共计2502.69亩耕地。其中高台组170.69亩、向阳组169亩、毛坪组207亩、荷湖组296亩、塅港组338亩、塘头组202亩、雅雀组129亩、太阳滩组88.26亩、新桥组118亩、坎上组161亩、天禾组235亩、大屋组259亩、洲上组109.74亩、村集体20亩。

3.2.2.3 湘丰茶业农庄

湖南湘丰茶业有限公司是长沙市小巨人企业、省级农业产业化龙头企业,中国茶业百强企业,长沙市现代农业建设十大标志性工程单位,公司注册资本2000万元。

湘丰茶业现代农庄项目,建设地点在长沙县金井镇脱甲村,总投资11000万元,建设期5年。项目以农村土地流转为基础,规划流转总面积2100亩,到2010年10月份已流转耕地面积1565.39亩,共涉及金井镇2个村17个组,其中脱甲村13个组1252.52亩(王家源179.18亩、观音塘107.91亩、枫树脚96.2亩、黄土源116.88亩、鹤霞村90.52

亩、桥垱上组 156.54 亩、新桥咀 170.53 亩、虎形山 151.45 亩、洪家冲 77.45 亩、八斗冲 5.53 亩、仁东组 11.41 亩、合霞屋 4.7 亩、梅花庄 84.22 亩）；新沙村 4 个组 312.87 亩（下对门组 45 亩、上边山组 80.25 亩、下边山组 143.79 亩、坝里屋组 43.83 亩）。项目为以有机茶生态观光园区、国际茶叶示范区、良种茶苗繁育园区等为主要建设内容的生态观光休闲景区，配套建设农庄接待会所和园区景观设施。

项目建设分三期进行，目前，一期建设工程已启动，需主要建设内容包括：飞跃有机茶生态观光区、茶文化公园及星级接待中心、王家源休闲区、穿山甲养殖及虎骨酒加工观赏体验区。

3.2.2.4 金湘园农庄

金湘园农业科技有限公司选址在长沙县开慧乡清泰桥村月塘组，于 2007 年 11 月 21 日注册成立，注册资金 500 万元，现有中高层管理干部 11 人，其中中高级职称专业技干 3 人，职工 150 人，资产总额 2500 万元。

公司目前已开发优质生态有机茶园 2500 亩，优质油茶 1533 亩，耕地流转 1480 亩（涉及 1 个村清泰桥村月塘、长沙庙、上马台、汀龙、杨家、除林、栗树、诗家、淡家、朱霞等 10 个村民组 467 户，流转稻田 1480 亩），特种养殖水面 135 亩，合计 5648 亩，为农民年创收 210 多万元，解决当地农民就业 500 余人。种植基地分布在开慧乡的开明、开慧、葛家、清泰 4 个村（58 个村民小组，1440 个农户），含茶叶、油茶、果树、水稻 4 个专业合作社，规划为"一庄四业"型现代科技农庄格局，即种植业、养殖业、农副产品加工业、红色旅游业四个方面十大功能的现代农庄。

四大产业基地正在规划实施当中，金湘园农业科技有限公司是一个十八九岁的壮小伙，处在一个拓业进展的发展阶段，在上级领导和各主管部门的大力支持下，才能把长沙现代农业创新示范区、金湘园茶叶标准化示范基地、金湘园优质油茶基地、金湘园优质稻基地、金湘园特种水产养殖基地建设好。

3.2.2.5 龙华山农庄

长沙龙华现代农庄、长沙龙华山农业开发有限公司成立于2009年6月份，公司注册资金500万元，注册地点在长沙县双江镇，办公地点设在双江镇龙华山庄内。农庄以城镇居民需求为导向，以绿色、生态、有机农业为主题，以新产品、新技术为依托，以蔬菜的生产、加工与流通为主导产业，以休闲农业为窗口，以科学管理为核心，以推动社会主义新农村建设为目标，按照企业化、产业化、规模化、产品标准化的要求，以高起点规划、高标准设计为原则，力争实现一村一品种，立足特色，打造品牌，全面提升现代农庄的品质，提高蔬菜产品的规模效益和市场竞争能力，完善产业链，增加产品的附加值，提高综合效益，努力将园区建设成为长沙县蔬菜产业的龙头和推进社会主义新农村建设的样板。

目前，完成农村土地流转3010.46亩，涉及3个村23个组。其中青山村5个组流转土地527.69亩（青山洞组90.28亩、杨梅咀组132.93亩、青山铺组124.59亩、乔上屋组95.63亩、方佳屋组84.26亩）；团山村1个组（菜元咀组170.69亩）；龙华山村17个组流转土地2312.08亩（凤咀上组173.64亩、培上组259.8组、向家屋组214.6亩、周家冲组137.45亩、大岭背组60亩、钟家湾组127.2亩、三口巷组88亩、桃园洞组90.7亩、祥东祠组101.77亩、潘西湾组151.05亩、边山组64.89亩、兴屋里组108.79亩、桥头湾组117.95亩、廖江边组116.53亩、石湾街组285.23亩、博经湾组116.6亩、简家坪组97.88亩）。已落实蔬菜种植面积1632亩，分别种上了四川彭州红皮大蒜（320亩）、日本寒利甘蓝（125亩）、韩国萝卜（740亩）、包菜（447亩）等品种，现已相继出园上市，2010年获得经济效益41万余元。引进浙江西瓜种植大户3个，2010年落实西瓜种植面积328亩，并做好了部分菜地的设施改造工作，2010年将加大投产力度。水产、油茶开发等工作也在进行中，整个进展稳步推进。

3.2.3 农村土地流转面积大

长沙县农村土地总面积约 200 万亩，其中耕地 64 万多亩，家庭承包耕地经营农户 185157 户。据不完全统计，截至 2008 年 9 月底，全县农村土地流转面积达 113266 亩，其中耕地流转 62379 亩，涉及 185 个村、27916 户农户。在耕地流转面积中，依法依规流转的有 41726 亩，自发流转的有 20653 亩。农村土地流转主要以租赁、入股、互换为主，其中，租赁 62415 亩，入股 21485 亩，互换 29366 亩，分别占农村土地流转总面积的 55.1%，18.9%，26%。

2009 年全县 19 个乡镇（星沙镇除外）共申报规模农村土地流转项目 147 个，规模农村土地流转面积达到 21.3 万亩，其中规模流转耕地面积 77432.63 亩。已经县政府审查批准立项的 12 个现代农庄规模农村土地流转总面积为 22668.7 亩，其中耕地流转总面积为 14942.8 亩。以总耕地面积 643677 亩计算，规模流转的耕地面积比例达到 12.03%。

可以看出，长沙县现代农庄普遍流转土地数量较大，小的也有数百亩，最大的圣毅园现代农庄农村土地流转面积达到上万亩，其中流转的耕地达到 6 千多亩。

3.3 经验总结

3.3.1 领导重视，推进流转

以推进新型工业化而著称的长沙县也是一个农业大县，发展现代农业产业已初具规模。但长沙县的决策者们也清醒地看到：要实现现代农业发展的真正突破，一家一户、分散的家庭经营模式是一个绕不过的拦路虎。一方面，农民再投资的实力和政府支持农业的财力相当有限，农民的经营理念与现代农业集约经营的要求也差距甚远；另一方面，大量的城市资本、民间资本想投资农业又难以找到合适的投资平台和项目，这些矛盾已成为制约现代农业发展和新农村建设的瓶颈，必须靠创新机制来解决。因此长沙县委、县政府高度重视农村土地流转工作，把推进农村土地流转作为推动新农村建设，发展现代农业的重要举措来抓。2010年4月制定了相关政策，明确规定，对集中成片农村土地流转，经营耕地面积达100亩以上的龙头企业、经营大户，且流转合同期限在3年以上的，由县人民政府按每亩200—300元标准予以补助。为了鼓励现代农业发展，9月份又出台相关政策，对投资者集中流转土地200亩以上，经营年限10年以上新建现代农庄，连续3年每亩每年补助300元，并给予流转耕地面积的7%比例配套生产、生活用地（一个项目用地最高限额为不超过100亩）。同时，首次把农村土地流转工作列入乡镇党政领导班子绩效考核内容，并按突出工业发展乡镇、综合发展乡镇、农业发展乡镇实施分类考核，科学指导。对新增农村土地流转明确要求：耕地集中连片流转必须有一处分别达200亩、400亩、600亩以上。

3.3.2 规范管理，服务流转

一是根据湖南省农村土地流转合同范本，结合长沙县的实际，会同县法制办共同制定了长沙县农村土地流转合同范本，对已集中连片流转土地经营大户合同进行了全面检查，对存在损害农民利益的、手续不健全等问题的合同，要求经营者与农民重新签订或进一步完善相关合同手续。从法律上，保障农民农村土地流转的合法权利，并成立村级农村土地流转服务站，具体负责本区域内农村土地流转规划、信息收集整理以及流转矛盾纠纷调处。二是乡镇成立农村流转服务中心，负责本区域内农村土地流转政策咨询、产业布局规划、项目包装，农村土地承包及流转信息网络数据录入等职能。三是县里成立农村土地流转管理服务中心，负责全县农村土地流转工作的全面协调、指导和督察管理。

3.3.3 依托合作，引导流转

十七届三中全会《决定》指出，要"按照服务农民、进退自由、权利平等、管理民主的要求,扶持农民专业合作社加快发展,使之成为引导农民参与国内外市场竞争的现代化农业经济组织"。长沙县把发展农村合作社作为提高农民组织化程度、加快发展现代农业的突破口和着力点,制定规范的合作社章程范本,积极引导和发展各类农民专业合作社,通过合作社来推动农村土地流转。目前全县依托农民专业合作社流转的土地达17000多亩。田汉村农民专业合作社,本着农民自愿、确保利益的原则,以每亩500斤晚稻谷为租赁标的,租赁农民土地承包经营权。目前有527户农民入股,入股土地面积达1520亩,折合股金684万元,合作社实行土地统一经营、统一规划、统一管理和产品统一加工、统一以"寿昌粮油"为商标的米业销售,仅运作一年时间,合作社年收入突破500万元,入股农户每亩可分红利400元。这说明集约经营农民不仅获得种养上的收益,而且还分享了农产品加工、流通环节的增值利润,并推出了自己的品牌。

3.3.4 扶持企业,带动流转

长沙县政府认为,鼓励引导农村土地承包经营权流转本身不是目的,流转的目的是为了在保护农民的利益基础上,加快农业现代化建设,促进农业产业化、规模化生产、农产品商品化品牌化方向发展。要实现这样的目标,又必须创造良好的环境以引入农业龙头企业。现已有28家省内外龙头企业落户长沙县。地处金井镇的湖南湘丰茶叶(集团)有限公司,是湖南省农业龙头企业、中国科学院有机茶示范基地、中国茶叶百强企业,公司主打产品茶、米、薯均通过了"绿色食品认证""ISO9001质量管理体系认证"和"Haccp质量安全体系认证",其中茶产品通过了"有机茶认证"并连续两届获国际茶博会金奖。公司通过多种形式经营农民土地,已开发有机茶园45000亩,红薯种植基地12000多亩,高产优质稻基地20000多亩,带动辐射4万农户,实现了互利共赢、共同发展的目标。

长沙县农村土地承包权流转有自己显著的特点,这就是政府引导、政策配套、规划明确、农民受益。一方面保护了农民的利益，引导合理有计划地流转土地，解决弃耕撂荒问题，提高了土地的利用率，从而保护了农民的利益，正如农民自己所说的，做到了"失地不失利；失地不失业；失地不失权"。另一方面全县现代农业发展规划，确实落了地，发展了一批现代农业龙头企业，规模化、专业化、集约化生产的优势通过农村土地流转得以实现。基地化、商品化、品牌化的现代农业格局正在形成。

4. 本章小结

我国农业的生产率长期徘徊在较低水平，主要是农业没有达到规模经济所要求的土地规模，特别是我国现有农地产权制度——家庭联产承包责任制所带来的小块的、分散的土地经营方式尤其不适应规模经营的要求。土地承包经营权流转是目前我国农村土地流转的主要表现形式，也是国家加快农村土地流转的政策本意，它是农村经济发展和家庭土地承包责任制进一步完善的客观要求。西方经济学中的规模经济有一个先决条件，即是关键设备具有技术上的不可分性，在这一条件下，关键设备投入的固定成本，会随着企业产量的增大而在更大范围内得以分摊，从而使得单位产品的平均成本会随着产量的增大而减少，由此产生了一种额外的效益即规模经济效益。随着农村经济的发展以及国家对农业投入力度的逐渐加大，农业固定资产投资也不断增加，尤其近几年，随着农机补贴政策的实施，农民添置了大量的农业机械。然而，由于小块的、分散的土地经营方式，农机的使用效率很低，大量的农机具处于闲置甚至无法使用状态，农业生产的规模经济由于土地规模的制约无法实现。分散的小规模经营格局，必将带来农民就业的兼业化，农民精心地在他们从事的系列产业中保持着边际收益的平衡，而兼业化不利于获得分工的收益，与社会分工的大潮流相悖。因此正确认识农村土地流转的动力所在,开拓思路,为农村土地流转积极地创造条件。同时积极创新农村土地流转的模式是保持我国农业经济稳定持续发展的重要工作,也是推动国民经济结构快速转换,增强国民经济发展后劲的重要举措。

第六章

农地流转促进农业适度规模经营的实现形式及绩效

为了进一步反映农地流转的效果,本研究以湖南省为例,讨论农地流转促进农业适度规模经营的实现形式及绩效。适度规模经营是指在一定自然环境和生产力水平下,各生产要素(土地、劳动、资本、经营管理等生产要素)的最优组合并取得最大化经济效益的规模经营。[107] 土地是农业生产不可替代的生产资料,其规模经营情况对促进中国农村劳动力转移、农业科学技术的提高、农村经济的发展具有举足轻重的作用。农地适度规模经营可以划分为企业型适度规模经营、专业合作型适度规模经营、股份型合作社适度规模经营、大户型适度规模经营、托管型适度规模经营五种形式,各类型适度规模经营模式的优劣势比较见表6.1。

表6.1 各类型适度规模经营模式的优劣势比较

	参与主体	优势	劣势
企业型	农户—企业	企业承接土地后从事高效农业生产,获得高经济效益和规模经济的现代农业生产;同时,农户可获得相应的租金	与所有农户达成流转协议将土地连片经营较难;公司经营的市场风险和自然风险均存在

股份型	农户—企业	农民将土地作价入股可拥有"公司"股份，按股分红，充分调动了农民土地流转的积极性，有利于推动土地规模经营和农民收益的增加	公司行为无法有效监督，农户权益难以有效保障，存在委托代理问题
托管型	农户—企业	降低了土地耕种成本，农民外出务工时间增多，有利于增加农民收入	土地规模经营并未真正实现，土地集中开发受到限制
大户型	农户—大户	有利于推进土地规模经营，避免土地撂荒，增加农民收入	因产权和自然风险的影响，农户和大户的权益均无法得到全面保障
专业合作型	农户—农户	农地规模经营收益由农民共同分享，有利于土地流转集中，分散经营风险	农户与委托方存在委托代理问题，农户权益无法有效保障

1. 企业型的农业适度规模经营实例

企业型适度规模经营是指农地以各种形式流转到企业，由企业进行土地的规模经营。

1.1 湘乡市燕鑫农业科技开发有限公司适度规模经营分析

概况：湘乡市燕鑫农业科技开发有限公司联合湘乡市龙洞镇泉湖村整合农村土地资源，建设了1000亩湖南无公害特优柑橘基地和100亩无病毒优质苗木扩繁基地。公司为了充分利用土地资源优势，有计划地开发荒山、荒沟及低产林地，实行土地复垦，建设高产高效现代农业示范项目。其中牵涉到土地流转农户达200多户，流转面积1100亩。

绩效：(1) 解除了外出务工农民的后顾之忧，促进了劳务经济的快速发展。通过土地流转，使外出务工经商农民签订土地流转合同200多份，涉及流转土地面积1100亩，使他们能够安心在外务工经商，解除了他们的后顾之忧，促进了全村劳务经济的快速发展；(2) 促进了土地适度规模经营，加快了农业结构调整步伐。实现农村土地的有序流动，有经验能力的农民通过土地流转入股公司取得了良好的经济效益；(3) 提高了农业生产效益，实现了互利双赢。通过土地流转形成规模建成基地后，加大了投入力度，引进新的生产技术和优良品种，极大地提高了农业生产效益。同时，土地原承包户也通过土地流转得到了实惠；(4) 从根本上解决了弃耕撂荒问题，提高了土地的利用率。荒山也得到了利用，开发成了果园，增加了农业收入。

经验：(1) 因地制宜，制定行之有效的流转办法。一是出租。对常年外出务工比较多的农户，主要采用出租的形式，经发包方同意，将土地流转给燕鑫公司，由该公司每年支付80元/亩的租金给农户。二是入股。农民以土地使用权作价入股的形式，和燕鑫公司一起建设高科技农业示范园，根据公司经营情况进行利润分配。三是联营。以"公司+农户"的形式实行松散型的联合经营，土地原承包关系不变，种植项目由燕鑫公司确定，全部栽种特优柑橘品种，并由公司向农户提供种苗和技术，实行分散经营，公司按保护价收购产品。

(2) 完善措施，规范流转行为。严格按程序规范操作。对规范流转的土地，健全档案管理制度，注重加强合同档案管理。所有流转土地必须签定统一规范的合同或协议书。并将合同、协议书、流转台帐、会议记录等档案材料按顺序装订成册，编好序号放入专门的档案柜中保存，专人管理。通过规范流转，流转双方签定了规范的土地流转合同，明确了流转期限，双方的权利和义务、违约责任等条款，为双方解决土地流转矛盾和纠纷提供了正式的法律依据，促进了农村社会稳定和农村经济长足发展，与此同时也使农户真正得到了实惠。

（3）坚持正确引导，把握政策原则。一是坚持"稳制、分权、搞活"原则。在稳定农户家庭承包责任制的前提下，实行土地集体所有权、土地承包权和土地使用权的适当分离，强化所有权、稳定承包权、放活经营权。二是坚持"自愿、依法、有偿"原则。尊重农户在土地使用权流转中的意愿，严格按照法定程序操作，充分体现有偿使用原则，不搞强迫命令等违反农民意愿的硬性流转。三是坚持"集中、连片、规模"原则。土地流转给燕鑫公司发展现代高效农业，1100亩土地实行集中连片，规模开发，集约经营，发挥规模经营效应。

1.2 沅江市草尾镇艾青绿色农业有限公司适度规模经营分析

概况：2006年，沅江市草尾镇胜天村村民艾青成立了艾青绿色农业有限公司，以每亩700元的租金租种西湾洲村四组农户120亩耕地，主要种植大蒜等时令蔬菜。近年来，立足本地优势，建立了专业蔬菜基地2个，面积达1000亩，创建高效生产模式，大力发展现代农业，取得了良好的成效。

绩效：（1）高收入。公司在长沙建立了销售网络，价格稳定。每亩平均年收入达1.5万元，纯收入9000元以上。该公司辐射种植4200亩蔬菜由公司代销，农户每亩可实现纯收入3200元。（2）高"溢出"效应、高额土地流转金。公司流转土地均与农户签订合同，每亩租金达700元，比同组其他托管经营100元/亩的高出600元，比业务部门评估的理想租金价位350元/亩也高出一倍。就地带动农民转移就业。公司通过土地承租使西湾洲村四组务工人员由租赁前的45人增至82人。目前出租土地的农户劳力为其打工，月工资900元，年平均收入1万元以上。公司现有固定用工人员50多人，有临时用工人员200多人。

经验：（1）发展现代农业需要着力推进农村土地流转。随着二、三产业的不断发展，农村劳动力大量转移，并有较稳定的收入。这些农村劳动力受利益驱动,要求把原承包的土地转让给愿意接受的农户(或经济组织、龙头企业)经营,以实现比自己耕种更为可观的经济收入。

(2)引导土地流转,发展现代农业需要龙头带动、大户推动。现阶段,各级政府由于财力限制,推动传统农业向高效、现代农业转型,需要转变思路,引导龙头企业、经营大户与优势农产品发展相结合,实现优势基地、优势企业、优势品牌集聚。特别是借助龙头企业和经营大户的加工、营销优势,建立风险共担、利益均沾的利益分配机制和产加销一体化的经营体系,使农户也能分享到产业链中的利润,促进和谐发展。

(3)发展现代农业需要政府发挥积极的主导作用。目前看来,要引导土地流转,大力发展现代农业,各级政府的主要职责,一是加大投入力度,支持现代农业基地、龙头企业、农民专业合作组织、种养大户等各类市场主体。二是加大宣传推介力度。对发展现代农业的先进典型和好的发展模式,要大张旗鼓地宣传报道。三是加强服务。涉农部门加强协调指导,完善发展规划,细化实施措施,指导镇村发展现代农业。其他有关部门也要支持现代农业发展。

1.3 桃江县中浩园林绿化有限责任公司适度规模经营分析

概况:益阳市中浩园林绿化有限责任公司,从1986年开始从事苗木生产,历时达24年。该公司创始人从最初用自家的5.7亩责任田培育林木种苗开始,通过原始积累,市场运作而发展成为有限责任公司。该公司通过采取租赁承包耕地、土地入股等形式,实现土地流转总面积2637亩,其中稻田637亩,山地2000亩,其中土地入股面积达800亩。

绩效:(1)土地增效。原有土地亩年产值不到1000元,租赁后通过集约化经营,土地亩年产值达3000多元,提高了土地效益。(2)是农民增收。桃花江镇株术潭村农业科技园基地流转土地让部分劳动力转移到手工凉席加工制作，月工资1500元左右。桃花江镇龚家湾村、高坪村400多亩土地，村上原来一直开而不发，投入多，产出少。公司承包后，开发成速生丰产林和绿化苗木基地，不但村上每年收了较高承包款，而且还使富余部分劳力从事基地开发、管护工作，每年工资达5万元。石牛江镇增塘村、筑金塘村、桐油村、潮湾村近1000亩丘陵地，土地荒闲多年。公司承包后，开发成绿化苗木种植基地，安置部分村民就业，年工资达1万元。（3）公司壮大。通过土地流转，公司规模效益不断扩大，在该公司的带动辐射下，全县有近700户农户从事苗木产业，年创产值达7000万元，培育各类苗木累计达15.5亿株。

经验：创新土地流转模式，扩大土地流转规模。（1）采取"公司+基地+农户"的模式，充分利用闲置土地。该公司采取租赁承包形式向农民承包耕地1837亩，其中稻田500多亩，发展苗木生产，先后在桃花江镇、石牛江镇、水田山乡等乡镇建立科技园、速生丰产林和绿化苗木生产基地15个。（2）采取土地股份经营模式，扩大流转规模。公司在租赁农村闲置土地的基础上，积极探索新的流转模式，组织部分农户以土地入股的形式，联合育苗，不断扩大流转规模，入股土地面积达800亩。农户以土地作股份，公司技术、资金作股份，公司与入股农户风险同担，利益共享，利润对半分红。在股份合作中，公司能及时把握政策，及时调整品种结构，积极引进适销对路的品种，积极了解和把握市场动态，广开销路，从而确保公司、农户双赢，仅农户每年每亩分红均在3000元以上。

1.4 龙山县金山实业有限公司适度规模经营分析

概况：湖南龙山县金山实业有限责任公司属湖南省级农业产业化龙头企业，是"十一五"国家科技支撑计划"薯类燃料乙醇及生物柴油转化关健技术研究与示范项目"主要实施单位，是一家以农产品加工，生物能源开发，两薯基地建设为主的综合性民营企业。2006年来，公司在龙山县三元乡、茨岩镇、苗儿滩镇、永顺万坪、重庆酉阳等地租赁土地，推进农业规模经营。目前项目以红薯、木薯、马铃薯、磨芋种植为主，开发面积31587亩，全部为集体耕地，以租赁为主，涉及10232个农户、30881人，流转期限5年，土地流转价格每年250元/亩，并从第三年起根据周边流转收益水平进行价格调整。目前已支付流转土地租金790万元。

经验：（1）规范流转合同，确保农民权益。公司为最大限度保护农民土地权益，近年来，与10232户农民签订了农村土地流转合同，并自觉地与乡镇土地承包管理机构协调，申请土地流转合同签证8510份，并将流转合同在乡镇土地承包管理机构备案一份，流转土地所在村委会和流转农户各持一份。同时，1万亩两薯基地与农户签订了农产品产销协议，公司实行最低保护价收购两薯产品。

（2）企业化管理，实现企业与农民双赢。在生产组织上，购买起垄机、旋耕机等农机设备，两薯基地建设全部实行机械化作业。在田间管理上，实行项目分包制，由公司技术人员进行咨询和指导，统一组织生产资料，确保了生产进度和农产品质量安全。在员工管理上，严格上下班制度和工作质量，统一穿工作服，每月5号发工资，工资收入随项目进度结算。

（3）发展循环农业，实现可持继发展。公司独创的QQTC管理模式，在生产质量、数量、时间、控制四个方面起到了规范化的效果，确保产品高产、绿色，确保农业资源得到合理使用。如在选地方面，坚持对流转土地土质进行检测，要求土质无污染、高性能；在土地资源利用方面，尽可能实现无污染；在肥料选择上，用农家肥。

（4）推进规模经营，实现农村劳动力就近转移。目前，公司前期项目带动当地1300多个农村劳动力实现了就近转移，农民不仅可以获得土地流转收益，还可以获得一笔打工收入，收入水平有了较大的提高。特别是部分周边农民进入公司打工后，尝到了甜头，表现出了强烈的流转愿望，希望能以家庭农场模式与公司对接经营。可以说公司实施土地流转项目，不仅改变了流转土地范围内的生产组织形式，而且对周边农户组织化、专业化程度的提高起到了积极作用。

1.5 湖南金山粮油食品有限公司适度规模经营分析

概况：2008年3月17日，湖南金山粮油食品有限公司与长沙县开慧乡枫林村7个村民小组在平等、自愿、诚信的原则下签订了土地流转合同，流转土地1961亩，按600斤稻谷/年的标准，流转期限为10年。土地流转金采取支付稻谷、大米、现金三种方式，如农户需要稻谷，则在每年11月1日—11月15日提取；如需大米，则按100斤稻谷折算大米67斤计算；如需现金则按当年中、晚稻国家保护价折后现金支付。2008年支付土地流转金74.5万元；支付农资费用14.8万元，农技服务费1.65万元，聘用当地农民劳动用工6917人/次，支付工资41.5万元，进行电网等基础设施改造2.5万元，添置烘干机等设备22.7万元。剔除基础设施建设和设备投入款项，2008年晚稻种植盈余23.55万元，平均每亩盈余120元。

绩效：（1）为超级杂交水稻丰产工程打造了示范试验基地。长沙县作为超级杂交水稻"种三产四"示范县，由该公司承担大部分项目建设任务，同时引入国家杂交水稻工程技术研究中心的超级杂交稻新品种和华南农业大学工程学院的水稻生产新机械、新技术，并依托土地流转建立的基地，进行新品种试验和新机械、新技术示范。同时有效解决家庭小生产和集约化大生产的矛盾，将农民转变为优质稻的产业工人。为现代农业研发、展示打造了一个具有国际一流水平的平台，作为现代农业、精品农业的典范，吸引了很多专家参与，并得到了袁隆平院士的大力支持，其亲自出任土地流转基地总顾问，创建了南方稻区"产、学、研、企"一体化新模式，为长沙县农村土地承包体制的改革提供了实验依据。

(2) 为稻米产品安全建立可追溯机制。过去大米加工企业原料来源于广大农村以家庭为单位销售产品,由于对水稻品种选用不统一,加上田间管理控制松散,稻米品质很难得到有效保证。土地流转建立的基地以集约化生产为手段,对种子、农药、肥料、田间管理、采收按标准化生产管理,在生产源头上切实做好了稻米产品安全建设,并通过加工企业对大米产品在加工、运输、仓储及零售等供应链环节有效管理,从而建立起从"田头"到"餐桌"的食品安全可追溯机制。

(3) 为创新基层农技服务体系找到出路。由于农业效益低下,加上农技服务站属于自收自支单位,扎根于基层农技站的农技服务人员越来越少,有相当部分基层农技人员只能靠开农资服务店等方式解决生存问题。土地流转以后,农业生产面临的风险也高度集中到企业或流转主体,为了减轻自然灾害的风险,就要求有经验丰富的农业专业技术人员指导。公司土地流转基地由基层农技人员全程参与技术指导,基地产出的粮食,公司按20元/吨的标准支付农技人员服务费。这一举措盘活了基层农技服务体系,解决了基层农技站"网破、线断、人散"的状况,解决了部分农技人员的出路问题。

(4) 为农田基础设施提升创造了条件。自从土地实行家庭联产承包责任制后,农田基础设施年久失修,农业抗旱排涝能力减弱。近郊良田转作非农用地,新增耕地质量较差,有机肥施用明显偏少,耕地质量下降趋势明显,农业的基础设施支撑日显薄弱。通过土地流转,加大了农田基础设施方面的公益性投入,提高了土地的产出率,促进了农业增收。

2. 专业合作型农业适度规模经营实例分析

农民专业合作社是在农村家庭承包经营基础上,同类农产品的生产经营者或者同类农业生产经营服务的提供者、利用者,自愿联合、民主管理的互助性经济组织。专业合作型适度规模经营是指农户将土地流转给专业合作社的土地经营行为。

2.1 衡南县泉湖农技农机作业专业合作社适度规模经营分析

概况：为满足农民、农村和农业的现实需求，衡南县成立泉湖农技农机合作社，采用承租经营、委托管理、有偿服务等形式，开展适度规模经营，实行科技种植、机械化耕作，加速土地有序流转，有效破解了发展瓶颈。该社现有入会农户996户，涉及到16个村，196个村民小组。合作社拥有作业农机具44台（套），价值118.3万元，其中国家补贴52.235万元。有整地中型拖拉机2台，运输拖拉机1台，稻麦收割机7台（带机入会4台），稻油收割机1台，插秧机14台（1台高速，13台手扶式），旋耕机6台（套），起垄机2台，池塘清淤机1台，油菜直播机4台，其他配套机具6台（套），有机库360多平方米，办公室110平方米，固定资产总值达130.67万元。可基本满足经营5000亩机械化作业需要。

绩效：合作社通过规范运作，取得了明显的经济效益。会员在降低劳动强度的同时增加了收入，机耕、机插、机收合同成本支出每亩155元，比人工操作每亩可节约265元，2008年承包有偿服务2800亩，为会员节本增收74.2万元。其次合作社承租经营1500亩，总纯收入56.7万元。其中早稻面积960亩，平均每亩850斤，亩平均纯收入178元，小计纯收入17万元；晚稻1230亩，亩产871斤，亩平纯收入282元，小计纯收入34.7万元；中稻面积210亩，平均亩产1106斤，亩平纯收益282元，小计纯收入6万元。代管经营700亩，合作社、农户各收益14万元。2008年合作社纯收益64.1万元，996户入会农户增收88.2万元，户平均增收885元。

经验：（1）创新合作组织模式，为土地流转搭建平台。2007年12月，选择"农技+农机+农户"模式，正式注册成立泉湖农技农机作业专业合作社，合作社以科技示范户和农机大户为依托，采取市场运作、自负盈亏、独立核算的方式经营。合作社设田间机械作业与培训组、机具维修保养组、品种种植布局技术服务组、农产品加工营销组四大服务体系，共聘请高级技术人员4人、中级技术人员18人（其中有12人是农技站和农机站入股职工）、机械操作技术人员15名。

（2）创新服务模式，促进土地流转和规模经营。采取三种模式开展经营服务。一是承租经营。主要针对无耕作能力和无种植意愿的农户，通过自愿、平等、互利原则签订转租合同。合作社在合同期限内具有土地经营权，承包金每亩120元，直补资金归农户。2008年，有255户农户签订了承租合同，承租面积1500亩。二是委托管理，即以生产资料入股。一部分缺少劳动力的农户以土地入股，由农户负责投入当季种子、肥料、农药等农作生产资料；合作社负责农作物日常管理，提供机械操作并负责其费用。种植模式和品种布局由合作社同农户协调决定，双方风险共担、利润共享。2008年，有90户农户与合作社签订了托管合同，面积700亩。三是有偿服务。主要针对农户需要服务的某项特定目标收取服务费。从机耕、机插到机收全程服务155元/亩（具体收费标准为：机耕50元/亩、机插40元/亩、收割65元/亩）。与551户农户签订合同，合同面积2800亩。

2.2 攸县佳丰水稻种植专业合作社适度规模经营分析

概况：攸县佳丰水稻种植专业合作社筹建于2008年9月，同年12月经县工商部登记注册成立。合作社总部设在鸭塘铺乡西洋坨村，并以鸭塘铺为中心，扇形辐射鸭塘铺、石羊塘、上云桥、大同桥等4个乡镇、13个村、96个村民小组。该社以湖南省农科院为技术依托，将以全程机械化生产作业为支撑，按照科技化、集约化、综合化的要求，整合利用农田、旱地等土地资源，拟建立一个上规模的粮油生产基地，竭力打造集种养、加工、销售为一体的生态农业经营合作社。目前，该社首期投入资金300多万元，已租赁流转土地4273亩，另外以"合作社+农户"的服务模式入社水田面积8434亩，初步形成了4个水稻种植区和1个油菜种植区。各种植区配置了大型拖拉机、旋耕机、满滚船等农业机械。合作社聘请和拥有农业技术人员17人，其中工程院院士2人、农业专家1人，中级农业、农机技术人员11人。

绩效：（1）有利于农村劳动力转移。佳丰合作社现已租赁流转土地4273亩，涉及1325户。这批流转土地户约1500余人在外务工经商，以前这批人心挂两头，一到农忙，他们又要回来干农活，现在他们从土地的束缚中解放出来了，因而促进了农村的劳务经济的发展。（2）有利于节约生产成本，提高劳动效率。以前是一家一户经营，机耕一亩田成本是150元左右，实行土地流转后，土地适当集中了，便于农业机械操作，一亩田机耕成本大约是60元左右，单机耕一项每亩节约生产成本约90元。（3）有利于农田节约用水，减少了农药、化肥使用上的浪费。以前分散经营，各户放各户的水，各户施各户的肥，各户打各户的农药，浪费很大。现农田相对集中经营，大大节约了水、肥、农药的使用量。

经验：合作社按照"依法、自愿、有偿，不损害农民利益，不改变土地所有权性质，不改变土地农业用途"四条原则，在平等协商的基础上，由出让土地的农户自愿填写土地流转委托书交村民小组，合作社和村民小组签订土地租用合同（期限为5年），承租按土地等级为每亩250—300斤稻谷的标准补偿，外加每亩60元/年的利润分成，其中30元将用于缴纳农民的养老保险和医疗保险。对不愿把土地转包出来的农户，采取平等协商、合作经营的形式进行，农户按要求进行标准化耕作，合作社提供种子、化肥、耕田、收割、插秧等技术服务按市场最低价格收取服务费，农户生产的产品按市场价格收购。同时，免费提供农业科技咨询、技术指导和农业科技资料。通过改良品种，农民种植一季超级稻和一季双低高产油菜，预计每亩可净增几百元收入，同时合作社还按每亩60元/年从综合服务收益中返利给合作农户，实行盈利共享。

在管理上，合作社推行"三级业主管理"的办法，即每个乡镇设1个种植产业区，配备专业农技人员1人。每个村或1000亩设1个种植分区，配备1名种植管理业主，每个村民小组或100亩设立小组区，配备1名管理业主。三级业主均需严格按照合作社统一规划进行农作物种植和田间管理。

在经营上，合作社根据土地的分布状况，实行统一经营和分块经营相结合的办法，即对土地集中连片的，合作社实行统一经营、统一田间管理（统一浸种育秧、耕田、插秧、施肥、喷药、收割等）；对土地分散、不便于机械化作业的，合作社实行业主承包经营（包成本、包工资、包产量），超产归业主。

2.3 武冈市弘辉葛根专业合作社适度规模经营分析

概况：弘辉葛根专业合作社自2007年11月组建，由弘辉实业有限公司牵头，会员55人，其中5人以资金入股，50人以土地经营权入股，注册资金3万元，主要从事葛根种植、加工、销售。2008年种植面积2000余亩。采取由合作社按每亩提供种苗500—800株，每株计价1.1元（在产品收购时扣除），葛根亩产5000斤，符合规格（约占85%）的合作社按鲜重每斤0.7元收购，农户单季每亩实现收入3200元。合作社实行葛根粗加工，加工成葛根粉、葛根粉丝，或将鲜产品销往邵东、湘潭。合作社出资社员按每股（2000元一股）5000元计付红利。合作社去年盈利11.28万元，分红返还7.5万元。

经验：（1）签订土地租赁协议。合作社在征求广大党员、干部和群众意见后，与龙田乡德胜村民委员会签订农场租赁协议，租赁期限30年（从2005年1月1日至2034年12月31日），2008年1月1日起由合作社经营，租赁面积120亩，每年租金3780元，于当年10月31

日前交清当年租金；与邓元泰镇马梓村和六坪村民委员会签订经济林场协议，租赁面积分别为 180、342 亩，租赁期限为 30 年（从 2005 年 1 月 1 日至 2034 年 12 月 31 日），2008 年 1 月 1 日起由合作社经营，每年租金 5000 元，并上交优质水果 250 公斤，于每年 10 月 1 日前交清当年租金和实物。合作社租赁后，在三个场投入资金 65 万元，用于提供种苗、化肥、农药、劳力的投入。

（2）鼓励农民入社。合作社投入资金 85 万元，用于提供种苗、技术培训、信息服务，如果农民以土地为股份加入合作社，参与葛根种植生产的，合作社优先收购本社社民的产品，并且比市场价格高。会员每亩地每年将增加 1000 元的收益，农民得到了实惠，很多农民自愿加入到了合作社。

（3）科学规划。合作社在 642 亩租赁的土地上连片种植葛根，每亩 500—800 棵，每年收割一次。按目前每亩产量 5000 斤计算，每亩单种植葛根可收入 3500 元，每亩地平均收益 1500 元。同时，可种植其他经济作物，可收益 700 元。两项加起来每亩共计收入 2200 元，可使亩平均效益提高 2 倍以上。会员种植葛根，只需投入少量的资金（每亩 150 元），可利用农闲时间进行管理，同时收割后可种植其他经济作物，每年亩平均收益 2000 元，比单纯种植经济作物效益翻番。

2.4 石门县太平镇长绿蔬菜专业合作社适度规模经营分析

概况：近年来，太平镇长绿蔬菜专业合作社在芦竹坪村、上马蹬村、茶元村等村租赁土地 1500 亩，签订土地流转合同 232 份，涉及农户 230 户，形成了以高山返季节蔬菜为主产业的规模经营。流转土地每年每亩增收 2600 元以上。

经验：（1）签订合同，消除农户对土地流转权益无法保障的顾虑。在镇政府经管站的指导下，长绿蔬菜专业合作社与农户签订了租赁合同，合同约定：流转期限 8 年，每亩年租金 120 元，签订合同一式三份。通过签订合同，各农户不再担心土地失权和纠纷。

（2）农民增收，促进土地流转。长绿蔬菜专业合作社与各农户签订合同明确约定：农户劳力不外出的，蔬菜专业合作社将所受让的土地由土地转出的农户种返季节蔬菜，蔬菜专业合作社对土地流出户所种蔬菜在市场价格较差的情况下进行保底（0.18元/斤白菜、0.6元/斤辣椒）收购，土地流出户技术指导由蔬菜专业合作社提供，并预先垫付蔬菜生产所需农药、化肥、种子等生产成本。蔬菜专业合作社所提供的生产成本在年终与各农户进行结算。土地转出的农户无劳力的，其流转土地由蔬菜专业合作社雇请劳力进行返季节蔬菜种植。因土地流出户所种高山返季节蔬菜由蔬菜专业合作社进行保底收购和免费技术指导，使各农户种植增产。同时可免受市场风险，收入有保障。芦竹坪村农户李兆贵家在4.5亩山地流转前，因无成本、无技术只能种玉米和马铃薯，每年收入只有6000元。2008年将土地流转后，种返季节蔬菜，当年收入13800元，比流转前增收7800元。

（3）加大投入，稳定土地流转。大规模的蔬菜种植，蔬菜在本地无法消化，而解决蔬菜销售的出路，只有让高山返季节蔬菜走出去。蔬菜专业合作社投资200多万元兴建了一栋超强真空预冷200吨蔬菜冷冻库，解决蔬菜远销广东、上海等地运输保鲜问题，保证蔬菜销售渠道畅通。

（4）乡村齐抓共管，推动土地流转。镇政府高度重视高山返季节蔬菜产业规模经营的土地流转，成立高山返季节蔬菜办公室，抽出专人协调和指导土地流转工作，相关村也明确一名专干。乡村两级对土地流转政策进行广泛宣传，对需地和供地信息及时发布，及时促进双方对接，使蔬菜规模经营流转面积由原来300亩扩大1500亩，确保了土地流转中出现的纠纷及时化解。

2.5 溆浦县生源优质稻专业合作社适度规模经营分析

概况：2008年，法人代表张克春带头成立了溆浦县生源优质稻专业合作社，租赁桥江镇三个村180户农户的成片水田408亩，签订了土地流转租赁合同，发展超级稻生产。为积极引领现代农业发展，抓住国家实施农机购置补贴政策的机遇，领导合作社积极发展先进适用的现代农机，大力推行农机化作业，先后筹资20多万元，购买了联合收割机、中型拖拉机、旋耕机、机耕犁、盘式拖拉机等12台农机具，实现了水稻生产全程机械化。2008年实行机械化生产节约生产成本8万元，增产粮食近4.5万公斤，转移辖区农村劳动力300多人。

经验：（1）坚持自愿、有偿的原则，实行"五统一"。合作社一直把保护农民利益、增加农民收入作为首要目标，组织人员外出学习考察，进行市场调研，最后确定，通过土地流转的方式发展超级稻，并组织人员对各户进行沟通，经过反复宣传、在尊重农民意愿的基础上，合作社在桥江镇堰村、萝卜田村、塘头村向当地180户农户集中连片流转水田408亩，对土地实行统一规模化经营，做到统一良种、统一耕种、统一防治病虫害和施肥、统一加工、统一销售。

（2）实行全程机械化生产，带动周边粮食生产。对未流转土地的农户，合作社提供统一代耕、代种、代管、代收、代售和统一防虫、统一施肥、统一农资供应等"五代三统"服务。特别是对那些不愿种的农户，把不种的田由村里收回，由村集体雇佣农机合作社进行集约化生产，并雇佣部分村民平时进行田间管理，带动了周边农户土地全部种植粮食。实行专业代耕代种后，降低了生产成本，提高了单位面积效益。

（3）实行委托式经营。农户主要以土地经营权为股份，将土地经营权委托给合作社，签订入社协议；农户依据土地面积大小而享有相应的权益、承担相应的风险。农户的耕地加入合作社后，只有时间年限和数量上的多少亩的概念，没有了空间上农田具体位置的概念，彻底打破了组与组、户与户的农田边界,原来许多的农田边界,随着方便用水、方便机械耕作原则而被退埂还田,从而有利于增加耕种面积,实现规模化经营。

自大力推广优质稻生产后,理事会成员一致认为,提高产品质量是产业进一步发展的基本保证,因此把重点放在几个方面:一是加强技术交流、提高合作社整体技术水平;二是实施科研攻关、促进合作社技术进步;三是加强技术管理和培训,提高合作社生产规范程度;四是注重品牌效益,打造"生源"商标。通过2008年的实践,合作社具备了一定的实力和经验,2009年要求入社的村民不断增多,土地流转数量已增加到1100亩。

2.6 南县兴农葡萄园艺专业合作社适度规模经营分析

概况:南县青树嘴镇四美村是一个湖区村,土地贫瘠,传统农业比较效益低,村民收入增长缓慢。2008年元月,村支两委进行调查研究后,决定先将村里适宜种植葡萄的地块做好规划,选择四美村公路沿线为主要种植基地,通过土地流转发展葡萄产业,促进产业结构调整,富裕一方乡亲。刘建国邀请在外务工经商的10多位乡亲共商葡萄产业发展大计。刘建国等44位股东投资190万元,于2008元月成立了南县第一家以种植葡萄为主的农民专业合作社——南县兴农葡萄园艺专业合作社。通过村支两委协调,38户农民以土地入股形式,自愿流转土地150亩,加入该合作社,流转期限15年,流转价格为:第一个5年为每亩500元,第二个五年为每亩650元,第三个五年为每亩1000元,惠农补贴资金归各农户。

绩效:(1)促进了资源的优化配置。一是实现了土地规模经营。在不改变土地用途的前提下,通过入股方式将四美村150亩土地资源整合起来,彻底改变了过去一家一户分散经营、种植单一、产出低甚至抛荒的状况,终止了土地资源浪费现象,实现了土地资源的规模化集约化利用。二是增加了农业投入。通过土地流转，充分发挥农民专业合作社的资金联合效应，将村民手中的闲散资金聚集起来，集中投入综合开发，提高了资金的使用效率。

（2）促进了村民持续增收。38 户村民以土地入股的形式加入合作社后，通过土地流转给他们带来了两个方面的收益：第一，土地由生产资料变成了"入股资本"，成员有地可不种地，却可以坐享保底收益及合作社盈利分红，有了自己的"财产性收入"；第二，成员可以到合作社上班"挣工资"，在自己的土地上打工。目前合作社从入股农民中聘请劳力 13 人常年从事葡萄种植、培育工作，人年均收入在 8000 元以上。

3. 大户型农业适度规模经营实例分析

大户型适度规模经营是指农业生产大户向农户租赁土地从事农业生产经营的形式。

3.1 会同县粟光荣适度规模经营实例分析

概况：会同县原纤维板厂下岗职工粟光荣，2003 年按照国家有关农村土地流转的法律法规政策和文件精神，瞄准了山地开发的市场前景，租赁了本县连山乡建设村的一块荒地种植了 72 亩中药材，紧接着在 2004 年又租赁了该村被原县柑橘开发公司承包废弃后交村的园艺场柑橘园 333 亩，改种乌梅 11000 棵，共计在该村租赁山地 404 亩，合同期为 30 年，每年每亩交租赁费 40 元（按当时每亩租赁费 10 斤茶油每斤 4 元计算）。

经验：（1）多元化、立体式开发。为了提高土地利用率，他在主栽乌梅的幼树间隙中套种绿化树苗——国家一级保护植物红豆杉 3200 株，套种桂花树苗 24000 株。

(2) 以场养场，节省投入。据统计，他承包园艺场每年开支需资金10万元。其中土地租金16200元，常年请小工10人每人每天工资20元，每年需开支工资7万余元，买肥料、农药等开支需1万余元。为了弥补乌梅挂果前的投入，他一是充分利用幼树阴遮前的隙地，接收一些种植能手，间种西瓜，每年可收取租金一、二万元。他二是充分利用园艺场原有的12间猪栏，转包给他人喂猪，年收入3000元。三是利用原有小型山塘承租给他人养鱼，年收租金1000余元。这样每年其他收入可达2万多元，不仅弥补了当年的开支，同时培肥了地力。

3.2 靖州县曾海萍适度规模经营实例分析

概况：2008年8月底，靖州县飞山乡尧管村村民曾海萍，揣着卖掉自己的爱车和以自己公司股份作为抵押的贷款共30万元，毅然回家创业。目前其已流转稻田1000余亩、山林1000多亩，投资30多万元，购置了耕整机、插秧机、联合收割机等农业机械20余台，且与湖南金珠米业有限公司签订了年销售70万斤稻谷合同订单。

经验：(1) 创新经营模式。在"公司+农民合作社+基地+农民"这个经营模式下，农民通过土地、林权入股公司，在合作社的组织下，"统一种子、统一农资、统一品牌、统一技术、统一销售"，进行"五统一"农业生产，既从公司得到了土地租金（目前公司已付农民土地一年租金近20万元），又参加农业生产得到工资，年底还分红，预计每年每户股东至少可以收入2万元。通过公司和合作社组织，农业生产形成了规模化经营、专业化生产，为农业机械化创造了有利条件，能有效节约成本，使农业生产经济效益得到最大化，这也是增加农民收入，加快致富步伐的一条最有效途径。

(2) 提高土地复种指数，采取稻油、稻烟等复种方式，提高土地产出率。待种养合作社运转正常后，即开始着手筹建养牛专业合作社，引进优质肉牛，并建立与之配套深加工企业。同时加强与大型龙头企业的沟通联系,将公司生产的农产品直接与企业订单挂钩,以销定产。之后,进一步融入龙头企业,成为其原材料基地,进而得到融资和技术支持,扩大公司规模,步入良性循环发展阶段。

3.3 芷江县土桥乡杨世川适度规模经营实例分析

概况:土桥乡位于芷江境内西部,麦元村地处土桥乡集镇周围,地势平坦,土地肥沃,302国道、上瑞高速穿境而过,是有名的产粮之地。全村有6个村民小组,201户,705人,劳动力85个,其中常年外出务工的有68人,占总劳力80%。杨世川,现年35岁,2005年南下广州打工,因打工期间遭受收入少、加班多、待遇差、风险大的处境,毅然决定回乡创业。2008年他怀揣打工的钱和家中的全部积蓄,承包了村里25户农户的耕地220亩,用于发展粮食生产。为了扩大生产规模,减轻劳动强度,提高劳力效率,在资金不足的情况下,他还向信用社贷款5万元,添制了收割机、犁田机、插秧机、抽水机、电动喷雾机等多种机械设备,价值达22.5万多元,其中获财政补贴4.5万元。通过精耕细作,当年生产粮食15.4万公斤,每亩产粮700公斤,出售粮食15万公斤,收入30万元,除去当年的各项成本,纯收入15.8万元。与此同时,杨世川还承包了本村两个水面达40多亩的小型水库,用来发展渔业生产,2008年渔业收入达15万元,成为了当地有名的种粮大户和致富能手,出席了2008年度全市发展粮食生产表彰大会,受到市委、市政府表彰和奖励。

通过土地流转,当地耕地抛荒问题得到了彻底解决,2007年全村共有抛荒面积85亩,占总面积的10%。2008年杜绝了耕地抛荒现象,全村粮食产量从2007年34万公斤增加到58万公斤,增加70%。加快了当地农村劳动力的转移。2008年,全村外出打工人员达68人,劳务收入达72万元。

经验:(1)坚持了自愿有偿。土地流转的核心是坚持自愿有偿,在杨世川租赁的 25 户 220 亩耕地中，多数是外出打工经商和无耕种能力农户的。未流转之前，有的耕地粗耕滥种，有的常年抛荒，浪费了土地资源。杨世川深思熟虑后决定用高出他人一倍的租金，连片租赁该村 220 亩耕地，每亩租金 300—500 元不等。他以良好的信誉和过硬的种植技术，赢得了广大流转农户的信赖，农户们纷纷将耕地租给杨世川耕种经营。

（2）坚持不改变土地用途。杨世川承包的耕地和水面，全部用来种植粮食和养鱼，没有改变其用途，对保持耕地，发展粮食生产起到了积极作用。

（3）坚持规范有序。杨世川严格按照土地承包有关法律法规的规定，与流转农户签订了流转合同，承包期限为 5 年，明确了双方权利和义务，并在当地农村土地承包管理部门进行了登记，避免了纠纷矛盾产生。

4. 股份合作型农业适度规模经营

股份型适度规模经营是指农民将土地的所有权作价入股公司，农民凭借土地承包权可拥有公司股份，并可按股分红，公司利用流转土地从事农业生产经营的行为。

4.1 望城县光明土地股份合作社适度规模经营实例分析

为创新农村土地经营形式，增加承包农户收入，望城县白箬铺镇光明村采取农户以土地承包经营权入股，组建土地股份制合作社，由合作社统一招租、统一经营的形式进行生产经营。通过规范组建、积极经营，在带动农户致富、实施规模化经营上取得了较好的效果。目前该社共计流转土地 2385.4 亩，其中稻田 1105.4 亩，山林 1061 亩，水面 168 亩，旱土 51 亩。

经验：(1) 因地制宜，建立紧密的利益联结机制。长沙至宁乡的高等级公路——金洲大道从光明村穿村而过，使光明村的区位优势大幅攀升，并且被确定为省、市、县级新农村建设示范点。经过反复论证：组建土地股份合作社，使承包地经营价值提升，是农业规模经营的有效途径。在县经管局的具体指导下，由热心于公益事业、有较好的群众基础，有一定经营管理经验的7位村民组建了合作社筹备小组。对本村近年来水田、旱土、水面、林地的流转价格进行了调查摸底，对各承包农户以组为单位召开会议，宣传合作社的好处和拟采取的合作方式，根据大多数村民的意见，决定采取以下方式成立合作社：一是农户以土地承包经营权入股，只要提出书面申请就能成为合作社社员。二是入股土地采取保底分红的利益分配方式，保底价格：水田每年每亩700市斤稻谷（市价），水面每年每亩200元，旱土每年每亩200元，山地每年每亩120元。三是水田以法定面积1亩作为1股，水面、旱土、山地按保底价折合成水田面积入股。四是合作社非生产性开支不超过流转总收入的5%，按流转收益的5%计提公积公益金。五是合作社当年未流转出去的土地，由原承包农户耕种，不保底分红。由筹备小组对有入社愿望的农户的承包土地进行核对和公示，把印制好的入社申请书发到各农户手中，由农户自愿提出入社申请。

(2) 两推一选，组建合作社工作班子。通过广泛宣传，有25个村民小组，383户承包农户带着8000多亩耕地（部分山地、水面属村民小组集体所有）加入了合作社。2008年12月27日，在村部召开了光明村土地股份合作社成立大会，通过举手表决，筹备小组和村民共同拟定的《章程》、《村规民约》得到一致通过。由社员两轮推选出14名理事会、监事会候选人，通过大会投票和流动票箱投票，产生了5名理事会成员和3名监事会成员。班子搭建后，当即进行了分工，制定了工作计划、工作制度和工作措施，在村支两委帮助下积极开展工作。

(3) 流转土地，让入股土地产生更大效益。理事会一班人根据光明村新农村设的整体规划,结合实际合理规划产业布局,采取多种形式向外招商。至3月中旬止,有怀化葡萄基地、狮子山生态农业旅游度假村、万和园荷花种植基地、天之露葡萄生态休闲基地、中联文化休闲中心、星城驾校、刘氏水果种植基地等7家单位落户光明,流转形式都是租赁,流转价格都在每年每亩1000元以上,多的达到每年每亩1500元,流转期限5—20年不等。看到土地不断租赁出去,未加入合作社的农户纷纷要求加入合作社,合作社的规模也在不断扩大,本地和外地的种养大户和龙头企业纷纷来电咨询,来光明村实地考察,有十多家客商向合作社提出了流转意向。

(4)组建实体,拓展土地股份合作社经营空间。仅靠流转土地获取流转收入,难以将土地合作社做大做强,只有利用合作社这个平台自己经营产业,才能使合作社不断壮大,理事会决定稳步推进自己的产业。一是合作社由理事会成员牵头,以社员为主体组建了自己的土建工程队,利用农机具补贴政策优势,购建土方施工的各种机械和设备,以承接各种土建工程。二是考虑到土地流出以后,蔬菜种植面积将会大幅减少,加之光明村人居环境改造升级,将吸引更多城市居民来村观光度假,合作社组织社员种植了150亩常年蔬菜,实行标准化生产,以"绿色食品"吸引游客消费,在2010年上半年建立具有本地特色无公害农产品加工厂,注册自己的土特产品商标。通过创办实体,达到拓展增股空间、富裕农民、增强合作社实力的目的。

4.2 浏阳市淳口镇炉烟村土地股份合作社适度规模经营实例分析

概况:炉烟村位于浏阳市淳口镇北部,辖9个村民小组,667户,3012人,总面积29.5平方公里,其中耕地面积2325亩,林地面积4.2万亩,是一个交通偏僻,四面环山的边远山区村。近年来,该村围绕稳承包权、活经营权原则,积极探索,大胆实践,大力推进土地流转,促进适度规模经营,成立了炉烟村土地股份合作社,以股份合作的形式,发展高效农业，开创了炉烟经济社会发展的好局面。炉烟村土地股份合作社成立于 2006 年，由村委会把享有土地承包经营权的农民组织到一起，按照"依法、自愿、有偿"原则，以土地经营权入股形式组建而成，集中对土地统一进行规划、统一经营或对外发包。合作社设有专门的办公和服务场所，办公设备一应俱全，并依照《农民专业合作社法》成立了理事会、监事会等组织机构，制订了管理章程，健全了服务机制。目前全村 667 户农户的 2325 亩土地全部入股到合作社，折合土地入股 306 股，参入现金股为 86 股，共 4.3 万元，以经营烤烟、香菇、红薯、生姜、优质稻等特色农业项目为主，实行划片规模经营。

  土地股份合作社的成立与发展，取得了一系列的社会效益。一是促进农业产业结构调整。经过三年拼搏，土地复种面积提高，经济效益提升，形成了烤烟 200 亩、香菇 62 亩、红薯 500 亩、药材 20 亩、生姜 350 亩、优质稻 2000 余亩的农业产业格局。二是提高了土地利用率。该村现在有 800 多人在外务工，他们都没有精力和时间经营土地，许多旱地和部分农田荒废。通过入股合作社后，他们所承包的田地均被有效利用起来。三是增加了农民的经济收入。该村 2005 年人均纯收入只有 2170 元，2008 年人均纯收入上升到了 4870 元。

  经验：（1）以自愿为前提，积极引导群众参与。合作社成立之初，村组干部深入农户，征求意见，坚持入社自愿、退社自由原则，充分尊重农民意愿，决不强迫命令。明确表示不改变入股土地家庭承包性质，不改变入股土地农业用途。通过村支两委宣传发动，农户认识到成立合作社的重要意义，纷纷赞成实行土地股份合作，进行了书面入社申请，履行了签字手续。

  （2）以统筹发展为目标，合理规划产业布局。合作社根据土地性质、分布特征、耕作条件等实际情况，按照因地制宜、就地成片的开发原则，分片进行产业结构调整，合理规划产业布局，将入股土地划分成烤烟、香菇、红薯、生姜、优质稻五个产业片，分片进行规范化、集约化、组织化经营。

(3) 以提高服务质量为宗旨,加强技术指导和监督。为确保入股社员增产增收,合作社专门聘请了农技师来村进行技术指导,以现场授课和下田指导相结合的方式提高村民各项农业生产技能,全年接受技能培训和指导的人数达到700多人次。同时组织专业人员定期对土地经营情况进行督查,加强对流转土地的管理,规范农事操作流程,提高农产品科技含量和粮食产量。

(4) 以互惠共赢为理念,推行农户入股分红。按照"民投资、民管理、民受益"原则,农户根据承包地状况,自愿申请、以户入社、按地量股、持股分红。具体方式为:入股土地由合作社经营,合作社留取基金,农户保底分红,社员按工计酬。过去合作社把土地股份保底分红定为每亩327元,分红后的积余部分留作农业基础设施建设和发展农产品生产基地。

5. 托管型农业适度规模经营实例分析

托管型适度规模经营是指农户将土地委托给专业公司,由公司对农地进行耕种管理的行为。

概况:邵阳县谷洲镇鸟山村鸟山稻田拖管中心成立于2008年3月,现有大型耕地机(404)型1台、碧浪牌收割机1台、南通产的福来威牌455型自动插秧机2台,实行了机耕、机插、机收一体化。入托农户386户794亩,其中全托农户254户426亩,半托农户132户368亩。鸟山村13个居民小组368户1504人、劳动力877人,村民承包耕地1141亩,其中水田923亩、旱土218亩。2007年抛荒面积达110亩,占承包地近10%,85%的土地只种一季稻。自从成立托管中心以后,彻底改变了这些不正常现象,实现了增产增效,发展势头强劲。

绩效:(1) 土地增产增效明显。托管以后,使用机械作业及科学种田、大面积种植良种高中档优质稻,市场价每百公斤420元,每季用农肥每亩51元(包括所有开支),用化肥每亩120元,耕地费每亩100元、收割费每亩90元,节省了成本,增加效益。托管前农户普遍只种常规品种,按每亩一季水稻出产400公斤稻谷算,价值最多760元,每亩双季稻价值是1520元,除去成本1080元,每亩还剩余400元。

(2)示范带动性强。在托管中心的辐射与带动下,鸟山村与附近村又涌现出50亩以上的种粮大户6户,2009年又有135户农户将稻田托管给该中心,新增面积394亩,使该托管中心托管面积达1188亩。

经验:(1)在以鸟山村为主的附近几个村实行了全托和半托两种形式的托管。全托的由中心与农户签订流转土地协议,农户将责任田交中心管理,中心自主经营,自负盈亏。中心每年按每亩280斤稻谷或280元的托管费付给农户,托管期为一年。中心按协议提供有偿服务并收取一定的服务费,收费标准为每季翻耕80元/亩、收割80元/亩、病虫防治75元/亩,共托管稻田794亩,托农户(全是鸟山村居民)254户,面积426亩。两季稻共产稻谷34.1万公斤,实现产值71.6万元,纯收入11.89万元。2008年冬在全托田里种了121亩油菜,产值7.62万元,纯收入3.63万元。半托农户132户,面积368亩,按规定标准共收取服务费近8万元,除去机械损耗与折旧、用工、燃料、农药等费用,纯收入3万多元。

(2)全面实行科学规范耕种。一是注重了规模种植,把全托的部分水田与村民调换种植,做到了相对集中连片,形成了一定的规模。二是应用良种良法。主要栽植了抗病高产的优质稻,使用水稻直播、测土配方施肥和点灯诱蛾、深入灭蛹、稻鸭共生、统防统治等水稻绿色控防技术,减少了农药、化肥的用量。三是推行机械操作。投资30多万元购买了大型耕田机和收割机各1台、插秧机2台、机动喷雾器14台,成立了机耕机收和机防2个专业作业队。四是实行了订单生产,与湖南浩天米业建立了长期合作伙伴关系,中心生产的稻谷由浩天米业按市价收购。

6. 本章小结

本章主要分析了农地适度规模经营的类型,并探讨了企业型适度规模经营、专业合作型适度规模经营、股份型合作社适度规模经营、大户型适度规模经营、托管型适度规模经营五种类型的优劣势。同时,通过调查列举了各类型规模经营模式的成功案例,针对各案例介绍了其取得的成绩以及成功的经验,以期为农地适度规模经营发展提供经验借鉴。

第七章

农户土地流转意愿实证分析

关于农村土地流转，许多学者认为它与农户的心理行为有关，如 Polanyi（1957）认为不能把小农农户行为看作"功利的理性主义"；[127] Popkin（1979）认为小农倾向于按理性的投资者原则行事；[128] Schultz（1987）的观点与他们类似，认为农户相当于资本主义市场经济中的企业单位，农民比起任何资本主义企业家来毫不逊色。[129] Scott（1976）的"生存伦理"认为支配小农经济行为的主导动机原则是"安全第一"，他们极力"避免风险"。[130] 更多的学者则从经济与社会因素解读农户的农村土地流转意愿，如贺振华（2003）认为，农民是否愿意流转土地不在于流转后效率有多高，而在于土地对农民的重要性有多大，土地对农民的重要性是一个比土地租金更为重要的影响农村土地流转的因素，影响土地在农民心目中的重要性的因素有：接受学校教育年限、人均收入、农民的财富存量、非农产业的发展水平、人均土地数量。工业产值农业产值与的比例与农村土地流转比例呈正向相关，即二、三产业的发展水平越高，农村土地流转越多；人均耕地面积与农村土地流转正相关，即人均耕地面积越多，农村土地流转比例越高。[131] 周亚越（2009）

第七章 农户土地流转意愿实证分析

等通过基于对农村土地流转的知晓程度、农村土地流转的主要原因、阻碍农村土地流转的因素、未来的农村土地流转意愿等四个方面对江苏、浙江、上海三地区农村土地流转的调查，得出结论认为，农民对于农村土地流转是充满经济理性的，只要在经济上存在获利空间，他们就会倾向于把农村土地流转出去。[132]本章将从客观因素与主观因素两个方面来考察农民农村土地流转的意愿，客观因素主要考察户主的属性及家庭规模、土地耕作条件、家庭经济状况三个方面对农户农村土地流转意愿的影响；主观因素主要考察农村土地流转政策环境对农户农村土地流转意愿的影响。研究手段采用实地调查研究获取第一手资料，然后运用统计与计量手段对调查数据进行处理分析。

1. 实证框架以及样本点基本情况

1.1 数据来源

本研究的数据和文字资料来源于大规模的农户调查数据、村访谈数据以及统计数据和文献资料。实地调查数据是本研究最主要的数据来源，另外还使用了当地相关政府部门的统计数据和文献资料。

实地调查数据来源于长沙县资助的《长沙县农村土地流转意愿调查》项目，该项目由湖南农业大学农业经济管理专业的部分研究生、长沙县、慈利县、平江县委农办、统计局以及部分镇村干部共同研究完成。该项目的农户调查，由本书作者所在的项目组负责，作者参与了农户调查的设计以及实地调查的全部过程，所有调查资料均为一手资料。

表 7.1　实地调查数据的基本情况

调查时间	数据命名	样本量	调查内容	调查方法
2009/10-12	长沙县数据	100 户	户主的属性及家庭规模；土地耕作条件；家庭经济状况；农村土地流转政策环境；主要流转典型	问卷调查 深度访谈
2009/10-12	慈利县数据	119 户	户主的属性及家庭规模；土地耕作条件；家庭经济状况；农村土地流转政策环境	问卷调查
2009/10-12	平江县数据	100 户	户主的属性及家庭规模；土地耕作条件；家庭经济状况；农村土地流转政策环境	问卷调查

数据来源：根据调查统计整理

本文所应用的数据使用了长沙县、慈利县、平江县的实地调查数据信息，包括大样本的农户调查数据以及深度访谈数据，由于部分调查表格内容农户不想填报，如家庭收入，还有的调查表格填报明显有矛盾，有的内容缺失较多，发放调查问卷1276份，实际有效调查问卷为700份，本文研究以这些比较完整的175户的700份调查问卷为基础。

1.2　计量模型的选择

农村土地流转意愿就是研究农户在主客观因素的作用下愿意转出或转入土地的概率问题，由于多元线性模型分析需要满足各种苛刻假设，本书在研究农村土地流转意愿时采用概率模型。线性概率模型的基本形式为：$Y = \sum_j \beta_j X_j + \varepsilon$，农村土地流转 Y 是由某些变量 X 所决定，与一般线性回归模型不同的是因变量 Y 是二分类变量。线性概率模型虽然很明了，但是很难确保所计算出来的条件概率在［0、1］之间而完全不违反概率的定义。为改进一般线性概率模型对条件概率的估计值可能在

[0、1] 之外的缺点，改以指定事件发生概率服从某种累积分布函数，即可确保条件概率估计值落在 [0、1] 范围内。最常用的累积概率分布有两种：正态分布与 Logistic 分布。[133]

1.2.1 Logit 模型

Logit 模型假设事件发生概率服从标准 logistic 累积概率分布函数，其数学公式为：$Y^* = \dfrac{1}{1+e^{-X_iB}} = \dfrac{1}{1+e^{-Z_i}} = \dfrac{e^{Z_i}}{1+e^{Z_i}}$，令 $Z^i = X_iB$

其中 Y 是二分类变量，$Y_i^* > 0$ 时，$Y_i = 1$；当 $Y_i^* \leq 0$ 时，$Y_i = 0$，所以 Y 又常被理解为属于某一类的概率，如农户转入或转出土地的概率。

$P_i = E(Y_i = 1 | X_i) = \dfrac{1}{1+e^{-Z_i}}$，代表累积概率密度，$P_i \in (0, 1)$

Logit 模型的优点在于不要求多元正态分布和协方差相等作为假设前提，缺点是 Logit 型对中间区域的判别敏感性较强，判别结果并不稳定；另外样本的数量不宜少于 200 个，否则的话将出现参数估计的有偏性。

1.2.2 Probit 模型

假设条件概率服从正态分布的二分类因变量模型，即称为 Probit 模型或是 Normit 模型。模型假设每一个样本 i 都存在一组变量 X，这些变量的线性组合可以使每个样本都得到一个分数 Y_i^*：$Y_i^* = \sum_j \beta_j X_{ij} + \varepsilon_i = X_iB + \varepsilon_i$，假设 $\varepsilon_i \sim N(0, 1)$，所以 Y_i^* 服从标准正态分布。Y_i^* 代表某种内在变量或是隐藏变量，在农村土地流转中，代表农户农村土地流转倾向，具体研究中可以是土地转入或转出的意愿倾向。统计模型的突出优点是模型的估计和使用相对比较简单，容易得到较为一致的评级结果，但存在的问题也比较明显：(1) 统计模型主要采用当前时点的调查数据，因而模型所反映的统计关系有可能随着经济社会的发展以及其他影响而发生变动，因此在使用时必须加以验证；(2) 模型是经验性的，很难对模型的经济意义作出解释；(3) 由于输入变量主要是一些定性指标辅之以少量定量指标（人口数量），没有考虑到农户家庭情况以及所处地区的经济发展水平等一些因素。(4) 统计模型所反映的统计关系也可能因地区而异，有的只能反映湖南省农村土地流转的基本信息。

由于因变量"是否愿意转出或转入土地"是一个二分的定性变量，即下年度有要么愿意参加要么不愿参加农村土地流转这两种可能，本书分析采用 Probit 模型：

$$P(Y=1 \mid X) = F(\beta_1 + \beta_i X_i)$$

式中 $P(Y=1 \mid X)$，表示解释变量为 X 时，愿意转入或转出土地的概率。

1.3 样本点基本情况

1.3.1 慈利县高峰乡

慈利县位于湖南省西北部，地处武陵山脉东部边沿，澧水中游。东北与石门县毗连，东南与桃源县接壤，西北与桑植县相邻，西南与永定区连接。全县总面积3480平方公里，其中山地面积340万亩，耕地面积57.12万亩；辖31个乡镇（包括7个土家族乡），680个行政村（居委会），总人口69.8万人，其中以土家族为主的少数民族人口占61%。

高峰土家族乡位于慈利县西北部，平均海拔800余米，全乡25个行政村，228个村民小组，4700户，共有17000余人，其中土家族14000余人。全乡共有党支部32个，党员总数663名，其中女党员66名。总面积144平方公里，耕地面积23614亩，其中水田5446亩，旱地18169公顷，林业面积10667公顷。2006、2007、2008年人均纯收入分别为2290元、2489元、2964元，居全县中上水平。高峰乡25个村，按照经济发展水平可以分为三类，一类村6个：槐树村、岩堰村、三溪村、郑坪村、覃家桥村、鸳鸯池村；二类村12个：双仁村、风井村、三洋村、河坪村、大溪村、双星村、南井村、桃树坪、东泉村、福垭村、康家坪村、长坪村；三类村7个：高山村、高华村、青龙村、长乐村、茅奄村、渣角村、莲池村。

1.3.2 平江县伍市镇、加义镇、梅仙镇

平江县位于湘、鄂、赣三省交界处，属于湖南省东北部，地处东经113度11分至114度9分，北纬23度25分至29度6分之间。东与江西修水县、铜鼓县接壤；南与浏阳市、长沙县毗邻；西与汨罗市交界；北与岳阳县和湖北省通城相连。东北面以山为界，西南面以水为界。境内气候属大陆季风气候区，东亚热带向北亚热带过渡气候带。平均气温16.8摄氏度，常年积温6185.3摄氏度，一月平均气温4.9摄氏度，七月平均气温28.6摄氏度，平均年降水量1450.8毫米。盛产稻谷、棉花、西瓜、反时令蔬菜、辣椒、板栗等。全县总面积4125平方公里，辖13镇14乡778个村，10172个村民小组，231545个农户，总人口103万（其中农业人口893891人），耕地总面积658906亩。据统计全县共签订农村土地流转合同1.5万亩，转包2.7万亩，占承包面积的8.3%，流转的主要形式主要包括转包、出租、转让、入股等形式。

1.3.2.1 伍市镇位于平江县境西部，与汨罗市新市镇接壤。伍市镇内有汨水流过，又地处平江、长沙、汨罗三市县交界处，有"一江三路"独特的交通区位优势。平伍公路横亘东西，京珠高速公路贯穿南北，距107国道5公里、汨罗城区17公里、岳阳市区66公里、长沙市区64公里。是平江通省达市的西大门，也是湘北有名的农业大镇。伍市土地肥沃，农产品产量高、品质优，粮食、生猪产量位居岳阳市乡镇前列，瘦肉型猪年外销量达30万头；伍市资源丰富，盛产黄金、高岭土、花岗岩、页岩、砂石等。全镇集雨面积217平方公里，耕地58875亩，辖43个行政村、1个居委会，总人口15577户、65735人。镇区伍公市原是伍市村驻地，位于镇域北部，滨汨水南岸。由于107国道、京珠高速公路修建，地理区位优势凸现出来。现镇区规划面积5.2平方公里，建成区面积1.5平方公里，有常住人口6827人、流动人口2951人。

1.3.2.2 加义镇位于平江东乡，扼湘赣要冲，倚连云，临汨水，距平江县城42公里。全镇现辖3个管区、37个村、3个居委会、6万余人，全镇共有耕地面积44484亩，山林面积40多万亩。总面积317平方公里，是平江县版图土面积最大的乡镇。这是一块绿色的土地，重峦叠嶂，青杉翠竹，构成了一幅秀美的山水画图，全镇山林面积达40多万亩，绿色覆盖率95%以上，林业资源丰富，竹木储量充足，辜、徐、灶三洞，绵延百里的竹海，芦头、连云、加义、献钟等国有林场以及20多个村办林场的杉木林基地成为加义的绿色宝库。其中芦头林场是岳阳市最大的国有林场。

1.3.2.3 梅仙镇辖36个村、2个居委会、27个镇直部门、636个村民小组、16139户、60087人，其中农业人口58462人，地域面积205.3平方公里，耕地面积34136亩，其中水田28405亩、旱田5731亩，农业总产值2.1亿元、工业总产值3.58亿元，农民年人均纯收入2388元。全年栽种粮食作物2.1万亩，其中优质稻种植面积达1万多亩，产量50多万公斤；通过与岳阳林纸集团有限公司签定借山造林协议，共投资7500多万元，联营造林11000多亩；全年种植反季节蔬菜3000多亩，蚕桑基地发展到2100多亩，果树基地发展到800多亩，全年发展良种猪3.5万头，出栏2.8万头，黑山羊3万只，出栏1.6万只，发展土鸡2万多羽。大力夯实了村级基础，增强了农业的发展后劲，全年共投资20多万元，新修村级公路30千米、维修45千米，整修山塘、水库29口，修复渠道堰坝12处，新修水渠3条7千米。

1.3.3 长沙县北山镇

北山镇是北山乡、牌楼乡、石常乡三乡并乡为镇的。三乡于1995年并乡为北山镇。北山镇镇域总面积148.8平方公里，辖18个行政村3个社区居委会，总人口51095人，其中农业人口47354人。耕地56972亩，林地107625亩。北山镇是长沙县境内直接与长沙市区相连的乡镇之一，位于长沙县西北部，地处长沙、望城、汨罗三县交界处。东连长沙县安沙镇，西接望城扬桥乡，南接长沙市开福区，北与汨罗紧邻。

北山镇生态环境良好，属于中亚热带季风湿润气候。土地肥沃，全镇气候四季分明，具有热量丰富、降水充沛、日照充足的特点。温度春季 15—25 摄氏度、夏季秋初 18—36 度、秋末至冬季 5—15 度。常年降雨量 1000—1200 毫升。境内水资源十分丰富，白沙河流水终年不断，水库、水坝、山塘积蓄水容积 8000 万立方米，有英婆冲、白溪冲、丰梅岭、北山四大水库，每库容量约 350 万立方米，枯水季节仍达 100 万立方米以上。境内地带性土壤为红壤，土层深厚，便于开垦利用。尤其是境内山体多，山地比重大，在局部地区形成冬暖夏凉的山地小气候。

北山镇山水资源特色明显，为旅游产业的开发提供了得天独厚的基础。北山的山，纵横交错，延绵不绝，风景如画；北山的水，池波如碧，溪水潺潺，终年不息。随着长沙市城区面积的不断拓展，北山作为长沙市城郊生产基地和市民休闲、旅游和观光基地的优势将更为突出，蔬菜、生态休闲、短期度假和娱乐性的第三产业将面临十分美好的前景。全镇森林覆盖率达 52.1%，保存有 8000 余亩的生态山林。麻石、土地资源丰富，是长沙县农业大镇、工业强镇，被纳入长沙市 2015—2020 年的发展规划，是长沙市规划中的城镇商业中心网点。作为长沙市的近郊镇，又临近长沙经济技术开发区，独特的区位优势和便利的交通，为北山经济快速发展提供了良好的条件。2005 年，北山镇实现全社会固定资产投资总额 19240 万元；完成地方性财政收入达 865 万元；完成农、林、牧、副、渔总产值 2.98 亿元，较上年增长 6.5%；实现乡镇企业总产值 16.8 亿元，同比增长 15.9%；完成工业总产值 10.6 亿元；招商引资共成功引进项目 21 个，合同利用资金 1.99 亿元，实际到位资金达 1.612 亿元，同比增长 99%；农民人均纯收入达 4310 元，同比增长 18%。

1.3.3.1　农业支柱产业

(1) 生猪养殖。生猪养殖是该镇农业的一个支柱产业，也是该镇农民增收的一个主要途径，近年来该镇生猪产业呈稳步快速发展之势。全年出栏肥猪均在 19 万头以上，以瘦肉型猪为拳头产品，产品在广东、香港市场受到欢迎，已建立了两个大型种猪养殖场，全年养殖业创产值近 2 亿元。现年出栏肥猪 100 头以上的大户有 178 户、出栏肥猪 1000 头以上的也有 10 余户。生猪养殖在该镇已初具规模，形成了以五福村为中心，辐射周边村的生猪养殖基地。

(2) 高山云雾茶。位于海拔 600 多米的高山上，目前已种植 2000 余亩。茶叶产品通过精加工后色、香、味俱佳，冲泡后芳香扑鼻，入口甘甜，据名中医确认具有一定的药用价值。主要产品有云雾绿茶、极品毛尖、功夫茶等名牌产品。该项目具有广阔的发展前景。

(3) 北山梅。湖南名果"丰梅"产于长沙北山镇梅岭上，经中国农业现代化研究院考证，丰梅岭是世界梅的发源地。梅果品位纯正，含很高的天然酸，是加工干果和饮料的极佳资源，且药用价值高，很有开发价值。该项目规划种植一万亩，兴办加工厂一个，预计总投资 1200 万元。

(4) 优质水稻。该镇优质稻覆盖率为 95%，全镇无抛荒现象。

(5) 花卉苗木。现有花卉苗木基地 5 个，种植面积为 200 亩，年销售收入达 160 万元。

1.3.3.2 工业支柱产业

(1) 建筑业。共有 2 家，一级公司 1 家，二级公司 1 家，年产值 9 亿元。湖南北山建筑股份有限公司是国家房屋建筑工程施工总承包一级企业，是湖南省集房屋建筑、装饰装修、市政、机电设备安装、消防、大型土石方工程于一体具有总承包能力的骨干企业。

(2) 湘绣。全镇从事湘绣加工的员工共有 2000 余人，年收入 70 多万元。湘绣产品工艺精良，产品远销欧美及东南亚各国，盛名远扬，源起唐代，历史悠久，且户户能绣，北山与沙坪湘绣城连为一体，素有

"湘绣之乡"的美称。

（3）麻石精加工。该镇具有丰富的矿产资源，现麻石企业拥有片石加工厂、麻石厂20余家，精加工企业1家，年收入过亿元。产品用于城市道路、园林、防护墙工程建设，是城市建设不可缺少的建筑材料，具有广阔的发展前景。龙头企业如"湖南联兴有限公司"引进福建晋江永和镇龙头企业，总投资2000万元，采用先进的麻石开采技术，从事麻石精加工。该项目将带动并提升该镇整个麻石厂产业的发展，可望使该镇成为麻石精加工之乡。

（4）机械铸造加工。加工产品覆盖模具、汽车驾驶室零部件鼓风机等，长沙北山汽车模具制造厂拥有固定资产2680万元，厂房面积14000多平方米。

（5）化工冶炼。以石立超硬为主体的化工冶炼企业，年收入190多万元。长沙石立超硬材料有限公司是该镇一家生产人造金刚石细颗粒单晶的高科技民营企业，现已进入全国同行业的先进行列，被中国机床工业协会评为"精心创品牌先进企业"并获得"湖南省著名商标"，该公司研制的合成金刚石"SL-XB"新能媒材料获国家专利。

（6）药用胶囊。以正阳药用胶囊厂有限公司为主体的药用胶囊企业，年收入600多万元。正阳药用胶囊厂有限公司，与十几个省建立了销售信息网络，与32家药厂签订了长期合同，该企业技改投入450万元，新增生产线，新建厂房7000平方米，该企业预计2010年可完成税收400万元以上。

（7）北山泉。北山地下水资源非常丰富，经技术监督局和卫生防疫站检验已达到优质饮用水标准，微量元素含量达标。北山泉水有限公司是北山水资源的品牌，北山泉纯净甘甜，健胃健脾，倍受市场青睐。

1.3.3.3 旅游产业

该镇紧邻长沙市，处于丰梅岭旅游度假区东部，山水田园风光资源十分丰富，具有很大的旅游开发价值。如"丰梅湖"旅游区，位于黑糜峰森林公园南麓，因盛产历代皇家贡品北山丰梅而得名。丰梅湖旅游区具有四大优势旅游资源：名山、名水、名花、名寺。区内有原始森林面积8000余亩、水面500亩、梅园500亩。全镇建立了荣合桥金秋农业休闲中心，丰梅岭、北山大屋等集庭院、生态观光、垂钓、娱乐、休闲于一体的"农家乐"精品，吸引了大量中外游客和城市居民来该镇旅游、观光、度假。

1.3.3.4 北山镇农村土地流转情况介绍

北山镇农村土地流转涉及5个农庄，共计流转土地面积6872.2亩，其中耕地6384.2亩、山地60亩、水面428亩。5个农庄具体情况为：圣毅园现代农庄流转耕地6084.2亩；明瑞山庄流转耕地28亩、水面320亩；五福山庄流转耕地40亩、水面93亩；农大哥绿色生态农庄流转耕地217亩；青田养殖有限公司流转耕地15亩、山地60亩、水面15亩。

北山镇的圣毅园现代农庄农村土地流转涉及该镇5个村、53个村民小组，在前面的农村土地流转的长沙模式中已有介绍，是湖南省土地规模流转的一个样板案例。

2. 农村土地流转意愿与户主的属性及家庭规模的关系

农村土地流转意愿与户主的社会属性的关系吸引了许多学者的关注，如黄宗智提出了小农经济的"半无产化"和"拐杖逻辑"等概念，并认为土地成为传统农户的生存基础不仅是出于经济收入考虑，而更是小农农户的传统、情感、文化、尊严以及信仰的寄托。关于农村土地流转的动因与农户特别是户主及家庭规模的关系，本书主要考察户主的自身禀受因素,包括性别、年龄、受教育程度三个方面,考虑的环境影响的因素包括是否经常去省会等大城市、是否有在沿海地区打工的经历、直系亲属中是否有接受过高等教育者三个方面,社会阶层因素考虑的包括是否为村组干部、是否为共产党员,家庭规模因素考虑的主要指家庭人口数量,健康程度,主要指家庭主要男劳动力的健康程度。

2.1 户主及家庭规模的基本情况

本研究所应用的数据使用了长沙县、慈利县、平江县的实地大样本的农户调查数据,由于部分调查表格内容农户不想填报,如家庭收入,有的调查表格填报明显有矛盾,有的内容缺失较多,实际有效调查问卷为175户,本书研究以这些比较完整的175户的调查问卷为基础。

2.1.1 农村土地流转意愿情况

由表 7.2 中数据可以看出:希望参与农村土地流转的农户数差不多占了一半左右,当然各地的情况是有差异的,长沙县的调查数据表明农户转出土地的意愿很强;慈利县的调查数据表明农户转入土地的积极性很高;平江县的调查数据显示农户参与农村土地流转意愿不强,总体而言,有农村土地流转意向的农户占农户总数的一半左右。

表 7.2 农村土地流转意愿情况

		户数	比率(%)
是否愿意参与农村土地流转	1. 希望转入土地	49	28.00
	2. 希望转出土地	38	21.71
	3. 既不希望转入也不希望转出土地	88	50.29

数据来源:根据调查统计整理。

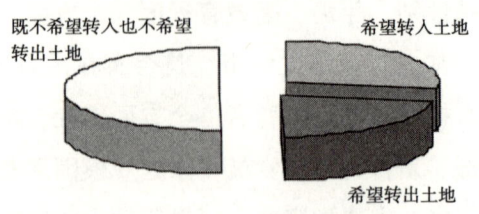

图 7.1 农村土地流转意愿情况

2.1.2 户主性别与文化程度情况

户主绝大多数为男性，表明农村家庭的男主人占绝对地位。从户主的文化程度来看，经过建国后几十年普及教育的不懈努力，目前农村农民的基本文化水平已有明显提高，具有初、高中教育程度的农户户主已经成为比较多的群体，从调查样本来看，中学教育程度有很大提高，具有初、高中教育程度的农户户主已达到 57% 以上。然而，小学以下文化程度的户主还占据了 18.86%，这里面有一部分是 60 岁以上的老人，但也有很多 40—50 岁之间的壮年，初中文化程度的户主占了最大份额，令人可喜的是还有大学生回乡创业。

表 7.3 户主性别与文化程度情况

		户数	比率（%）
户主性别	1. 男	166	94.86
	2. 女	9	5.14
户主接受学校教育年限	小学以下	33	18.86
	小学	40	22.86
	初中	69	39.43
	高中	31	17.71
	大学	2	1.14

数据来源：根据调查统计整理

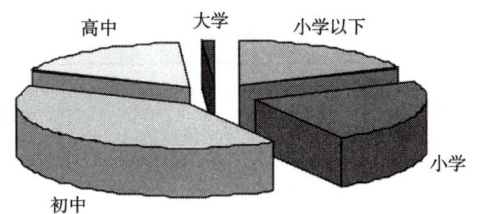

图 7.2 户主文化程度情况

2.1.3 户主年龄结构情况

从户主的年龄结构来看，50 岁以上的占了 41.71%，40—50 岁的占了 36%，反映出现在青年农民大部分已经外出务工。

表 7.4 户主年龄结构情况

		户数	比率（%）
户主年龄	30 岁以下	3	1.72
	30—40 岁	36	20.57
	40—50 岁	63	36.00
	50 岁以上	73	41.71

数据来源：根据调查统计整理

2.1.4 家庭规模情况

从家庭规模的数据来看，农村家庭规模呈现纺锤型结构即 3 口和 4 口之家占了大多数，2 口之家基本上就是老两口子，孩子们成家后独立了，四代同堂大家庭也较少。

表7.5 家庭规模情况

		户数	比率（%）
家庭人口数量	单身	3	1.71
	2口	12	6.86
	3口	43	24.57
	4口	56	32.00
	5口	30	17.14
	6口	18	10.29
	7口及以上	13	7.43

数据来源：根据调查统计整理

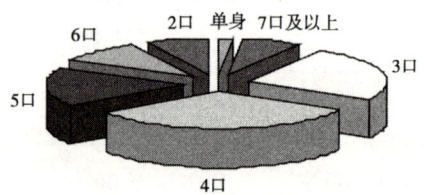

图7.3 家庭规模情况

2.1.5 户主是否经常去省会等大城市

从调查情况来看，30.29%农户户主经常去大城市，表明现阶段的农民的活动范围已经不再局限在本社区。

表7.6 户主是否经常去省会等大城市

		户数	比率（%）
是否经常去省会等大城市	1.是	53	30.29
	2.否	122	69.71

数据来源：根据调查统计整理

2.1.6 户主是否有在沿海地区打工的经历

沿海地区是我国改革开放的先行者,也是我国经济最发达的地区,在沿海地区打工一方面可以获得经济收入,另一方面还可以接受外来文化的熏陶以及专业技能的培训。具有沿海打工经历的户主可能具有创业的冲动,从而有可能成为农村土地流转的活跃因素。从调查数据来看,大部分农户户主有沿海打工的经历。

表7.7 户主是否有在沿海地区打工的经历

		户数	比率(%)
是否有在沿海地区打工的经历	1. 是	111	63.43
	2. 无	64	36.57

数据来源:根据调查统计整理

2.1.7 直系亲属中是否有接受过高等教育者

良好的教育程度意味着可能拥有较多的社会资源,直系亲属中有接受过高等教育者,表明该农户可能从中获得资源支持,从而影响其农村土地流转决策。

表7.8 户主直系亲属中是否有接受过高等教育者

		户数	比率(%)
直系亲属中是否有接受过高等教育者	1. 是	65	37.14
	2. 无	110	62.86

数据来源:根据调查统计整理

2.1.8 户主是否为村组干部

按照社会学的分析框架,乡村干部是农村社会的高层,他们拥有的资源要比普通农户丰裕,所以本研究决定考察户主是否为乡村干部与农村土地流转的决策意愿的相关性。

表7.9 户主是否为村组干部

是否为乡村干部		户数	比率（%）
	1. 是	30	17.14
	2. 否	145	82.86

2.1.9 户主是否为共产党员

同样共产党员也有可能是农村社会的高层，他们拥有的资源可能会比普通农户丰裕，另一方面共产党员对党和国家的"三农"政策的了解比普通农户要多，他们可能具有某种信息优势。

表7.10 户主是否为共产党员

是否为共产党员		户数	比率（%）
	1. 是	46	26.29
	2. 否	129	73.71

数据来源：根据调查统计整理

2.1.10 家庭主要男劳动力健康程度

男性作为农村劳动力的主体，其身体健康程度与其农业经营的好坏有着密切关系，本书试图从这个方面挖掘出一些有价值的信息，以了解主要男劳动力健康程度与农户农村土地流转决策的关系。

表7.11 家庭主要男劳动力健康程度

家庭主要男劳动力健康程度		户数	比率（%）
	1. 非常健康，能从事如挑担等重体力劳动	67	38.29
	2. 身体一般，能从事不太繁重的体力劳动	83	47.43
	3. 身体不太好，仅能从事一般的家务劳动	16	9.14
	4. 身体不好，基本不能从事体力劳动	9	5.14

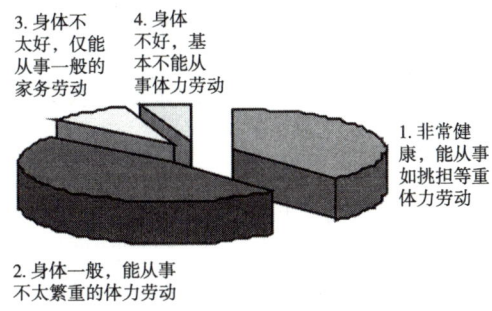

图 7.4　家庭主要男劳动力健康程度

2.2　是否愿意转入土地实证分析

本研究从转入和转出两个角度来分析农户的农村土地流转意愿，在分析转入土地时，愿意转出土地的也当做不愿意转入土地来处理（赋值 0）；同样在分析转出土地时，愿意转入土地的也当做不愿意转出土地来处理（赋值 0）。

2.2.1　"是否愿意转入土地"的计量分析模型

考虑到因变量"是否愿意转入"是一个二分的定性变量，即要么愿意转入土地要么不愿转入土地这两种可能，论文采用 Probit 模型分析农村土地流转意愿。

$$P(Y=1 \mid X) = F(\beta_1 + \beta_i x_i)$$

式中 $P(Y=1 \mid X)$，表示解释变量为 X 时，愿意转入土地的概率，解释变量 X 的说明见表 7.12。

表 7.12 解释变量赋值

		赋值			赋值
户主性别	1. 男	1	是否为乡村干部	1. 是	1
	2. 女	0		2. 否	0
户主接受学校教育年限	小学以下	0	是否为共产党员	1. 是	1
	小学	1		2. 否	0
	初中	2	家庭人口数量	单身	实际值
	高中	3		2 口	实际值
	大学	4		3 口	实际值
户主年龄	30 岁以下	0		4 口	实际值
	30－40 岁	1		5 口	实际值
	40－50 岁	2		6 口	实际值
	50 岁以上	3		7 口及以上	实际值
是否经常去省会等大城市	1. 是	1	家庭主要男劳动力健康程度	1. 非常健康，能从事如挑担等重体力劳动	3
	2. 否	0		2. 身体一般，能从事不太繁重的体力劳动	2
是否有在沿海地区打工的经历	1. 有	1		3. 身体不太好，仅能从事一般的家务劳动	1
	2. 无	0		4. 身体不好，基本不能从事体力劳动	0
直系亲属中是否有接受过高等教育者	1. 有	1			
	2. 无	0			

数据来源：根据调查统计整理

2.2.2 研究假设

① 假定农村土地流转与户主的思想观念有关，户主年龄越大越希望转入土地；

② 假定农村土地流转与户主的创业能力有关，文化程度越低越希望转入土地；

③ 假定农村土地流转与户主承担劳动的体力有关，男性户主希望转入土地；

④ 假定农村土地流转与户主同外界的交流接触程度有关，不经常去大城市的户主希望转入土地；

⑤ 假定农村土地流转与户主的从业经历有关，没有沿海打工经历的户主希望转入土地；

⑥ 假定农村土地流转与户主获取社会资源的能力有关，直系亲属中没有接受高等教育的户主倾向于转入土地；

⑦ 假定农村土地流转与户主获取社会资源的能力有关，不是村组干部的户主倾向于转入土地；

⑧ 假定农村土地流转与户主获取社会资源的能力有关，不是共产党员的户主倾向于转入土地。

2.2.3 回归结果

分析工具采用 eviews6.0 统计软件，计量结果见表 7.13。

表 7.13 回归结果

Dependent Variable: TR（转入土地）			
Method: ML-Binary Probit (Quadratic hill climbing)			
Sample: 1 175			
Included observations: 175			
Convergence achieved after 4 iterations			
Covariance matrix computed using second derivatives			
Variable	Coefficient	Std. Error	z-Statistic	Prob
EDU（教育程度）	-0.025306	0.122537	-0.206520	0.8364
AGE（年龄）	-0.116523	0.126735	-0.919418	0.3579
NUMBER（家庭人口数）	0.077137	0.073345	1.051702	0.2929
SEX（性别）	-1.462086	0.398151	-3.672188	0.0002

URBAN（经常去城市）	0.025513	0.288857	0.088323	0.9296
OUT（外出务工）	0.128688	0.283594	0.453777	0.6500
HIGH（高等教育）	-0.050037	0.240075	-0.208421	0.8349
LEADER（干部）	-0.383043	0.308386	-1.242088	0.2142
CPC（党员）	0.853566	0.257009	3.321158	0.0009
HEALTH（健康程度）	0.242824	0.146158	1.661382	0.0466

2.2.4 回归结果的解释

从回归结果来看，回归系数在5%的置信水平显著的只有性别、政治面貌、健康程度，我们希望的家庭规模即家庭人口数量前的系数虽然为正，但Z统计量并不显著。受教育程度、年龄、直系亲属中是否有接受高等教育者、干部这几个自变量的系数的统计量虽然不显著，但向我们传递了一个负向的信息。

（1）计量模型中的健康程度与是否愿意转入土地正相关，这个结果很好理解，尽管随着经济的发展，农业的装备水平越来越高，农业机械以及化学除草剂的广泛使用有效地降低了农业劳动的强度，但农业生产还是一个体力活，身体吃不消的人没有要求增加耕种土地面积的倾向，只有身体健康，能够扛下所有农活的人才希望通过流入土地，扩大农业经营规模来增加家庭的收入，改善家庭的生活水平。宋山梅等在贵州农村的调查提到的样本农户种植能力与农村土地流转意愿的关系也可以佐证这个实证研究结果，他认为农户的流转意愿，与农户的种植和经营能力，往往是联系得比较紧。[134]如果在农业上是种植能手，甚至是专业户，那么他转入土地就比转出土地的意愿要强。作为种植能手，无疑要求身体相当健康。

（2）计量模型中的户主不是共产党员与是否愿意转入土地正相关，并且系数高度显著，初看真不好理解，陈成文（2008）在《农村社会阶层的农村土地流转意愿与行为选择研究》一文中认为，农村土地流转的意愿主要受其阶层构成特点的制约，是影响农村社会阶层土地流转意愿的最根本的原因。[135]然而该文的实证模型结果中，代表阶层意识没有一个变量纳入模型，无论是被调查者阶层归属感还是地位认同，均对农村土地流转的意愿不产生统计学意义。然而我们可以从这两年中央对农村土地流转工作的高度重视中就可以找到答案，2008年10月12日中国共产党第十七届中央委员会第三次全体会议通过了《中共中央关于推进农村改革发展若干重大问题决定》提出了："加强土地承包经营权流转管理和服务，建立健全土地承包经营权流转市场，按照依法自愿有偿原则，允许农民以转包、出租、互换、转让、股份合作等形式流转土地承包经营权，发展多种形式的适度规模经营。有条件的地方可以发展专业大户、家庭农场、农民专业合作社等规模经营主体。"作为共产党员会高度关注中央的文件精神，领会中央推动农村土地流转的含义，作为党在农村的带头人，党员们表现出了"农村土地流转"意识的先知先觉。

(3) 模型中的户主性别与是否愿意转入土地负相关，并且系数的Z统计量值高度显著，也就是说，户主为男性的转入土地的意愿比较低，而户主为女性的转入土地的意愿比男性高，这个结果很有意思。按照一般的想法，女性户主应该不会比男性户主种地的积极性高，经过反复的考证与比较，我们发现农村中妇女当家（即户主）的家庭很少，但这种家庭的夫妻组合一般都有个特点：妻子比较能干泼辣，丈夫比较胆小怕事甚至有点懦弱，由于丈夫能力相对较弱，一般都在家里务农。（在外边受欺负。有一个案例就是一个老实憨厚的丈夫在外面打工老是被工头克扣工钱，别人一天80块而他只有50块，有一次单独结了1000块钱的工资却有3张假百元钞票，从那以后，他妻子再也不要他外出打工了。）所以这类家庭的男劳动力主要从事农业劳动，由于家中的土地有限，所以转入土地的意愿要比男户主强烈。

2.3 是否愿意转出土地实证分析

2.3.1 "是否愿意转出土地"的计量分析模型

考虑到因变量"是否愿意转出"是一个二分的定性变量,即要么愿意转出土地要么不愿转出土地这两种可能,采用 Probit 模型分析。

$$P(Y=1|X) = F(\beta_1 + \beta_i x_i)$$

式中 $P(Y=1|X)$,表示解释变量为 X 时,不愿意转出土地的概率,解释变量 X 的说明见表 7.12。

2.3.2 研究假设

① 假定农村土地流转与户主的思想观念有关,户主年龄越小越希望转出土地;

② 假定农村土地流转与户主的创业能力有关,文化程度越高越希望转出土地;

③ 假定农村土地流转与户主承担劳动的体力有关,女性户主希望转出土地;

④ 假定农村土地流转与户主和外界的交流接触程度有关,经常去大城市的户主希望转出土地;

⑤ 假定农村土地流转与户主的从业经历有关,有沿海打工经历的户主希望转出土地;

⑥ 假定农村土地流转与户主获取社会资源的能力有关,直系亲属中有接受高等教育者的户主倾向于转出土地;

⑦ 假定农村土地流转与户主获取社会资源的能力有关,是村组干部的户主倾向于转出土地;

⑧ 假定农村土地流转与户主获取社会资源的能力有关,是共产党员的户主倾向于转出土地。

2.3.3 回归结果

分析工具采用 eviews6.0 统计软件，计量结果见表 7.14。

表 7.14 回归结果

Dependent Variable：TR				
Method：ML-Binary Probit (Quadratic hill climbing)				
Date：12/20/09 Time：02：22				
Sample：1 175				
Included observations：175				
Convergence achieved after 5 iterations				
Covariance matrix computed using second derivatives				
Variable	Coefficient	Std. Error	z-Statistic	Prob
C	-0.120273	0.930869	-0.129205	0.8972
EDU	-0.056042	0.134850	-0.415590	0.6777
AGE	-0.090252	0.158476	-0.569501	0.5690
NUMBER	-0.118047	0.089578	-1.317804	0.1876
SEX	0.460262	0.575317	0.800014	0.4237
URBAN	0.724631	0.312409	2.319493	0.0204
OUT	0.195116	0.327486	0.595799	0.5513
HIGH	0.471326	0.258440	1.823735	0.0682
LEADER	0.615389	0.316679	1.943258	0.0520
CPC	-0.174729	0.287100	-0.608599	0.5428
HEALTH	-0.412386	0.150062	-2.748101	0.0060

2.3.4 回归结果的解释

从回归结果来看，回归系数在 5% 的置信水平显著的有"健康程度"、"经常去省会"等大城市，在 10% 置信水平上显著的有"直系亲属中有接受高等教育者"、"村组干部"。

(1) 我们希望的受教育程度越高越有可能转出土地,该变量前的系数却为负,与研究假设完全相反,即文化程度越高转出土地的意愿越低,但Z统计量并不显著。这个结果与钟涨宝、汪萍(2003)的调查分析的"教育水平较高、具有非农就业经历的农户出租其农地的可能性较大"[136]结果不一致,究其原因,我认为钟的文章是通过调查数据的一个直观性判断,并没有通过严格的计量检验,也许我们看到几个相对学历较高的样本户主把农村土地流转给别人但我们不能轻易下结论认为"教育水平的提升会导致土地流出的意愿上升"。

(2) 与"是否愿意转入土地"的计量分析结果相吻合的是在分析"是否愿意转出土地"时健康程度系数为负并且高度显著,也就是说主要劳动力的身体状况越好,转出土地的概率越低,这是很正常的结果。反过来,主要劳动力身体健康程度不佳的农户转出土地的概率较大,这个问题值得思考,也就是说在流出土地的农户中是否存在身体健康原因无法耕种土地的"被迫流转"问题,如果有,这部分家庭由于男劳动力身体不好本来就收入低,医药费用支出高,又被迫放弃土地,他们的生活保障问题怎么解决。很可惜,本次调查由于时间与经费支持原因无法进行大规模的深度调查找出案例,在实证结果出来之后才想到这个问题。

(3) "经常去省会等大城市"这个自变量前系数为正并且Z统计量高度显著,这个很好理解。能够经常去省会等大城市的农民可能是已经脱离了农业生产从事二、三产业的工人或商人或雇员,他们实际已经离开了农业,只是还具有农民的身份,土地对他们的边际价值低于他们所从事的工作。

(4) 村组干部这个自变量前系数为正且其Z统计量在接近5%水平上显著(5.2%),表明村官们并不想种地,这个结果与其他研究相符,如"各阶层的农村土地流转意愿都与阶层属性呈显著相关。也就是说,从阶层等级来看,收入处于上层的阶层转出土地的意愿最强,而中下层则转入土地的意愿最强。"(陈成文 2009)作为农村社会的管理者,村官们处于农村社会的最上层,他们拥有的资源和社会关系使他们具有比土地经营更高的收益率要求,并且他们控制的资源可以为他们带来额外的收益,尤其在一些经济发展水平较高的城郊结合地区的村组干部,他们所具有的财富控制能力远远高于他们的社会阶层。

(5)"直系亲属中有接受高等教育者"系数为正,并且 Z 统计量在 10% 水平显著,这个结果可以从两个方面解释,一是直系亲属中有接受高等教育者的农户能够从其直系亲属处获得资源支持而脱离土地耕作,这个现象在中国很普遍,中国人一般注重聚合传统的家庭与宗族的力量,一荣俱荣。二是一些正在供子女上大学的父母,现在供一个在大城市上学的子女一年的开销在 1.5 万元以上,很多农村父母还不止一个子女,考虑到供孩子读书的压力,父母们很早就已经进行了家庭经济转型,想别的方法去挣钱了,因为靠土地是无论如何也无法支持高昂的读书费用的。

2.4 小 结

(1)土地转入意愿的 Probit 模型回归结果表明:健康程度、户主不是共产党员与转入土地愿意正相关,性别与是否愿意转入土地负相关(女性户主比男户主乐意转入土地),反映农村家庭的一些社会现象,共产党员具有与党中央精神保持一致的特征。我们希望的家庭规模即家庭人口数量前的系数虽然为正,但 Z 统计量并不显著。受教育程度、直系亲属中是否有接受高等教育者、干部这几个自变量的系数的 Z 统计量虽然不显著,但向我们传递了一个负向的信息,即不具有这几个特征的户主倾向转入土地。但户主年龄与转入土地意愿负相关(系数不显著),可能是有部分年龄较大的户主,由于身体健康原因不希望增加土地。

(2)土地转出意愿的 Probit 模型回归结果表明:与土地转出意愿正

相关的有"经常去省会等大城市"、"村组干部"、"直系亲属中有接受高等教育者",系数为正,说明土地转出意愿与户主的获取资源的能力即社会阶层有关,一般的农民不会转让土地的承包权,能够转让土地承包权的是农村中拥有较多其他资源禀赋如社会资源的农户。而土地转出意愿与"健康程度"负相关,即身体健康程度不佳的人倾向放弃土地的承包权,希望他们是在具备一定的经济实力的条件下的理性选择,而不是一种被迫流转。

3. 农村土地流转意愿与土地耕作条件的关系

研究农村土地流转的文献可谓汗牛充栋,而从土地耕作条件来分析农村土地流转的文献很少,基本都从耕地细碎化的角度来剖析中国农地制度的优劣。如李功奎、钟甫宁(2006)对中国农地细碎化持肯定态度,认为农地细碎化有利于农户合理配置并充分利用农村劳动力,以达到维持或增加农户的种植业净收入的好处;[137]王秀清、苏旭霞(2002)则持否定态度,认为土地细碎化提高了使用机械的物质费用,从而降低了粮食生产的劳动生产率、土地生产率和成本产值率。[138]刘涛等(2008)的《土地细碎化、农村土地流转对农户土地利用效率的影响》一文是为数不多的研究土地耕作条件与农村土地流转的论文,该文认为农地流转能够减少土地细碎化。该文作者利用江苏省南京市的实地调查数据,运用计量模型对土地细碎化、农地流转对农户土地利用效率的影响进行了实证分析,结论认为土地细碎化阻碍了平均土地综合产出率的提高;转出土地的农户的平均土地综合产出率要低于没有转出土地的农户,而转入土地农户的平均土地综合产出率要高于没有转入土地的农户。因此,建议通过推进农村土地流转来提高土地利用效率。[139]本节内容利用调查数据对农地耕作条件与农户的农村土地流转意愿进行实证研究。

3.1 样本点的耕地基本情况

课题组就农民承包土地的耕作条件进行了包括承包土地的水利条件、自然灾害情况、家庭承包土地的面积、平均每块承包地的面积、是否有机耕道、土壤肥力情况、是否遭受工业污染等7项指标进行详细入户调查。

3.1.1 土地的水利条件

湖南的降雨量较为充沛,但季节较为集中,比较容易出现伏旱,建国后,在党和政府的领导下,各地大兴农田水利建设,农田的水利条件大为改观。然而,从调查的实际情况来看,却远远不容乐观。将近70%的农田还停留在靠天灌溉上,以自流灌溉为主的农田不到20%。

表7.15 土地的水利条件

		户数	比率%
土地的水利条件	无固定水源,基本靠天灌溉	124	70.85
	有水源,依靠动力提水灌溉	19	10.86
	水源较充沛,以自流灌溉为主	32	18.29

数据来源:根据调查统计整理

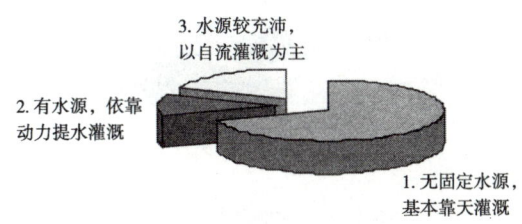

图7.5 土地的水利条件

究其原因,在水利形势总体向好的大背景下,湖南省小型农田水利的形势却不容乐观。改革开放30年来,不少地方几乎没有新的小型农田水利设施建设,基本上用的"大跃进"的水,种的"学大寨"的田,很多设施年久失修,多数渠道淤塞严重,大部分涵闸损耗较大,全省小型农田水利工程带病运行现象普遍。据常德市水利局提供的数字显示,全市有 15% 的基本农田是靠天吃饭,15% 的农田缺少基本灌溉条件,全市小型农田水利设施的完好率仅占 40%,工程的配套率仅占 35%,农田灌溉用水有效利用率仅占 35%。

3.1.2 自然灾害情况

湖南是一个多灾的省份,多涝易旱,从调查数据可以反映出来,旱涝保收比率不到 20%。

表 7.16 土地的水利条件

		户数	比率%
自然灾害情况	1. 灾害频繁,大灾绝收	15	8.57
	2. 灾害影响较严重,大灾减收严重	48	27.43
	3. 灾害较轻,大灾少量减收	83	47.43
	4. 基本不受自然灾害影响,产量稳定	29	16.57

数据来源:根据调查统计整理

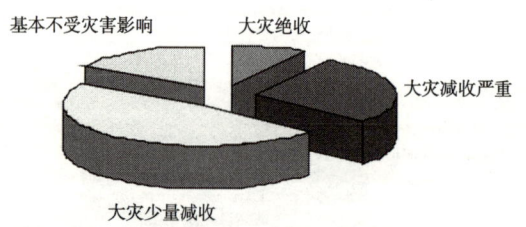

图 7.6 土地的水利条件

3.1.3 家庭承包土地的面积

从调查结果来看,样本点农户家庭承包耕地面积集中在 2—5 亩这个区间,超过 10 亩的只有 4 户,占 2.29%。

表 7.17 家庭承包土地的面积

承包土地面积		户数	比率%
	1 亩以下（左开右闭区间，下同）	5	2.86
	1-2 亩	7	4.00
	2-3 亩	34	19.43
	3-4 亩	41	23.43
	4-5 亩	42	24.00
	5-6 亩	25	14.29
	6-7 亩	9	5.14
	7-10 亩	8	4.57
	10-14 亩	4	2.29

数据来源：根据调查统计整理

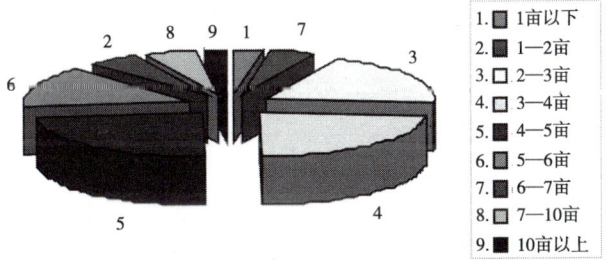

图 7.7 家庭承包土地的面积

3.1.4 平均每块承包地的面积

从调查结果来看，承包地细碎化非常严重，平均每块承包地面积在 1 亩以下的农户占了 65.72%。主要是在土地承包中没有考虑成片开发利用土地的需要，好田优地大家有份，差土劣地按人分摊，致使一户人家多处分田土，这样，既不利于耕作，也不便于管理。湖南省人民政府副省长徐明华 (2009) 的调查也反映出这一现象：湘阴县袁家铺镇金和村兰家组有一个叫上八斗的水田被分成大小不等的 10 个小丘块；全组 164 亩水田，83 个自然丘块，被人为分成 143 个丘块，结果，每个自然丘块平均近 2 亩被人为割裂成每个 1.15 亩一个。这样造成机械下不了田，而且灌水排水纠纷事件成倍增加。[140] 当然土地细碎化也可能有利于农户进行多元化种植，合理配置并充分利用农村劳动力，这一点在慈利县以及平江县的山区农户经营模式中有所体现。但是在长沙县这种大城市郊区，农户的非农就业机会非常多，土地细碎化对农户土地利用效率主要是负面影响：一是边界的增多浪费土地面积、降低灌溉水的效率、浪费时间及带来田间管理的不便；[141] 二是单个地块的面积狭小，不利于农业机械的采用和农业现代化的实现，影响生产效率并造成极大的成本浪费。[142]

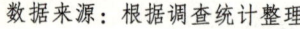

表 7.18　平均每块承包地的面积

项目	户数	比率（%）
0.2－0.5 亩（左开右闭区间，下同）	26	14.86
0.5－0.8 亩	50	28.57
0.8－1 亩	39	22.29
1－1.5 亩	40	22.86
1.5－2 亩	12	6.86
2－3 亩	7	4.00
3－4 亩	1	0.57

数据来源：根据调查统计整理

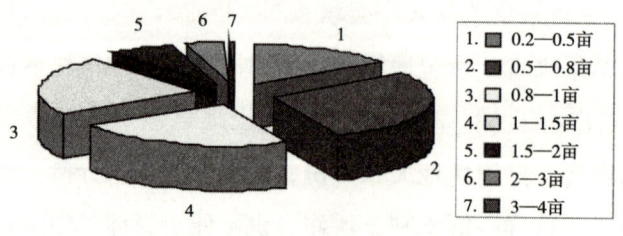

图 7.8　农户平均每块承包地的面积

3.1.5 机耕道

调查显示大多数农户的承包地都没有机耕道，这可能与调查样本的区域有关，调查的样本区慈利县是一个多山地区，平江的三个镇除伍市镇以外，加义镇、梅仙镇也属多山地区，这两个县的样本农户承包的土地几乎都没有机耕道。长沙县的情况好多了，从调查情况看，60%左右的承包地都有机耕道，农机具可以比较方便地下田作业。

表7.19 承包地是否有机耕道

	户数	比率%
无机耕道	152	86.86
有机耕道	23	13.14

数据来源：根据调查统计整理

3.1.6 土壤肥力

从调查结果来看，大多数农户认为承包地的土壤肥力一般，占75.43%。从调查情况来看，慈利县与平江县的山区土地有的确实很贫瘠，当然这也与农户的投资不足有关。

表7.20 土壤肥力情况

	户数	比率%
土壤贫瘠	18	10.29
土壤肥力一般	132	75.43
土壤肥沃	25	14.29

数据来源：根据调查统计整理

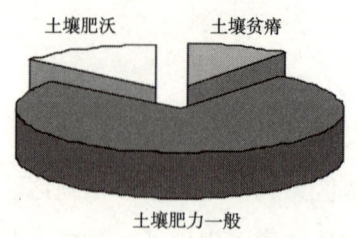

图 7.9 土壤肥力

3.1.7 工业污染

从调查结果来看,污染情况比我们想象的要轻得多,在慈利县与平江县的样本中很少有遭受污染的,长沙县的样本反映出一些工业与养殖业对农田的污染问题。

表 7.21 土地遭受工业污染情况

	户数	比率%
不受污染	145	82.86
污染较轻	26	14.86
污染严重	4	2.29

数据来源:根据调查统计整理

3.2 是否愿意转入土地实证分析

本书从转入和转出两个角度来分析农户的农村土地流转意愿,在分析转入时,愿意转出土地的也当做不愿意转入土地来处理(赋值 0);同样在分析转出土地时,愿意转入土地也当做不愿意转出土地来处理(赋值 0)。

3.2.1 "是否愿意转入土地"的计量分析模型

考虑到因变量"是否愿意转入"是一个二分的定性变量,即要么愿意转入土地要么不愿转入土地这两种可能,采用 Probit 模型分析。

$$P(Y=1 \mid X) = F(\beta_1 + \beta_i x_i)$$

式中 $P(Y=1|X)$，表示解释变量为 X 时，不愿意转入土地的概率，解释变量 X 的说明见表7.22。

表7.22 解释变量赋值

		赋值
土地的水利条件	无固定水源，基本靠天灌溉	0
	有水源，依靠动力提水灌溉	1
	水源较充沛，以自流灌溉为主	2
	水源充沛，自流灌溉	3
自然灾害情况	灾害频繁，大灾绝收	3
	灾害影响较严重，大灾减收严重	2
	灾害较轻，大灾少量减产	1
	基本不受自然灾害影响，产量稳定	0
承包土地面积	1亩以下（左开右闭区间，下同）	实际值
	1-2亩	实际值
	2-3亩	实际值
	3-4亩	实际值
	4-5亩	实际值
	5-6亩	实际值
	6-7亩	实际值
	7-10亩	实际值
	10-14亩	实际值
平均每块承包地的面积	0.2-0.5亩（左开右闭区间，下同）	实际值
	0.5-0.8亩	实际值
	0.8-1亩	实际值
	1-1.5亩	实际值
	1.5-2亩	实际值
	2-3亩	实际值
	3-4亩	实际值

是否有机耕道	无	0
	有	1
土壤肥力情况	土壤贫瘠	0
	土壤肥力一般	1
	土壤肥沃	2
是否遭受污染	不受污染	0
	污染较轻	1
	污染严重	2

数据来源：根据调查统计整理

3.2.2 研究假设

基于理性经济人的利己假定以及生产效率的考虑，提出以下研究假设：

假设1：土地的水利条件越好，农户越倾向于转入土地；

假设2：自然灾害越轻，农户越倾向于转入土地；

假设3：承包土地面积越大，农户越倾向于转入土地；

假设4：平均每块承包地的面积越大，农户越倾向于转入土地；

假设5：土地有耕道，农户越倾向于转入土地；

假设6：土地土壤肥力越高，农户越倾向于转入土地；

假设7：遭受污染越轻，农户越倾向于转入土地。

3.2.3 实证研究结果

分析工具采用eviews6.0统计软件，计量结果见表5.10，回归结果如表7.23所示：

表 7.23　实证研究结果

Dependent Variable: TR			
Method: ML-Binary Probit (Quadratic hill climbing)			
Sample: 1 175			
Included observations: 175			
Variable	Coefficient	Std. Error	z-Statistic	Prob.
C	0.218954	0.605031	0.361889	0.7174
WATER	0.075533	0.178444	0.423288	0.6721
DESATER	-0.393383	0.162169	-2.425768	0.0153
AREA	0.144976	0.061940	2.340589	0.0193
PERAREA	-0.111495	0.257178	-0.433532	0.6646
ROAD	-0.350751	0.431094	-0.813631	0.4159
FER	-0.673805	0.297876	-2.262029	0.0237
POLUTE	-0.070833	0.253706	-0.279193	0.7801

3.2.4　回归结果的解释

从回归结果来看，回归系数在 5% 的置信水平显著的只有自然灾害、承包耕地面积、土壤肥力，我们希望的土地的水利条件的系数虽然为正，但 Z 统计量并不显著。平均每块承包地的面积、机耕道、土地的污染情况这几个自变量的系数的统计量虽然不显著，但向我们传递了一个负向的信息。

（1）计量模型中的自然灾害与愿意转入土地负相关，这个结果与我们的假设完全符合，即越是土地遭受自然灾害严重的农户转入土地的概率越小，这个结果很好理解，反映出农户对自然灾害风险的规避，从这个结果看，自然灾害已成为制约农村土地流转的瓶颈因素之一。

（2）家庭承包耕地面积与愿意转入土地正相关，这个结果与我们的假设完全一致，即土地经营规模越大的农户，越希望扩大种植规模。

一般来说，家庭土地越多，户主越有可能专门从事农业生产；同时土地规模越大，其固定资产投资也相应增加，农业的装备水平也相应提升，从而能够获取比其他农户更高的生产效率。这个结果表明，种地大户有进一步扩大耕地面积的需求，这也是符合资源配置规律的，使更多的土地资源配置给更有效率的生产者从而提高整个农业的生产效率。

（3）计量模型中的土壤肥力与愿意转入土地负相关，这个结果与我们的假设完全相反，即越是土地肥沃的农户转入土地的概率越小，而土地贫瘠的农户转入土地的概率较大。为什么拥有优质的土地资源的农户不希望扩大经营规模呢？在调查过程中我们发现，土地肥沃的地区一般都是经济比较发达的城市郊区和交通方便的平原地区，这些地方的农户由于二、三产业就业机会多，大多对种田不感兴趣。而对贫困地区的农户而言农用地仍然具有不可替代性以及就业保障功能，正如一首歌里面唱的："……一片贫瘠的土地上，收获着微薄的希望"，对缺少资源支持的贫困地区农民而言，那一片贫瘠的土地或许是他们唯一的希望。在一些自然条件较差的山区，农民由于交通不便，信息不畅，自身文化程度不高，在二、三产业不具备竞争优势，只能把希望寄托在土地上。随着国家对农业生产补贴的增加，他们看到了生活的希望，希望通过国家的补贴以及扩大耕地规模来获取更多的收入。

3.3 是否愿意转出土地实证分析

3.3.1 "是否愿意转出土地"的计量分析模型

考虑到因变量"是否愿意转出"是一个二分的定性变量，即要么愿意转出土地要么不愿转出土地这两种可能，采用 Probit 模型分析。

$$P(Y=1|X) = F(\beta_1 + \beta_i x_i)$$

式中 $P(Y=1|X)$，表示解释变量为 X 时，愿意转出土地的概率，解释变量 X 的说明见表 7.23。

3.3.2 研究假设

假设1：土地的水利条件越差，农户越倾向于转出土地；

假设2：自然灾害越严重，农户越倾向于转出土地；

假设3：承包土地面积越小，农户越倾向于转出土地；

假设4：平均每块承包地的面积越小，农户越倾向于转出土地；

假设5：土地没有耕道，农户越倾向于转出土地；

假设6：土地土壤肥力越差，农户越倾向于转出土地；

假设7：遭受污染越严重，农户越倾向于转出土地。

3.3.3 回归结果

回归结果如7.24所示。

表7.24 回归结果

Dependent Variable：TR				
Method：ML-Binary Probit（Quadratic hill climbing）				
Date：12/21/09 Time：00：15				
Sample：1 175				
Included observations：175				
Convergence achieved after 4 iterations				
Covariance matrix computed using second derivatives				
Variable	Coefficient	Std. Error	z-Statistic	Prob.
WATER	0.283683	0.159783	1.775430	0.0758
DESATER	-0.233078	0.169086	-1.378463	0.1681
AREA	-0.214749	0.068575	-3.131620	0.0017
PERAREA	0.236869	0.261875	0.904513	0.3657
ROAD	0.660137	0.385362	1.713031	0.0867
FER	0.468193	0.271008	1.727599	0.0841
POLUTE	-0.257512	0.184854	-1.393061	0.1636

3.3.4 回归结果的解释

从回归结果来看，回归系数在1%的置信水平显著的有家庭承包耕地面积；在10%置信水平显著的有耕地的水利条件、机耕道，土壤肥力。

（1）家庭承包耕地面积的系数为负值表示家庭承包耕地面积越大的农户越不愿意转出土地，而承包面积较小的农户转出土地的意愿比较强烈，这与前面的研究假设完全一致。承包土地面积较小的农户由于有限的土地资源无法满足其获取更多社会财富的需求，只能把主要资源转向养殖业或二、三产业，种田成了他们的副业，由于无法专业种田，相比专业化程度更高的种田大户而言，他们的效率较低，只要农村土地流转的价格合适，他们会乐意把自己承包的农村土地流转出去。

（2）与假设完全相反的是耕地的水利条件、机耕道，土壤肥力这几个解释变量的系数为正值，也就是说承包地的水利条件越好、耕作越方便、土地越肥沃的农户越倾向于转出土地。这个结果如果仅从土地的"硬件"条件来理解是无法解释的，我们只有将这三个方面综合起来分析，一般具备这三个条件的土地位于交通便捷的冲击平原地区，这种地区属于历来就是经济发展水平较高的区域，比如长沙县的一些样本点，在这种地区由于农户拥有较多的资源，他们不会囿于在承包地里，很多农户家庭收入主要依靠从事二、三产业来提供，土地对他们而言已经不是一件不可或缺的经济物品，在这种地方是"有地没人种"，而不像一些贫困地方"人多没地种"。从这个角度来说影响农户农村土地流转决策的主要因素还是在于农户所具备的资源禀赋，土地是最初级的资源而其他如区位优势、社会资源优势等是比土地资源更重要的资源，如果具备更重要的资源，农户就会放弃他们拥有的初级资源——土地。

3.4 小结

许多研究主张土地的自由流转可能产生两种效应,即边际产出拉平效应和交易收益效应,[143]单纯从经济学的角度衡量,这种观点无疑是正确的;还有学者认为"土地租赁市场将土地从土地富裕的农户向土地缺乏的农户转移,从农业生产能力差的农户向生产能力强的农户转移,因此土地租赁市场有提高效率和公平的双重作用",[144]从上面的实证分析我们可以看到与此不同的景象:越是土地贫瘠的农户越倾向于转入土地,他们为什么会追求这种堪比"鸡肋"的资源呢?为什么不去追求更高的生产边际效应呢?这是一个有些沉重的话题。从实证结果来看,家庭承包耕地面积与愿意转入土地正相关,承包面积较小的农户转出土地的意愿比较强烈,这个结果与我们的假设完全一致,即土地经营规模越大的农户,越希望扩大种植规模。也就是说如果让市场机制完全发挥作用,农村土地流转会走向土地集中的趋势,而不是"土地富裕的农户向土地缺乏的农户转移",这就会促使农业经营规模的扩张,实现农业经营的规模经济。

4. 农村土地流转意愿与家庭经济状况的关系

农村土地流转与家庭经济状况的关系吸引了众多学者的关注,如周亚越等(2009)基于江浙沪6个乡村的调查后认为农村土地流转是江浙等发达地区农村经济进一步发展的动力,这些地区绝大多数农民的主要收入已不再是来源于第一产业的经营,而是来源于在第二、三产业中的打工收入。由于农村土地流转导致的第二、三产业的发展以及农民向二、三产业就业的转移,最终必将促进农民收入的普遍提高。[145]叶剑等(2006)认为,经济发展水平以及非农就业的限制是制约农地流转的最重要因素。劳动力的转移是农地流转的前提,农户的农地流转行为与经济发展水平及劳动力转移密切相关,第二、三产业比重越大的地区、农村劳动力非农化水平越高的地区,农地流转的规模也越大。[146] 姚洋(2000)认为一个经济发达地区,农民会因非农收入的不同而对土地的估价不同,从而使土地交易成为可能,会出现土地规模经营的大户,而在一个经济较落后的地区,由于缺少农业外部的就业机会,加之从事农业的边际收入效用相对较高,因而每个农户都想得到更多的土地,从而抑制了土地市场的发育。[147] 这些研究都支持农村土地流转与地区经济发展水平紧密相关,但是并不能从个体农户角度来支持他们的农村土地流转意愿与家庭的经济状况存在某种关系,本节将从这个方面来展开实证分析。

4.1 样本点的农户家庭经济状况基本情况

样本点的农户家庭经济状况包括农户的消费情况、农业固定资产投资情况、家庭收入及产业经营状况等三个方面的情况,这三个方面基本可以反映农户家庭的生产、消费、收入状况,总体反映农户的财富水平。

4.1.1 消费情况

样本农户的消费情况如表 7.25 所示。

表 7.25 样本农户的消费情况

消费项目	具体情况	户数	占比(%)
家用乘用车辆	无	164	93.7
	有	11	6.3
洗衣机	无	89	50.86
	有	86	49.14
电冰箱	无	130	74.29
	有	45	25.71

月均电话费（元）	0-20	20	11.43
	20-40	62	35.43
	40-60	45	25.71
	70-100	27	15.43
	100 以上	21	12.00
供子女或弟妹读书费用（元，2008年）	0-200	75	42.86
	200-2000	23	13.14
	2000-8000	66	37.71
	8000 以上	31	17.71
医疗费用支出（元，2008年）	0-100	30	17.14
	100-800	62	35.43
	1000-3000	67	38.29
	3000 以上	16	9.14
月均生活用电电费（元）	5-20	39	22.29
	20-40	72	41.14
	40-80	44	25.14
	80 以上	20	11.43
住宅情况	旧砖瓦房	44	25.14
	砖混结构无装修房	44	25.14
	一般装修房	79	45.14
	精装房	8	4.57

数据来源：根据调查统计整理

（1）6.3%的农户家庭拥有家用乘用车辆（包括面包车），而长沙市2007年年末每百户家庭拥有家用汽车10.25辆，反映出部分农民的收入达到了较高水平，农村汽车消费市场已经启动，国家的汽车下乡政策作用开始凸显。

（2）将近一半的农户家庭有洗衣机（大部分是双桶半自动的），反映出农民开始对生活质量的追求,但与城市相比差距巨大。

(3) 25.71%的农户家庭有电冰箱,说明不少农户家庭已经不满足吃得饱,开始追求吃得好,也向我们提示:农村的生活与消费水平至少比城市落后20年,家电消费在我国农村还有巨大的市场。

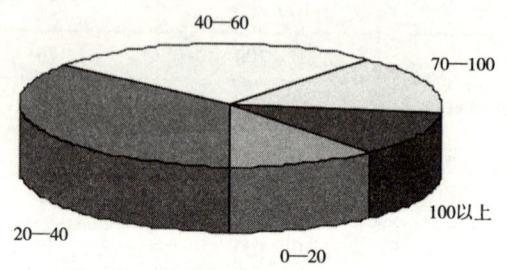

图 7.10 农户通信费用(元)支出结构图

(4) 通信费用

通信费用已经成为农户的一项重要的消费支出,99.5%的农户都有电话费用支出,月均电话费支出从5元到400元不等。

(5) 供子女或弟妹读书费用

随着经济社会的发展,农民越来越认识到智力投资的重要性,对教育越来越重视,孩子读书的费用成为家庭一项重要的消费支出。

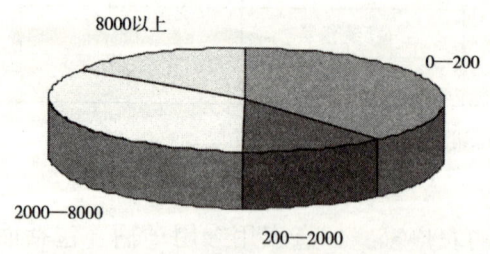

图 7.11 农户教育费用(元)支出结构图

(6) 医疗费用支出

读书与看病问题是社会的热点问题,健康状况对农户的农业生产以及家庭经济状况有着举足轻重的影响，农民因病致贫的问题也是一个常见的社会问题，本书对农户的医疗费用的调查旨在反映农户的疾病处理与应对的支出情况，以及其是否对农户的农村土地流转决策与农村土地流转有影响。

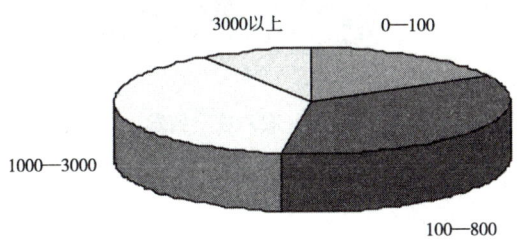

图7.12 农户医疗费用（元）支出结构图

（7）月均生活用电电费

月均生活用电电费是反映居民家庭消费水平的重要指标，从这个指标看，农村居民的生活质量与城市居民还有很大差别，同时农村居民之间的差别也非常大，月均电费最少的只有5元，最多的达到300元。

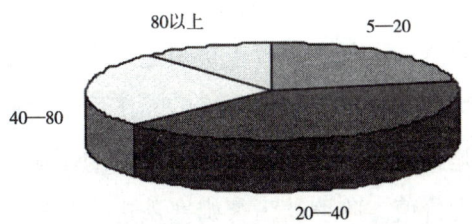

7.13 农户月均生活用电电费（元）支出结构图

（8）住宅情况

住宅情况可以反映农村居民的财富水平以及生活质量。从调查情况看，农户的住宅条件已经有了很大的改善，基本都已实现了安居，正在为乐业而奋斗。

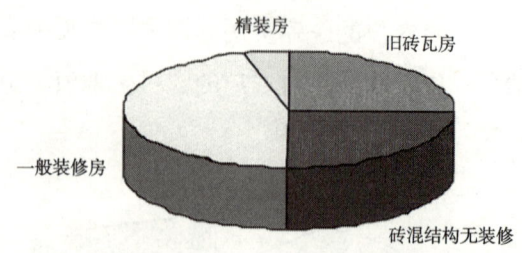

图 7.14 农户住宅情况

4.1.2 农业固定资产投资

农业固定资产投资可以反映农户在农业领域的投资水平，进而反映农户对农业生产的重视程度与职业精神。农业固定资产投资是一种专用性资产，专用性资产就是指具有特殊用途、具备资产专用性特征的资产。本杰明·克莱因、阿尔曼·阿尔钦、罗伯特·克劳福德等三人1978年10月在美国芝加哥大学法学院的《法律经济学杂志》上发表的题为《纵向一体化、可占用性租金与竞争性缔约过程》的一文中提出资产专用性这一概念。威廉姆森认为专用（物质）资本是指用于其他方面的价值比其原定的特殊用途小得多（的资产），资产专用性是指耐用人力资产或实物资产在何种程度上被锁定而投入特定的贸易关系，因而也就是在何种程度上他们在可供选择的经济活动中所具有的价值。实际上资产专用性是指该类资产只能适用于特定的用途，改作他用则价值低微甚至可能毫无价值。哈罗德·德姆塞茨进一步解释和完善了这个概念，他认为资产专用性是因资产被转作他用所带来的损失，或者说当资产不可能轻易地进出某一经济领域时，只要这些前提条件改变，利润和销售额就可能大幅度波动。因此农业专用性固定资产投资比较高的农户应该不会放弃土地，相反会有转入土地的动机。

第七章 农户土地流转意愿实证分析

表 7.26 样本农户的农业固定资产投资情况

	分类		户数	占比（%）
农业固定资产投资	农机具价值（元）（重置）	0-100	52	29.72
		100-800	64	36.57
		800-4000	38	21.71
		4000 以上	21	12.00
	农田基本建设投资（元）	0-100	55	31.42
		100-800	19	10.86
		800-2000	74	42.29
		2000 以上	27	15.43

数据来源：根据调查统计整理

说明：所有固定资产投资的价值均为重置成本价值，即新建同样的设施现在需花费的资金，不考虑折旧。

4.1.2.1 农机具价值（重置）

农户的农机具价值可以反映农户的农业固定投资水平以及农业的装备水平，也可以从一定程度反映现代农业的发展与建设水平，进而体现农户的专用性资产的投资水平，影响他们的农村土地流转决策。

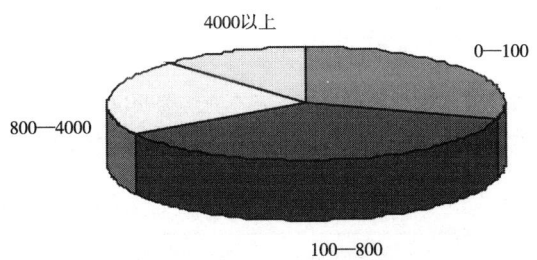

图 7.15 农户农机具价值（元）

4.1.2.2 农田基本建设投资

农田基本建设投资是确保农业生产效益和国家粮食安全的一个重要环节，也是发展现代农业的重要物质条件。湖南省是农业大省，水旱灾害频繁，农田水利基础设施脆弱。大力开展农田水利基本建设，对于提高湖南省防灾减灾能力和农业综合生产能力具有重要意义。从调查数据来看，样本点的农户农田基本建设投资非常薄弱，很多农户的农田在责任制后根本没有进行过投入（慈利县与平江县的情况就是如此），当然，农田基本建设投资的最大责任方在政府，贫困县的地方政府财政收入捉襟见肘，政府几乎对这一块没有什么投入，而财政收入较为充足的长沙县的情况相对要好得多。从农户角度来分析，农田基本建设投资可以体现农户的农业专用性资产的投资水平，从而我们可以考察其影响他们的农村土地流转决策的情况。

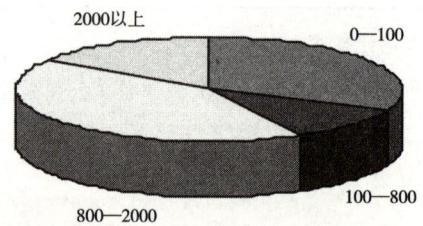

图 7.16 农户农田基本建设投资（元）

4.1.3 家庭收入及产业经营状况

样本农户的家庭收入及产业经营状况如表 7.27 所示。

表 7.27 样本农户的家庭收入及产业经营状况

			户数	占比（%）
家庭收入及产业经营状况	家庭收入结构	以种植业为主	92	52.57
		以养殖业为主	12	6.86
		兼业，分不出主次	30	17.14
		以务工收入为主	29	16.57
		经商或自办实业为主	12	6.86

家庭人均收入（元）	150-2000	50	28.57
	2000-3000	40	22.86
	3000-5000	51	29.14
	5000以上	34	19.43
养殖业固定资产投资（元）	0	68	38.86
	200-2000	50	28.56
	2000-10000	39	22.29
	10000以上	18	10.29
二、三产业固定资产投资（元）	0	146	83.43
	1000-5000	6	3.43
	5000-10000	6	3.43
	10000以上	17	9.71

数据来源：根据调查统计整理

说明：所有固定资产投资的价值均为重置成本价值，即新建同样的设施现在需花费的资金，不考虑折旧。

4.1.3.1 家庭收入结构

家庭收入结构的调查可以反映农户的家庭收入的来源结构状况，反映农户对土地的依赖情况，体现土地对农户的功能价值，和其对农户的农村土地流转决策的影响。从调查情况来看，超过半数的农户的收入来源还主要依靠土地的收入，有1/5强的农户基本不依赖土地收入，这些农户也就是最有可能转出土地的农户。

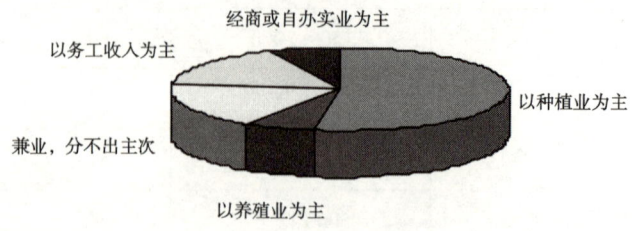

图 7.17　家庭收入结构图

4.3.1.2　家庭人均收入

农户家庭人均收入反映了一个地方经济发展的综合指标，也是当前有关部门衡量一个地区干部工作实绩的主要指标，应该是按农村人口平均计算的收入水平，是总收入扣除相应的各项生产性费用支出后，归农民所有的实际收入。农户家庭人均收入的统计是一项技术性非常强的工作，本次调查的数据是农户户主提供的去年总收入减去各项生产性费用的值，由于中国人有不敢露富的传统，所以统计数据可能不能真实地反映农村高收入阶层的收入水平；当然也可能存在一些收入比较低的农户因为面子问题而把收入报得较高，总体看来本次对农户家庭人均收入的调查不算很成功，很多调查表格因为这一项内容的问题而弃用（比如有一个农户据村干部估计人均年收入近 2 万元，而他自己提供的只有 1500 元），所以在后期的数据处理中，作者剔除了一部分数据，以尽可能的真实反映样本点的农户收入状况。从调查数据来看，基本上低收入、中低收入、中等收入、较高收入四个等级比较对称。当然在调查中我们也发现一些几乎零收入的家庭，比较典型的是老两口单独过，儿子另立门户，儿子除过年和生日给点钱孝敬父母外，每年给老人 800 斤稻谷。家庭的收入水平应该是农户农村土地流转决策的重要依据之一，从理论上说，低收入农户不会转出土地，只有高收入农户才会转出土地。

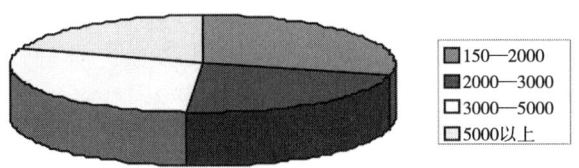

图 7.18　农户家庭人均收入

4.1.3.3　养殖业固定资产投资

近年来，湖南省为适应农业结构调整的需要，不断加大财政对养殖业的投入力度，从资金投向看，包括了对畜禽水产养殖、动物疫病防治、养殖业科研、技术推广、养殖生态和环境保护等方面的投资。如2003 年 10 月，湖南省政府出台《关于加快草食动物发展的意见》，对专业大户、龙头企业的补贴、中介组织分别进行补贴。2004 年 1 月，湖南省财政厅、省扶贫办、省畜牧水产局联合出台了《关于扶持贫困地区畜牧业发展的通知》，一是扶持基础设施建设；二是支持推广先进饲养技术；三是支持动物疫病防治和安全生产；四是给予信贷支持。但根据调查的情况看，样本点的农户受到上述支持的不多。从调查情况看，有将近半数的农户已经放弃了养殖业，养殖业这个属于中国农民的产业面临着农民被逐渐剥夺出这个产业的危险。当然从积极的一面来看，我们发现养殖业的集中度在不断地提高，尤其是生猪养殖逐渐向大户集中，生猪养殖出现了专业化的倾向，从农村土地流转的角度来分析这个现象，应该是养殖业固定投资越高，农户越有可能转出土地。

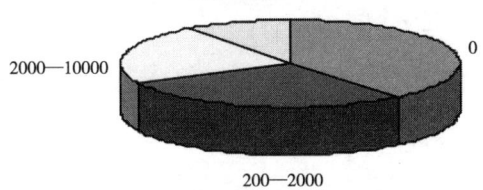

图 7.19　养殖业固定资产投资（元）

4.1.3.4 二、三产业固定资产投资

二、三产业固定资产投资可以反映农户在非农产业创业与就业的情况，投资水平越高，农户就越有可能脱离农业，进而放弃土地承包权，基于这个考虑，本次调查设立了这个项目，从调查的情况看，确实有一部分农户进入了工商领域，但数量不多。

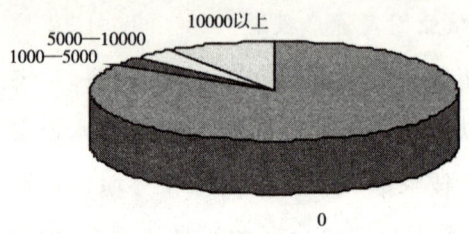

7.20 农户二、三产业固定资产投资（元）

4.2 是否愿意转入土地实证分析

本文从转入和转出两个角度来分析农户的农村土地流转意愿．在分析转入时，愿意转出土地的也当做不愿意转入土地来处理（赋值0）；同样在分析转出土地时，愿意转入土地也当做不愿意转出土地来处理（赋值0）。

4.2.1 "是否愿意转入土地"的计量分析模型

考虑到因变量"是否愿意转入"是一个二分的定性变量，即要么愿意转入土地要么不愿转入土地这两种可能，采用Probit模型分析。

$$P(Y=1 \mid X) = F(\beta_1 + \beta_i x_i)$$

式中 $P(Y=1 \mid X)$，表示解释变量为X时，愿意转入土地的概率，解释变量X的说明见表7.22。

表7.28 解释变量赋值

			赋值
消费情况	家用乘用车辆	无	0
		有	1
	洗衣机	无	0
		有	1
	电冰箱	无	0
		有	1
	月均电话费（元）	0-20	0
		20-40	1
		40-60	2
		70-100	3
		100以上	4
	供子女或弟妹读书费用（元，2008年）	0-200	0
		200-2000	1
		2000-8000	2
		8000以上	3
	医疗费用支出（元，2008年）	0-100	0
		100-800	1
		1000-3000	2
		3000以上	3
	月均生活用电电费（元）	5-20	0
		20-40	1
		40-80	2
		80以上	3
	住宅情况	旧砖瓦房	0
		砖混结构无装修房	1
		一般装修房	2
		精装房	3

农业固定资产投资	农机具价值（元，重置）	0-100	0
		100-800	1
		800-4000	2
		4000 以上	3
	农田基本建设投资（元）	0-100	0
		100-800	1
		800-2000	2
		2000 以上	3
家庭收入及产业经营状况	家庭收入结构	以种植业为主	0
		以养殖业为主	1
		兼业，分不出主次	2
		以务工收入为主	3
		经商或自办实业为主	4
	家庭人均收入（元）	150-2000	0
		2000-3000	1
		3000-5000	2
		5000 以上	3
	养殖业固定资产投资（元）	0	0
		200-2000	1
		2000-10000	2
		10000 以上	3
	二、三产业固定资产投资（元）	0	0
		1000-5000	1
		5000-10000	2
		10000 以上	3

数据来源：根据调查统计整理

4.2.2 研究假设

基于理性经济人的利己假定以及家庭经济状况对农村土地流转的影响的考虑，提出以下研究假设：

假设1：没有家用乘用车辆，农户倾向于转入土地；

假设2：没有洗衣机，农户倾向于转入土地；

假设3：没有电冰箱，农户倾向于转入土地；

假设4：月均电话费越低，农户越倾向于转入土地；

假设5：供子女或弟妹读书费用越低，农户越倾向于转入土地；

假设6：医疗费用支出越低，农户越倾向于转入土地；

假设7：月均生活用电电费越低，农户越倾向于转入土地；

假设8：住宅越低档，农户越倾向于转入土地；

假设9：农机具价值越高，农户越倾向于转入土地；

假设10：农田基本建设投资越高，农户越倾向于转入土地；

假设11：家庭收入结构倾向低级化（高级化指农户的收入主要部分由一二三产业向二三一产业、三二一产业转变，低级化则相反），农户越倾向于转入土地；

假设12：家庭人均收入越低，农户越倾向于转入土地；

假设13：养殖业固定资产投资越低，农户越倾向于转入土地；

假设14：二、三产业固定资产投资越低，农户越倾向于转入土地。

4.2.3 实证研究结果

运用eviews6.0处理上述数据，结果如表7.29所示。

表7.29 回归结果

Dependent Variable：TR
Method：ML-Binary Probit（Quadratic hill climbing）
Date：12/21/09 Time：14：31
Sample：1 175

Included observations: 175				
Convergence achieved after 5 iterations				
Covariance matrix computed using second derivatives				
Variable	Coefficient	Std. Error	z-Statistic	Prob.
C	-2.083456	0.422454	-4.931789	0.0000
CAR	0.122502	0.465900	0.262936	0.7926
CONBRIGE	-0.279883	0.367772	-0.761023	0.4466
ELECTRI	0.370843	0.167682	2.211578	0.0270
HOUSE	-0.378906	0.172017	-2.202727	0.0276
ILL	-0.000779	0.152666	-0.005106	0.9959
INCOME STRUCTURE	-0.256689	0.116362	-2.205954	0.0274
INV23	-0.171193	0.169572	-1.009555	0.3127
LAND INVEST	0.309223	0.139855	2.211027	0.0270
MACHINE	0.195569	0.158688	1.232414	0.2178
PER INCOME	0.267772	0.144853	1.848571	0.0645
STUDY	0.148293	0.108211	1.370409	0.1706
TELEPHONE	0.291448	0.131977	2.208328	0.0272
WASHING	0.841359	0.328892	2.558162	0.0105
AQUACULTURE	-0.446636	0.159502	-2.800184	0.0051
Mean dependent var	0.280000	S. D. dependent var		0.450287
S. E. of regression	0.372720	Akaike info criterion		0.959200
Sum squared resid	22.22717	Schwarz criterion		1.230467
Log likelihood	-68.92997	Hannan-Quinn critcr.		1.069233
Restr. log likelihood	-103.7668	Avg. log likelihood		-0.393886
LR statistic (14 df)	69.67373	McFadden R-squared		0.335723
Probability (LR stat)	2.21E-09			
Obs with Dep = 0	126	Total obs		175
Obs with Dep = 1	49			

4.2.4 回归结果的解释

从回归结果来看,模型拟合良好,LR 统计量高度显著,表明方程整体显著,总共 14 个回归系数在 5% 的置信水平上显著的有 7 个,分别是:"洗衣机"(1.05%)、"月均电话费"(2.72%)、"月均生活用电电费"(2.7%)、"住宅"(2.76%)、"家庭收入结构"(2.74%)、"农田基本建设投资"(2.7%)、"养殖业固定资产投资"(0.51%),其中"养殖业固定资产投资"在 1% 的置信水平上显著;在 10% 的置信水平上还加上"家庭人均收入"(6.45%),所以在 10% 置信水平上有 8 个解释变量具有统计学意义。与土地转入意愿正相关的是"洗衣机"、"月均生活用电电费"、"月均电话费"、"家庭人均收入"、"农田基本建设投资";与土地转入意愿负相关的是"住宅"、"家庭收入结构"、"养殖业固定资产投资"。

(1)"洗衣机"、"月均生活用电电费"、"月均电话费"这三个表示家庭消费水平的变量对农村土地流转意愿具有正向解释意义,与我们的假设恰恰相反,说明不是越穷的农户才愿意转入土地,反而是具有一定的消费能力的农户转入土地的意愿较为强烈,这是我们非常希望看到的一个结果。土地规模经营需要经营者具备一定的经济能力,能够支付土地流出方的费用,能够有足够的资金添置必要的机械设备、雇佣劳动力、购买农药化肥种子等。从某种意义上讲土地规模经营具有一定的资本壁垒,由于这个原因,"人均收入"这个解释变量也与土地转入意愿正相关。收入比较低的农户,由于资金缺乏,他们扩大土地规模的冲动被抑制了。当然,我们也可以从"企业家才能"这个角度来解释这个问题。企业家才能是指企业家拥有的承担风险、不断创新、敢于抉择、审时度势和管理组织方面的能力,这种能力体现在生产力要素的组织、开发、协调和管理能力。经济学家熊彼特(J. A. Schum Peter)在《经济发展理论》一书中,首次把企业家才能作为经济增长与发展的原动力。研究企业家才能和经济增长关系的鲍莫尔（W. Baumol）教授强调，企业家才能在任何社会都存在，一个经济体能否取得很好的增长，关键在于企业家才能是配置到生产性活动上面，还是配置到寻租等非生产性活动上面。土地规模经营需要经营者具备一定的企业家才能，而企业家才能作为一种稀缺品在农村尤其珍贵，具备这种能力的人才一般都会获取比一般农户更高的要素报酬，因而具有相对较高的生活品质，可能这种人由于缺乏其他社会资源的支持没有能够在其他领域创业成功，而有成为新时期"地主"的动力。

（2）"农田基本建设投资"这个表征土地经营专用性资产投资水平的解释变量纳入了模型正好印证了我们的假设。肖文韬（2004）认为农村土地的资产专用性特征也是农地流转的制约主因之一。他解释说："基于专业化目的的农地流转可能为转入方提供获利空间，也可使潜在需求方增加，但因专业化而伴随着农地资产在专用性程度上的变化将限制农地的流转。"[148]他对农村土地的资产专用性的关注值得称赞，但他认为"农地资产在专用性程度上的变化将限制农地的流转"是一种想当然的思维，只是"单方向"地理解农村土地流转，认为农户只有转出土地的可能而忽视了农户也有转入土地的可能。正是由于"土地经营专用性资产投资水平"的提高限制了土地转出的动机，从而鼓励他们产生了转入土地的动力。

（3）与土地转入意愿负相关的是"住宅"、"家庭收入结构"、"养殖业固定资产投资"。住宅越高档的农户转入土地的意愿越低，也很好理解，一座高档住宅投资数十万甚至上百万元，这种人一般是农村中的精英人才或具有特别的社会资源支持，他们基本脱离了农业生产，对土地经营的兴趣不高。"家庭收入结构"对土地转入意愿的影响也与"住宅"类似，随着家庭经营结构的高级化，农户逐渐变为了产业工人或"老板"，只是由于中国的户籍管理制度，他们还顶着一顶代表农民身份的帽子。"养殖业固定资产投资"与土地转入意愿负相关也很好理解。目前，我国畜牧业正处在从传统畜牧业向现代畜牧业加速转型的关键时期，养殖业的集中度不断提升，农村中的不少养猪能手在中央和地方政府政策的鼓励下，纷纷增加养殖业投资，兴建猪舍、购买饲料加工机械、购买良种种猪，扩大养殖规模，从而使一部分养猪能手变为专业的养殖户，由于养殖技术尤其是养猪技术非常复杂，疫病防控形势异常严峻，产品市场波动剧烈，整体生产科技水平落后，支持体系薄弱，这些矛盾和问题使得这些养殖户只能专心从事养殖业，用它们的话说就是"一个猪娃两担谷，一只猪婆十亩田"，他们整天围着猪栏转，根本无心伺候庄稼。

4.3 是否愿意转出土地实证分析

4.3.1 "是否愿意转出土地"的计量分析模型

考虑到因变量"是否愿意转出"是一个二分的定性变量，即要么愿意转出土地要么不愿转出土地这两种可能，采用 Probit 模型分析。

$$P(Y=1|X) = F(\beta_1 + \beta_i x_i)$$

式中 $P(Y=1|X)$，表示解释变量为 X 时，愿意转出土地的概率，解释变量 X 的说明见表 7.22。

4.3.2 研究假设

假设 1：有家用乘用车辆，农户倾向于转出土地；

假设 2：有洗衣机，农户倾向于转出土地；

假设 3：有电冰箱，农户倾向于转出土地；

假设 4：月均电话费越高，农户越倾向于转出土地；

假设 5：供子女或弟妹读书费用越低，农户越倾向于转出土地；

假设 6：医疗费用支出越低，农户越向于转出土地；

假设 7：月均生活用电电费越低，农户越倾向于转出土地；

假设 8：住宅越低档，农户越倾向于转出土地；

假设 9：农机具价值越低，农户越倾向于转出土地；

假设10：农田基本建设投资越低，农户越倾向于转出土地；

假设11：家庭收结构倾向高级化（指农户的收入主要部分由一二三产业向二三一产业、三二一产业转变），农户倾向于转出土地；

假设12：家庭人均收出越低，农户越倾向于转出土地；

假设13：养殖业固定资产投资越低，农户倾向于转出土地；

假设14：二、三产业固定资产投资越低，农户越倾向于转出土地。

4.3.3 回归结果

运用eviews6.0处理上述数据，结果如表7.30所示。

表7.30 回归结果

Dependent Variable：TR			
Method：ML-Binary Probit（Quadratic hill climbing）			
Date：12/21/09 Time：14：24			
Sample：1 175			
Included observations：175			
Convergence achieved after 5 iterations			
Covariance matrix computed using second derivatives			
C	-0.700546	0.382859	-1.829776	0.0673
CAR	-0.149518	0.545605	-0.274040	0.7841
CONBRIGE	0.927947	0.399309	2.323879	0.0201
ELECTRI	-0.225192	0.188758	-1.193018	0.2329
HOUSE	-0.471736	0.202313	-2.331710	0.0197
ILL	0.409766	0.185582	2.208009	0.0272
INCOME STRUCTURE	0.225636	0.116588	1.935333	0.0529
INV23	0.608725	0.184249	3.303815	0.0010
LAND INVEST	-0.049201	0.148426	-0.331487	0.7403
MACHINE	-0.710221	0.219683	-3.232929	0.0012
PER INCOME	0.119488	0.167489	0.713408	0.4756

STUDY	-0.028060	0.135465	-0.207135	0.8359
TELEPHONE	-0.116625	0.157140	-0.742170	0.4580
WASHING	-0.006862	0.349162	-0.019654	0.9843
AQUACULTURE	0.138890	0.172430	0.805484	0.4205
Mean dependent var	0.417143	S. D. dependent var		0.413484
S. E. of regression	0.328160	Akaike info criterion		0.829314
Sum squared resid	17.23024	Schwarz criterion		1.100582
Log likelihood	-57.56500	Hannan-Quinn criter.		0.939348
Restr. log likelihood	-91.57188	Avg. log likelihood		-0.328943
LR statistic (14 df)	68.01377	McFadden R - squared		0.371368
Probability (LR stat)	4.41E-09			
Obs with Dep = 0	137	Total obs		175

4.3.4 回归结果

从回归结果来看，模型拟合良好，LR 统计量高度显著，表明方程整体显著，总共14个回归系数在5%的置信水平上显著的有5个，分别是："电冰箱"（2.01%）、"医疗费用支出"（1.97%）、"二、三产业固定资产投资"（1%）、"住宅"（1.97%）、"农机具价值"（1.2%），其中"二、三产业固定资产投资"在1%的置信水平上显著；在10%的置信水平上还加上"家庭收入结构"（5.29%），所以在10%置信水平上有6个解释变量具有统计学意义。与土地转出意愿正相关的是"电冰箱"、"医疗费用支出"、"家庭人均收入"；与土地转入意愿负相关的是"住宅"、"农机具价值"。与转入模型相比，有"电冰箱"（2.01%）、"医疗费用支出"（1.97%）、"二、三产业固定资产投资"（1%）、"农机具价值"（1.2%）四个新的变量纳入了模型，而"家庭收入结构"（5.29%）、"住宅"（1.97%）继续保持着解释意义。

(1) 与土地转出意愿正相关的是"电冰箱"、"医疗费用支出"、

"家庭人均收入",其中"家庭收入结构"(5.29%)在转入模型中是具有负向的解释意义的,所以在转出模型中的正向解释意义很好理解,即向二三产业转型的农户希望转出土地的概率较大而希望转入土地的概率较小。家里有"电冰箱"的农户希望转出土地的概率较大,从调查来看,电冰箱(25.71%)在农村家庭的普及率远低于洗衣机(50.86%),可以说洗衣机是农村中等收入水平的标志,而电冰箱是农村高等收入水平的标志,农村中等收入水平的农户一般都是打理农活的好把式,故他们希望转入土地,农村高等收入水平的农户一般属于农村的精英阶层,他们或者具有较高的素质能够在二三产业获得成功,或者具有良好的社会资源的支持能够参与更高层次的利益分配,因而希望把土地交给别人耕种。陈文成(2009)的研究结果也佐证了这个结论,他的研究认为,"家庭主要收入来源与农村土地流转的意愿有显著的相关性:家庭主要收入来源以非农业为主的农户,其愿意转出土地的可能性是家庭主要收入来源以农业为主的4.498倍,家庭收入以非农业为主的农户,愿意转入土地的可能性是家庭主要收入来源以农业为主的农户的0.352倍,可见,越是以非农业为主要收入来源的越倾向于转出土地。"[149]

"医疗费用支出"进入了解释模型是作者事前没有预料到的,可能是与第二节中的"农村土地流转意愿与户主的属性及家庭规模的关系"计量模型中的健康程度与"是否愿意转出土地"时健康程度系数为负并且高度显著结果相吻合,尽管随着经济的发展,农业的装备水平越来越高,农业机械以及化学除草剂的广泛使用有效地降低了农业劳动的强度,但农业生产还是一个体力活,也就是说主要劳动力的身体状况越好,转出土地的概率越低,这是很正常的结果。反过来,主要劳动力身体健康程度不佳的农户转出土地的概率较大,也就是说由于主要劳动力的身体健康程度不佳从而导致医疗费用支出较高,而医疗费用支出较高的农户具有转出土地的倾向。

(2) 与土地转入意愿负相关的是"住宅"、"农机具价值"。我们看到"住宅"在解释土地转入意愿时也是负相关的,也就是说住宅档次较高的农户具有农村土地流转的惰性,他们既不希望转入土地也不希望转出土地,这个结论令人深思,他们转入土地的动机较弱很好理解,但他们为什么不愿意转出土地的承包经营权呢?仔细考虑,可能与我们中国农村传统的"建房文化"有关,在农民消费的传统习惯中,在温饱问题解决以后,建房消费首当其冲。不仅谈婚论嫁的首选条件是要有一定的住房条件,而且住房的有无与优劣是评价农民家庭在社会上的地位的重要因素。这些年,农村建房不仅在面积上有突破,其豪华程度也令人叹为观止;有的农民房屋刚修好几年,看别人建了亮堂的房子,就觉得自己的房子落后了,于是,废弃旧居,重建新房。这样追求更好生活方式等积极因素推动农村建房热的同时,互相攀比、盲目跟风、光宗耀祖的传统观念也在一定程度上诱导着农民的建房行为。或许具有这种传统观念的人一般缺少对新事物的认同感,对农村土地流转也表现出冷漠;或许很多人倾尽毕生积蓄为建房,房子建好了口袋空了,没有了投资能力;或许有的人已经实现了其"荣华富贵"的梦想,反而过上了"采菊东篱下,悠然见南山"的田园生活,侍弄两三亩薄田,栽花种草,弄鸟观鱼,土地对它们具有一种休闲的价值。

"农机具价值"在研究土地转入意愿时统计量不显著没有进入模型,也就是农机具投资价值高并没有表现出较强的土地流入意愿,但在研究土地流出意愿时"农机具价值"表现出与土地流出意愿负相关,农机具投资在这里体现出来一种沉没成本的性质,沉没成本是指由于过去的决策已经发生了的,而不能由现在或将来的任何决策改变的成本。人们在决定是否去做一件事情的时候,不仅是看这件事对自己有没有好处,而且也看过去是不是已经在这件事情上有过投入。由于在农业生产上的农机具的投入较大,据笔者调查,在实行家庭联产承包责任制之后,很多农户出于万事不求人的心态添置了各种农业机械,如一个农户家里只有3.5亩田，却买了两台柴油机（一台打稻，一台耕地）、一台耕种机、一台抽水机，以前还买过两台电动机（实行农网改造后，村电工不允许使用了），总价值近6000元，他说，如果不种地这些东西都成为废铁一坨，因为大家都有，没人愿意购买，即使有人买，出的价格也是收废铁的价格。

4.4 结 论

土地转入意愿实证模型表明：与土地转入意愿正相关的是"洗衣机"、"月均生活用电电费"、"月均电话费"、"家庭人均收入"、"农田基本建设投资"；与土地转入意愿负相关的是"住宅"、"家庭收入结构"、"养殖业固定资产投资"。土地转出意愿实证模型表明：与土地转出意愿正相关的是"电冰箱"、"医疗费用支出"、"家庭人均收入"；与土地转入意愿负相关的是"住宅"、"农机具价值"。与转入模型相比，有"电冰箱"、"医疗费用支出"、"二、三产业固定资产投资"、"农机具价值"四个新的变量纳入了模型，而"家庭收入结构"、"住宅"继续保持着解释意义。总体看来农户的家庭消费、农业固定资产投资、家庭收入及产业经营状况等三个方面的情况与农户的农村土地流转意愿紧密关联，实证研究中挖掘了很多令人深思的信息，揭示了农户农村土地流转意愿的复杂的动力机制与约束条件。

5. 农村土地流转意愿与政策环境的关系

1998年修订的《土地管理法》和2003年3月1日正式实施的《农村土地承包法》都强调了农村土地承包关系的稳定，并对土地调整做了严格的限定。农户的农村土地流转行为是否与中央和地方政府的农业及其他政策存在关联，这个问题吸引了很多学者的注意，许多学者从农村社会保障制度、农村土地制度、土地的功能的角度对农村土地流转进行研究。如何国俊、徐冲（2009）在《城郊农户农村土地流转意愿分析——基于北京郊区6村的实证研究》一文中利用京郊六个村的调查数据，使用 logtic 模型实证分析指出，由于社会保障缺失、城市劳动力市场不能提供较好的工作待遇等因素的存在、法律对土地转让权的界定不清晰与不完整等社会保障政策、土地政策的缺失使农户往往不能彻底离开土地，通常只能"年轻时外出打工，年老时回乡务农"，作者进一步指出部分地区建立了社会保障体系，能够显著提高农户农村土地流转意愿。[150]叶剑平（2005）指出土地的保障职能在两方面影响流转市场的发育。一是在流转土地的供给方面，土地作为农民的基本保障，农民不会轻易放弃土地经营，除非有足够高的流转收益可以弥补这种保障，这大大提高了土地转让的门槛。二是容易造成流转行为的短期性，大量非正式流转，不利于有序流转市场的培育。[151]姚洋（2000）认为不完整的转让权会降低农户对土地的投资，影响农地的流转效率。[152]田传浩等（2004）通过对苏、浙、鲁地区的调查进行实证分析，指出：农户对地权稳定性的预期显著地影响其租入农地行为，农户对地权稳定性的预期越高，租入农地的可能性越大，租入农地的面积也越大。[153] Brandt et al（2002，2002）[154,155]、Lohmar（2000）[156]、Lohmar（2001）[157]等人的实证研究发现：农村定期、不定期的土地调整与农地流转市场规模呈明显的反向关系。本文拟对政府的农业、土地政策以及土地功能对农户的农村土地流转决策的影响，从土地转入与土地转出两个方面进行实证研究。

5.1 样本点的农户对政策以及土地功能认识的基本情况

5.1.1 土地产权变化情况

5.1.1.1 土地调整情况

为了解样本点的土地调整情况，本调查对样本农户近5年有没有进行过土地调整进行入户问卷调查，结果如表7.31所示。

表7.31　土地调整情况

调查项目	供选答案	户数	占比%
近5年有没有进行过土地调整	有	17	9.71
	没有	158	90.29

数据来源：根据调查统计整理

从上表可以看出，绝大部分地方的土地基本固化，有过调整的比率不到10%，反映湖南农村土地承包经营权比较稳定，流转比率较低。

5.1.1.2　土地征用情况

从表7.32的情况看出，有6.29%的农户家庭发生过土地征用行为，主要集中在长沙县的北山镇。

表7.32　土地征用情况

调查项目	供选答案	户数	占比%
政府是否进行过土地征用	没有	164	93.71
	有	11	6.29

数据来源：根据调查统计整理

5.1.2　土地产权的确认情况

5.1.2.1　户主对土地承包法的了解情况

调查结果反映大部分农户对《土地承包法》有一定的了解，也还有小部分农户不知道有《土地承包法》。

表7.33　户主对土地承包法的了解情况

调查项目	供选答案	户数	占比%
是否听说或了解《土地承包法》	不知道	20	11.43
	听说过	95	54.28
	有一定了解	60	34.29

数据来源：根据调查统计整理

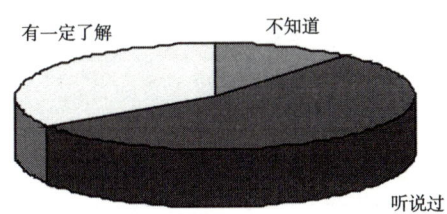

图 7.21　户主对土地承包法的了解情况

5.1.2.2　土地承包经营权证书的发放情况

土地承包经营权证书是农户取得土地承包经营权的法律凭证,是农户保护自己土地承包经营权的依据,也是土地依法有序流转的重要条件之一,从调查情况来看,还有部分农户没有取得土地承包经营权证书(10.86%)。

表 7.34　土地承包经营权证书发放情况的调查结果

调查项目	供选答案	户数	占比%
土地承包经营权证书	没有	19	10.86
	有	156	89.14

数据来源：根据调查统计整理

5.1.2.3　土地产权清晰程度

为了了解农村土地产权(主要指承包经营权以及由此派生的收益权)的明晰程度,本书对农户在生产过程中的土地产权纠纷问题进行问卷调查,出乎意料的是,农户此项调查的结果反映农村土地产权确认比较清晰,存在较多纠纷的只有1.71%。

表 7.35 土地产权清晰程度

调查项目	供选答案	户数	占比%
土地产权权属清晰程度	产权权属不清	3	1.71
	产权权属比较清晰	62	35.43
	产权权属清晰	110	62.86

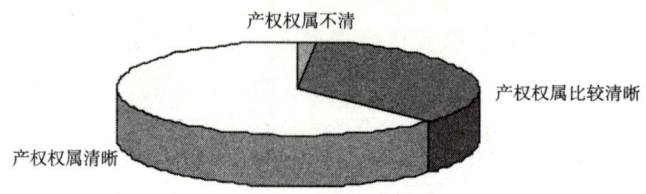

图 7.22 土地产权权属清晰程度

5.1.3 农户对粮食价格的满意程度

近年来,国家连续提高了粮食收购价格,从调查情况看,农户对现在粮食市场价格还是比较满意的,但各相关部门应继续处理好粮食安全和农民增收的关系,应坚决执行粮食最低收购保护价政策,保护农民种粮的积极性。

表 7.36 农户对粮食价格的满意程度

调查项目	供选答案	户数	占比%
对当前的粮食价格是否满意	不满意	24	13.71
	基本满意	100	57.14
	满意	51	29.15

数据来源:根据调查统计整理

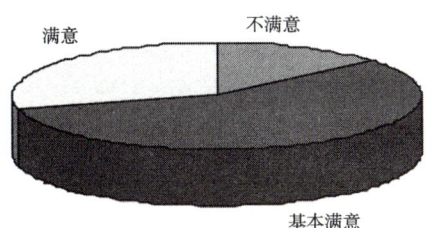

图7.23 农户对粮食价格的满意程度

5.1.4 农户对中央农村政策的了解程度

为了反映出农户对中央农村政策的了解程度,本研究设计了农户对最近几年中央"1号"文件精神的了解情况的调查,从调查结果看大部分农户都对最近几年中央"1号"文件精神有一定程度的了解(主要通过电视),也还有10.86%的农户不知道最近几年中央"1号"文件的内容。

表7.37 农户对中央农村政策的了解程度

调查项目	供选答案	户数	占比%
最近几年中央"1号"文件的基本内容	不知道	19	10.86
	听说过	91	52.00
	有一定了解	65	37.14

数据来源:根据调查统计整理

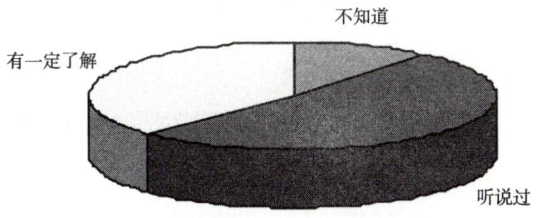

图7.24 农户对中央农村政策的了解程度

5.1.5 农户对政府在农村土地流转中的作用的看法

为了了解农户对政府在农村土地流转中的作用的看法，本研究对政府在农村土地流转中的作用分三个层次进行问卷调查，结果如表7.38所示。

表7.38 农户对政府在农村土地流转中的作用的看法

调查项目	供选答案	户数	占比%
政府在农村土地流转中的作用	政府主导农村土地流转	3	1.71
	政府适当地引导农村土地流转	65	37.14
	政府不加干预，自愿流转	107	61.14

数据来源：根据调查统计整理

从调查结果来看，农户大部分并不希望政府在农村土地流转中起主导作用，认为应该尊重农民的意愿，让土地自行流转，当然也有部分农户认为政府在农村土地流转中应该起适当的引导作用。

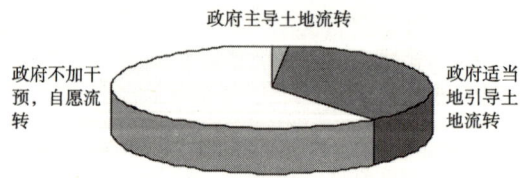

7.25 农户对政府在农村土地流转中的作用的看法

5.1.6 农村土地流转的补偿形式

关于农村土地流转的补偿形式，大部分农户倾向于采取现金而不是粮食等实物，这可能与农户的流动性偏好有关系，同时采取现金有利于节约交易成本，免去粮食等实物的质量等级的认定等繁琐手续。

表7.39 农村土地流转的补偿形式

调查项目	供选答案	户数	占比%
农村土地流转的补偿形式	现金	128	73.14
	粮食等实物	47	26.86

数据来源：根据调查统计整理

5.1.7 农村土地流转的补偿标准的满意度

农村土地流转的补偿标准是农户转出与转入土地的重要考虑因素，从调查数据来看，农户对农村土地流转的补偿标准的满意度比较高，说明农村土地流转的补偿已经不是抑制农村土地流转的瓶颈因素。

表7.40 农户农村土地流转的补偿标准的满意度

调查项目	供选答案	户数	占比%
农村土地流转的补偿标准	满意	64	36.57
	基本满意	94	53.71
	不满意	17	9.71

数据来源：根据调查统计整理

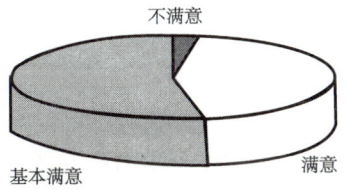

图6 农村土地流转的补偿标准的满意度

5.1.8 农户对土地功能的认识

土地作为最重要的生产要素是一种不可再生的经济资源，是珍稀的经济物品，依靠市场机制对土地资源进行配置是现代市场经济的要求，但我国现在的农村土地承担了太多的功能，从而影响了农户的农村土地流转决策。从调查结果来看,有一半左右的农户认为土地只能解决温饱问题,只具有基础的社会保障功能。

表 7.41 农户对土地功能的认识

调查项目	供选答案	户数	占比%
土地的功能	经济收益较低,仅能保证温饱问题	94	53.71
	能取得一定的经济收益,满足一般的生活需要	55	31.43
	能取得较好的经济收益,满足致富需要	26	14.86

数据来源:根据调查统计整理

5.2 是否愿意转入土地实证分析

本书从转入和转出两个角度来分析农户的农村土地流转意愿,在分析转入土地时,愿意转出土地的也当做不愿意转入土地来处理(赋值0);同样在分析转出土地时,愿意转入土地也当做不愿意转出土地来处理(赋值0)。

5.2.1 "是否愿意转入土地"的计量分析模型

考虑到因变量"是否愿意转入"是一个二分的定性变量,即要么愿意转入土地要么不愿转入土地这两种可能,采用 Probit 模型分析。

$$P(Y=1 \mid X) = F(\beta_1 + \beta_i x_i)$$

式中 $P(Y=1 \mid X)$,表示解释变量为 X 时,愿意转入土地的概率,解释变量 X 的说明见表 7.22。

表7.42 解释变量赋值

项目	具体情况	赋值
近5年的土地调整	没有	0
	有	1
政府是否进行过土地征用	没有	0
	有	1
是否听说或了解《农村土地承包法》	不知道	0
	听说过	1
	有一定了解	2
土地承包经营权证书	没有	0
	有	1
土地产权权属清晰程度	产权权属不清	0
	产权权属比较清晰	1
	产权权属清晰	2
对当前的粮食价格是否满意	不满意	0
	基本满意	1
	满意	2
最近几年中央"1号"文件的基本内容	不知道	0
	听说过	1
	有一定了解	2
土地流转中政府的作用	政府主导	2
	政府加以适当的引导	1
	自愿流转	0
农村土地流转的补偿形式	现金	1
	粮食等实物	0
农村土地流转的补偿标准	满意	2
	基本满意	1
	不满意	0

土地的功能	经济收益较低,仅能保证温饱问题	0
	能取得一定的经济收益,满足一般的生活需要	1
	能取得较好的经济收益,满足致富需要	2

数据来源:根据调查统计整理

5.2.2 研究假设

基于理性经济人的利己假定以及家庭经济状况对农村土地流转的影响的考虑,提出以下研究假设:

假设1:近5年进行过土地调整,农户倾向于转入土地;

假设2:政府进行过土地征用,农户倾向于转入土地;

假设3:听说或了解土地承包法,农户倾向于转入土地;

假设4:土地产权权属越清晰,农户越倾向于转入土地;

假设5:对当前的粮食价格满意程度越高,农户越倾向于转入土地;

假设6:对最近几年中央"1号"文件的基本内容了解越多,农户越倾向于转入土地;

假设7:认为农村土地流转中政府的作用越强,农户越倾向于转入土地;

假设8:农村土地流转的补偿采取现金形式,农户倾向于转入土地;

假设9:农村土地流转的补偿标准满意度越高,农户越倾向于转入土地;

假设10:认为土地的经济功能越强,农户越倾向于转入土地。

5.2.3 实证研究结果

运用eviews6.0处理上述数据,结果如表7.43所示。

表7.43 回归结果

Dependent Variable: TR				
Method: ML-Binary Probit (Quadratic hill climbing)				
Date: 12/21/09 Time: 20:01				
Sample: 1175				
Included observations: 175				
Convergence achieved after 21 iterations				
Covariance matrix computed using second derivatives				
Variable	Coefficient	Std. Error	z-Statistic	Prob.
C	-1.664776	0.645602	-2.578640	0.0099
TR5	-7.210740	709424.2	-1.02E-05	1.0000
BOOK	0.868983	0.496269	1.751034	0.0799
BUY	-7.640000	837869.2	-9.12E-06	1.0000
FORM	0.936801	0.347799	2.693512	0.0071
FUNCTION	0.286948	0.189749	1.512253	0.1305
LAW	0.139566	0.284576	0.490433	0.6238
PAY	-0.084828	0.243640	-0.348171	0.7277
POLICY	-0.214266	0.294046	-0.728684	0.4662
PROPERTY	-0.324616	0.233400	-1.390817	0.1643
THINK	0.280109	0.238086	1.176503	0.2394
PRICE	0.035157	0.242325	0.145080	0.8846
Mean dependent var	0.280000	S.D. dependent var		0.450287
S.E. of regression	0.423839	Akaike info criterion		1.094890
Sum squared resid	29.28128	Schwarz criterion		1.311904
Log likelihood	-83.80285	Hannan-Quinn criter.		1.182917
Restr. log likelihood	-103.7668	Avg. log likelihood		-0.478873
LR statistic (11 df)	39.92795	McFadden R-squared		0.192393
Probability (LR stat)	3.68E-05			
Obs with Dep = 0	126	Total obs		175
Obs with Dep = 1	49			

5.2.4 回归结果的解释

从回归结果来看，模型拟合良好，LR 统计量高度显著，表明方程整体显著，总共 14 个回归系数在 5% 的置信水平上显著有 1 个，"农村土地流转的补偿形式"；在 10% 的置信水平上还加上 "土地承包经营权证书"（7.99%），所以在 10% 置信水平上有 2 个解释变量具有统计学意义。这 2 个解释变量 "农村土地流转的补偿形式"、"土地承包经营权证书"，均与土地转入意愿正相关。

（1） "土地承包经营权证书" 的发放与土地转入意愿正相关，与假设完全吻合，表明土地承包经营权证书对鼓励农民从事土地经营具有积极效用，农村土地承包经营权证书是国家依法确认承包方享有土地权益的重要法律依据。发放土地承包经营权证书是《农村土地承包法》明确的规定，是稳定完善农村土地承包关系的最基础的工作。《农村土地承包法》第 21 条规定："发包方应与承包方签订书面承包合同"；第 22 条规定："承包方自承包合同生效时取得土地承包经营权"；第 23 条规定："县级以上地方人民政府应当向承包方颁发土地承包经营权证或者林权证等证书，并登记造册，确认土地承包经营权。"由此可见土地承包经营权证书能够保证土地承包方的地权稳定性，而地权的稳定性越高，农户转入土地意愿越高。

（2） "农村土地流转的补偿形式"与土地转入意愿正相关，与研究假设完全吻合，表明采用现金支付农村土地流转的补偿金有利于提高农户转入土地的积极性。对于土地转入方来说采取现金有利于节约交易成本，免去粮食等实物的质量等级的认定以及价格确认等繁琐手续。

5.3 是否愿意转出土地实证分析

5.3.1 "是否愿意转出土地"的计量分析模型

考虑到因变量"是否愿意转出"是一个二分的定性变量，即要么愿意转出土地要么不愿转出土地这两种可能，采用 Probit 模型分析。

$$P(Y=1 \mid X) = F(\beta_1 + \beta_i x_i)$$

式中 $P(Y=1 \mid X)$，表示解释变量为 X 时，愿意转出土地的概率，解释变量 X 的说明见表 7.22。

5.3.2 研究假设

假设 1：近 5 年进行过土地调整，农户倾向于转出土地；

假设 2：政府进行过土地征用，农户倾向于转出土地；

假设 3：听说或了解土地承包法，农户倾向于转出土地；

假设 4：土地产权权属越清晰，农户倾向于转出土地；

假设 5：对当前的粮食价格满意程度越低，农户越倾向于转出土地；

假设 6：对最近几年中央"1 号"文件的基本内容了解越多，农户越倾向于转出土地；

假设 7：认为农村土地流转中政府的作用越强，农户越倾向于转出土地；

假设 8：农村土地流转的补偿采取现金形式，农户倾向于转出土地；

假设 9：农村土地流转的补偿标准满意度越高，农户越倾向于转出土地；

假设 10：认为土地的经济功能越弱，农户越倾向于转出土地。

5.3.3 回归结果

运用 eviews6.0 处理上述数据，结果如表 7.44 所示。

表 7.44 回归结果

Dependent Variable：TR
Method：ML-Binary Probit（Quadratic hill climbing）
Date：12/21/09 Time：20：01
Sample：1175

Included observations: 175				
Convergence achieved after 21 iterations				
Covariance matrix computed using second derivatives				
Variable	Coefficient	Std. Error	z-Statistic	Prob.
C	-1.233288	0.6524974	-1.890106	0.0587
TR5	1.815972	0.482278	3.765409	0.0002
BOOK	0.125452	0.544284	0.230490	0.8177
BUY	0.302593	0.469014	0.645168	0.5188
FORM	0.865237	0.379855	2.277808	0.0227
FUNCTION	-0.195911	0.205074	-0.955317	0.0394
LAW	-0.480701	0.285799	-1.681954	0.2926
PAY	0.180386	0.277423	0.650218	0.5156
POLICY	0.676391	0.293751	2.302598	0.0213
PROPERTY	-0.183691	0.258138	-0.711601	0.4767
THINK	-0.168931	0.259889	-0.650011	0.5157
PRICE	-0.584833	0.280305	-2.086415	0.0369
Mean dependent var	0.217143	S. D. dependent var		0.413484
S. E. of regression	0.362812	Akaike info criterion		0.925909
Sum squared resid	21.45614	Schwarz criterion		1.142923
Log likelihood	-69.01705	Hannan-Quinn criter.		1.013936
Restr. log likelihood	-91.57188	Avg. log likelihood		-0.394383
LR statistic (11 df)	45.10967	McFadden R-squared		0.246307
Probability (LR stat)	4.64E-06			
Obs with Dep=0	137	Total obs		175
Obs with Dep=1	38			

5.3.4 回归结果的解释

从回归结果来看，模型拟合良好，LR 统计量高度显著，表明方程整体显著，总共 14 个回归系数在 5% 的置信水平上显著有 5 个："近 5 年进行过土地调整"（0.02%）、"农村土地流转的补偿形式"（2.27%）、"对最近几年中央'1 号'文件内容的了解程度"（2.13%）、"对当前的粮食价格满意程度"（3.69%）、"对土地的经济功能的判断"（3.94%）。

与土地转出意愿正相关的是"近 5 年进行过土地调整"（0.02%）、"农村土地流转的补偿形式"（2.27%）、"对最近几年中央'1 号'文件内容的了解程度"（2.13%）；与土地转入意愿负相关的是"对土地的经济功能的判断"（3.94%）、"对当前的粮食价格满意程度"（3.69%）。与转入模型相比，有"近 5 年进行过土地调整"（0.02%）、"对最近几年中央'1 号'文件内容的了解程度"、"对土地的经济功能的判断"、"对当前的粮食价格满意程度"（3.69%）四个新的变量纳入了模型，而"农村土地流转的补偿形式"（2.27%）继续保持着解释意义。

（1）"农村土地流转的补偿形式"与土地转出意愿正相关，表明采取现金支付土地租金不但为转入方所接受也为转出方乐意接受，同时也说明在农村土地流转市场的运转中采取交易成本最低的方式是市场的选择。

（2）"近 5 年进行过土地调整"（0.02%）与土地转出意愿正相关，这个结论与姚洋（2002）对中国农地制度的经验研究的结果相符合，他认为，第一，土地供给不足是农村土地流转市场发育的瓶颈，土地调整还促进了农村土地流转市场的发育；第二，土地调整有利于农村劳动力的流动，因此在有土地调整的村庄，劳动力外出打工的可能性更大。由于这些外出打工的劳动力更倾向于将土地转出，从而增加了农村土地流转市场中的土地供给。钱忠好（2002）的观点却与本书的实证结果恰好相反，他认为土地调整会抑制农村土地流转市场的发育，第一，土地调整与农村土地流转市场在提高资源配置效率方面具有替代作用，因此土地调整次数的增加意味着农村土地流转市场的萎缩。特别是,当承包地的行政性调整变成村民所在社区的一种正式制度安排时,它就会完全取代农地的市场流转,使市场流转机制根本不能发挥作用;第二,从流转需求角度说,稳定的土地产权是市场交易的基础,由于相当比例的村庄都会定期进行土地调整,这会导致农户所拥有的土地产权残缺而不稳定,从而会降低土地承租人对原土地使用者出租土地的地权稳定性预期,也就意味着市场中土地需求的下降,阻碍了农村土地流转市场的发育。"本书认为,土地调整对农村土地流转市场的影响应该区分土地调整的动力类型,土地调整的动力可以分为内部和外部两种,内部动力调整是社区出于平均土地的需要(由于家庭人口的增减)而由社区出面进行的调整;外部动力调整是由于社区土地被征用导致的社区重新分配土地的调整。内部动力的调整就会导致钱忠好所说的抑制农村土地流转市场的结果,因为这种调整是组织权威重新分配土地资源,市场机制的作用被取代与弱化,外部动力的调整会给社区带来额外的收益(征地费用),使许多家庭的财富水平迅速提高,从而使得不少家庭能够获得社区外的发展机会或者二三产业的创业与就业空间,从而为农村土地流转创造了条件。

(3)"对最近几年中央'1号'文件内容的了解程度"(2.13%)与土地转出意愿正相关。这个结果初看不好理解,我们可以从两个角度来解释这个问题,第一,土地转出意愿强烈的农户可能更加关注中央的农村政策,因为他们害怕因为农村土地流转失去土地的承包权,党的十七届三中全会和今年中央1号文件专门出台了政策:"加强土地承包经营权流转管理和服务,建立健全土地承包经营权流转市场。按照依法、自愿、有偿原则,允许农民以转包、出租、互换、转让、股份合作等形式流转土地承包经营权,发展多种形式的适度规模经营。有条件的地方可以发展专业大户、家庭农场、农民专业合作社等规模经营主体。"由此可见,农村土地流转其实是一种通俗和省略的说法,全称应该称为农村土地承包经营权流转。也就是说,在土地承包权不变的基础上,农户把自己承包村集体的部分或全部土地,以一定的条件流转给第三方经营。所以土地流出方理解了中央文件的精神,从而大胆地转出了土地的经营权,仍然具有土地的承包权。第二,关注中央的农村政策等的农户一般都是文化程度比较高、社会资源比较丰富的"精英阶层",这个群体本身的土地流出意愿比较强烈。

(4)"对土地的经济功能的判断"与土地转入意愿负相关,也就是说认为土地经济收益比较高的农户转出土地的概率比较低。这个很好理解,土地对收入比较低的农户而言具有多种功能,第一,生活保障功能。土地是农业最基本的生产要素,又是农民最基本的生活保障。虽然当前农民谋生的手段和就业的方式越来越多样化,但是,大多数收入水平较低的农民的主要收入来源仍依赖于土地的产出。在沿海地区,农民利用土地入股建设了大量的"城中村"的"握手楼"、"接吻楼"等获利丰厚;在土地肥沃、人均土地资源比较丰富的地区,农民依赖土地的产出可以保障基本生活;而在土地贫瘠、交通不便的地区,土地就成为农户的唯一生活来源。第二,就业保障功能。土地为农民提供就业机会。由于每个农民拥有一定的农业生产的基本生产要素——土地,因而农民总能(即使并不充分)就业。第三,养老保障。现代化社会养老保险体系在我国广大农村地区尚未建立。我国大部分农村地区依然保持着以土地为依托的家庭养老方式。迈入老龄的农民,如果自己还能劳动,土地就是他们的养老保险。所以,对收入水平较低的农户而言,除非具有了相对稳定的收入来源或其他保障措施,他们的"恋土情结"不会轻易缓解或者消除。

(5)"对当前的粮食价格满意程度"与土地转入意愿负相关,也就是说对粮食价格满意度比较高的农户转出土地的概率比较低。这个结果很好理解,对于粮食价格满意的农户,一般都是普通的农民,认为从事种植业可以获得他们所需要的必要收入,可以满足他们的日常生活支出,从而有较高的种粮积极性,同时中央政府也看到了这一点,提高了粮食收购价格,鼓励农民种粮。

5.4 结 论

实证分析结果揭示,"农村土地流转的补偿形式"、"土地承包经营权证书",均与土地转入意愿正相关;与土地转出意愿正相关的是"近5年进行过土地调整"、"农村土地流转的补偿形式"、"对最近几年中央'1号'文件内容的了解程度";与土地转入意愿负相关的是"对土地的经济功能的判断"、"对当前的粮食价格满意程度"。总体看来,降低交易成本是为农村土地流转双方所共同接受的,产权的明确也有利于土地转入方做出转入土地的决策,而对土地依赖程度高的农户不会放弃土地,粮食价格的提高也会降低农户的土地流出意愿,同时中央对农村土地流转政策的明确可以推动农村土地流转的进程。

6. 本章小结

本章从客观与主观因素两个方面来考察农户农村土地流转的意愿,客观因素主要考察户主的属性及家庭规模、土地耕作条件、家庭经济状况三个方面对农户农村土地流转意愿的影响;主观因素主要考察农村土地流转政策环境对农户农村土地流转意愿的影响。

6.1 户主的属性及家庭规模与农户农村土地流转的意愿

(1)健康程度与转入土地意愿正相关表明现在农业生产在大部分地区还是一种体力劳动;户主是共产党员与转入土地意愿正相关反映了共产党员具有与党中央精神保持一致的特征;性别与是否愿意转入土地负相关(女性户主比男性户主乐意转入土地),则反映了一个很有意思的社会问题。

(2) 与土地转出意愿正相关的有"经常去省会等大城市"、"村组干部"、"直系亲属中有接受高等教育者"系数为正，说明土地转出意愿与户主的获取资源的能力即社会阶层有关。

6.2 土地耕作条件与农户农村土地流转的意愿

（1）"自然灾害"与转入土地意愿负相关，反映出农户对自然灾害风险的规避。家庭承包耕地面积与愿意转入土地正相关，这个结果表明，种地大户有进一步扩大耕地面积的需求，这也是符合资源配置规律的，使更多的土地资源配置给更有效率的生产者从而提高整个农业的生产效率。"土壤肥力"与愿意转入土地负相关，说明对缺少资源支持的贫困地区农民而言，那一片贫瘠的土地或许是他们唯一的希望。

（2）"耕地的水利条件"、"机耕道"、"土壤肥力"这几个解释变量与愿意转出土地正相关，也就是说承包地的水利条件越好、耕作越方便、土地越肥沃的农户越倾向于转出土地，从这个角度来说影响农户农村土地流转决策的主要因素还是在于农户所具备的资源禀赋，土地是最初级的资源而其他如区位优势、社会资源优势等是比土地资源更重要的资源，如果具备更重要的资源，农户就会放弃他们拥有的初级资源——土地。

6.3 家庭经济状况与土地转入意愿实证模型分析

（1）与土地转入意愿正相关的是"洗衣机"、"月均生活用电电费"、"月均电话费"、"家庭人均收入"、"农田基本建设投资"。说明土地的规模经营具有一定的资本壁垒，家庭经济条件较差的农户倾向保持现状。

（2）与土地转入意愿负相关的是"住宅"、"家庭收入结构"、"养殖业固定资产投资"。总体看来农户的家庭消费、农业固定资产投资、家庭收入及产业经营状况等三个方面的情况与农户的农村土地流转意愿紧密关联。与土地转出意愿正相关的是"电冰箱"、"医疗费用支出"、"家庭人均收入";与土地转入意愿负相关的是"住宅"、"农机具价值"。说明放弃土地经营的家庭是农村中的高收入群体,同时疾病也会导致农户放弃土地经营。对于农业生产的固定投资涉及资产专用性问题,这方面的投资会抑制农村土地转出行为的发生,鼓励土地转入动机的生成。

6.4 农村土地流转政策环境对农户农村土地流转意愿的影响

"农村土地流转的补偿形式"、"土地承包经营权证书",均与土地转入意愿正相关;与土地转出意愿正相关的是"近5年进行过土地调整"、"农村土地流转的补偿形式"、"对最近几年中央'1号'文件内容的了解程度";与土地转入意愿负相关的是"对土地的经济功能的判断"、"对当前的粮食价格满意程度"。总体看来,降低交易成本是农村土地流转双方所共同接受的,产权的明确也有利于土地转入方的决策行为,而对土地依赖程度高的农户不会放弃土地,粮食价格的提高也会降低农户的土地流出意愿,同时中央对农村土地流转政策的明确可以推动农村土地流转的进程。

总而观之,现阶段农户的农地流转意愿主要体现为一种经济行为,其中也包含了少许社会因素的信息。希望转出土地的农户是农村中的收入水平居于第一层次的;希望转入土地的农户一般是具有"农民职业精神"的种田"老把式",他们是农村中的收入水平的第二层次(体现在"电冰箱"与"洗衣机"的差别上);缺少农村土地流转动机的农户一般是农村的低收入层次者,他们严重依赖土地,不会转出土地,由于资本壁垒以及自身素质的制约无法扩大经营规模而缺少转入土地的动机。同时我们也应该高度重视资产专用性问题,农业生产的固定投资会抑制农村土地转出行为的发生,还导致农村农机类的固定资产投资的重复建设,降低资源配置效率。研究结果还揭示了农民的身体健康、医疗费用与农村土地流转相关的信息，我们应该高度关注某些因为健康原因被迫放弃土地经营的弱势农户，给予他们支持。社会性因素在实证分析中也有所体现，某些农户在传统观念的主导下，致力于投资建房，而没有投资创业的动力。国家的政策也会对农户的农村土地流转决策产生影响，粮食价格的提高、农村土地流转政策的明确、土地产权的确认都会影响农户的决策行为。

第 八 章

基于博弈论视角的农村土地流转的机制设计分析

农村土地流转制度为哪些群体带来了利益,为哪些群体增加了成本,这是土地流转政策决策过程中必须考虑的问题。从博弈角度分析,一项制度安排的均衡实际上就是各相关利益群体利益格局的均衡。即使一种制度安排会增加全社会的福利,降低社会成本,但如果可能使既得利益群体遭受巨大的利益损失,他们为了保护自己的既得利益,可能会反对新制度的安排,使新制度的创新不能实现。农村土地制度作为一国政治经济中的一项重要制度安排,不仅关系到一国政治稳定与经济发展,更是牵涉到各经济主体方方面面的产权利益,所以农村土地制度安排的选择必然会受到各利益群体的影响,作为农村土地流转机制的设计必须要考虑到土地流入方、流出方、地方政府以及中央政府的利益平衡。本章将以博弈论为工具从农村土地流转的价格机制、剩余收益分配机制、上级政府对基层政府或组织农村土地流转行为监督机制三个方面来进行机制设计分析。

1. 农村土地流转的价格机制分析

国土资源部为完善国有土地使用权出让制度,规范国有土地使用权招标拍卖挂牌出让行为，统一程序和标准，优化土地资源配置，推进土地市场建设，于 2006 年 5 月 31 日发布了《招标拍卖挂牌出让国有土地使用权规范》（试行），国有土地使用权的转让已经由政府的行政行为控制转向市场化的道路，而作为集体土地的土地经营权流转也已经在市场化方面展开了破冰之旅。

1.1 基于拍卖的价格机制分析

拍卖这种交易方式由来已久，已经深入人们的生活。古往今来，拍卖作为交易物品的方式已经屡见不鲜，从日常用品到古玩字画，从农产品到海鲜、政府债券、营业执照等等，都可通过拍卖交易。近些年来，用拍卖来出售政府资产、电信执照以及电力市场的产品等引起了人们普遍的关注。

1.1.1 荷兰式拍卖

荷兰式拍卖是一种特殊的拍卖形式，在我国拍卖市场上，典型的运用荷兰式拍卖方式最终成功的案例有 2003 年广州亿安广场的拍卖，万菱实业（深圳）有限公司以 5.48 亿元将位于广州老城区 37 层高的亿安广场收入囊中，所得商场、写字楼及地下停车场等物业建筑面积超过 10 万平方米。拍卖品设定一个起拍价格（即拍卖的最高期望价格），拍卖开始之后，该价格会随时间的变化自动下降，如果下降到某个价格水平时有竞拍者愿意出价，则该次拍卖成交。因此荷兰式拍卖的竞价是一次性竞价，即在拍卖中第一个出价的人成为最后的赢家。荷兰式拍卖也可以设置最低保留价，在土地经营权交易中采用荷兰式拍卖方式时设置最低保留价也是十分必要的，因为这样能够在一定程度上阻止国有资产的恶性流出。荷兰式拍卖的特点与英式拍卖正好相反，这种拍卖方首先确定一个最高价格，随着价格不断下降，直到有人喊出"这是我的"时，拍卖终止。

1.1.2 英式拍卖

英式拍卖是最普通的一种拍卖方式,这种拍卖方式的最明显的特征是所有的竞标者公开投标,竞标者公开竞价,出价最高者获得标的物,这种拍卖方式同时也是我国目前产权交易市场上定价时最常采用的一种拍卖方式。在拍卖过程中,拍卖标的物的竞价按照竞价阶梯由低至高、依次递增,在达到终止期限时,出价最高者成为最终的赢家,这时标的物为出价最高者所得。拍卖前,卖家可设定保留价,当最高竞价低于保留价时,卖家有权不出售此拍卖物。当然,卖家也可以设定无保留价,此时,到达拍卖截止时间时,最高竞价者成为买受人。

1.1.3 第一价格密封拍卖

第一价格密封拍卖方式在建筑行业的工程投标中运用得非常普遍。第一价格密封拍卖与荷兰式拍卖和英式拍卖方式不同的是采取的报价方式是所有的竞价者以书面的形式在截止日期前将自己的报价递交给拍卖者,这种拍卖方式不需要竞价者到固定的拍卖现场进行报价拍卖。它这种方式有效地节省了竞拍者的交易成本,对整个拍卖的效率提高有着重要的作用。但是在第一价格密封拍卖中,竞拍者除自己的报价以外,其他人的报价只能凭猜测估计,在信息透明公开方面不如前面两种拍卖方式。

1.1.4 第二价格密封拍卖

第二价格密封拍卖方式与第一价格密封拍卖方式一样,竞拍者只需要向拍卖方递交一份书面报价,无需到现场进行报价。这种拍卖买方式最后获胜的也是最高竞价者,但是获胜的一方并不需要以等于全额投标出价的价格得到标的物,而是以第二高竞价来支付。

1.2 建立我国土地经营权拍卖机制的意义

引进土地经营权拍卖机制就是为了让拍卖方式在我国土地经营权转让过程中发挥更加积极的作用,因此土地经营权拍卖机制从它被引进开始起就决定了它特有的目的性。

1.2.1 宏观角度的意义

从宏观的角度来看，我国土地经营权拍卖机制的设计就是为了提高土地经营权转让的效率，实现土地资源的优化配置。从我国现阶段的实际情况来看，在农村，农民存在转入或转出土地承包经营权的迫切愿望，但缺少一个市场化的平台与机制来帮助农民实现这个愿望，土地经营权拍卖机制将从这个目标出发，为土地经营权转让提供更多选择的机会，以市场定价的公平方式使土地经营权被能与其产生最大协同效应的投资方并购获得，从而真正实现土地资源的优化配置。

1.2.2 微观角度的意义

从微观的角度出发，农地所有权主体在转让时追求自身利益的最大化，也就是实现交易价格最大化，而土地经营权拍卖机制需要为土地经营权主体提供这样的平台和机会。作为农民以及集体来说，在进行土地经营权交易时想要获得更高的交易价格无可厚非，但是土地经营权转让对其受让方有很高的要求，一旦出现问题会危及国家的粮食生产安全以及造成农民利益受损而出现群体性事件，而且与普通企业的产权交易转让性质不同，考虑到土地资产的特殊性与敏感性，在转让过程中追求交易价格最大化，但是又不能和一般企业一样仅仅追求交易价格最大化，还同时要考虑国家农业发展与粮食安全的战略目标。这种企业个体本身的价值最大化目标与土地经营权流转办法之间存在一定的协同和异化效应，这种博弈必然将对土地经营权拍卖机制的设计有着更高的要求。当然，从内容上来说，我国土地经营权拍卖机制的设计还有很多目标要实现，比如这个机制设计的初衷是提高土地经营权拍卖转让的效率，细分这个目标也就是说要实现土地经营权拍卖方式最优选择；要扩大拍卖双方的参与空间，让更多的产权通过公开、透明的竞争方式实现产权转让；要设置激励相容条件，防范和抑制合谋问题的发生；通过拍卖机制的设置对政府参与角色的定位问题给予合理界定等等；同时依据整个设计过程中遇到的问题对政府的制度安排方面也可以给出积极的建议。土地经营权拍卖机制设计的过程很复杂，所以这些目标的实现也必然不是一蹴而就的，需要不断地实践和反复地努力才能达到。

1.3 土地经营权一级密封价格拍卖模型

一级密封价格拍卖是我国土地使用权转让中的一种方式，投标人同时将自己的出价写下来装入一个信封，密封后交给拍卖人，拍卖人打开信封，出价最高者竞得被拍卖的物品。拍卖或招标具有揭示信息和减少代理成本两个基本功能。这里，每个投标人的战略是根据自己对该物品的评价和对其他投标人评价的判断来选择自己的出价；赢者的支付是他对物品的评价减去他的出价，其他投标人的支付为零。

1.3.1 模型的基本假设

第一，所有投标人独立决定自己的竞价策略，不存在任何具有约束力的合作性协议。第二，假定市场上有 n 个风险厌恶的投标人，且每个投标人 i 的相对风险厌恶系数是 r_i（r_i 是风险偏好系数）。第三，投标人 i 的效用函数由 $u_i(y) = y^*(r_i)$ 确定，其中 y 是投标人 i 的收入，r_i 是风险偏好系数。第四，对投标人 i 来说，只有他自己知道拍卖品对自己的价值是 v_i，且拍卖者和其他投标人都不知道 v_i。不失一般性，设投标人 i 的投标 b_i 服从概率密度为 1，在区间 [0，1] 上均匀分布。

1.3.2 博弈模型

在土地经营权流转价格博弈中，局中人是土地经营权的拍卖者和 n 个风险不同的投标人，投标人中标取得土地经营权的净效用是 $u(v_i - b_i)$。根据一级密封价格拍卖原理，投标人 i 获胜的概率（即投标 b_i 超过其他 $n-1$ 个投标人的投标）是 P，则投标人的目标效用函数是

$$\max E(u_1) = u(v_i - b_i) p(v_i > b_i, ij)$$

对 b_i 求一阶导，得

$$b_i = \frac{n-1}{n+r_i-1}v_i \tag{8.1}$$

1.3.3 模型结论分析

（1）由式（8.1）看出，影响出价 b_i 大小的因素有 3 个：价值 v_i，参与投标的人数 n 和风险偏好系数 r_i。当价值越高时，其投标出价就越大；当时 $r_i = 1$，说明投标人 i 是风险中性的，则其投标出价是 $b_i = v_i$，随着 n 的增加而增加。特别地，当时 n→∞ 时，b_i→v_i。就是说，投标人越多，卖者能得到的价格就越高；当投标人趋于无穷时，卖者几乎得到买者价值的全部。因此，应该让更多的投标人参与竞标。

（2）当风险偏好系数 $r_i < 1$ 时，风险厌恶型投标人的出价高于风险中性投标人（$r_i = 1$）的出价。特别地，当时 r_i→0 时，b_i→v_i，这说明投标人越厌恶风险时，出价越接近其真实估价，其期望收益就越接近于 0。风险厌恶的投标人更愿意提高报价以确保获胜并获取正利润。因此，卖方能从投标人风险厌恶中获利。

（3）拍卖土地经营权是一种合理、有效地促进农村土地流转与规模经营的方式。投标人的出价大小依据土地经营权对其的价值。在市场机制的作用下边际经营成本高但经济效益也高的土地经营者以较高出价竞标得到土地经营权，而边际经营成本高且经济效益低的土地经营者将逐步被淘汰。此后，通过这一博弈模型可以看出：资金会流向边际经营成本低的土地，土地优先流向经济效益高的土地经营者，使区域总的资金和土地资源实现优化配置。

1.4 土地经营权拍卖的实践

2008 年 9 月 11 日上午 9 时许，随着拍卖师的一锤定音，村民张小随买下了河南省沁阳市太行办事处秘涧村 39.06 亩土地 8 年的土地经营权。这一槌，后来被誉为中国农村土地承包经营权拍卖"第一槌"。当天，2200亩农村土地的承包经营权在河南省沁阳市通过20宗拍卖交易成功。沁阳市政府人士介绍，这是河南省进行的首次土地承包经营权公开拍卖和竞争性谈判。而截止到目前，沁阳市农村土地流转面积共涉及12个乡镇（办事处）175个村9218户，占全市农户的9.91%，流转面积32163亩，占全市耕地的7.66%。

1.5 小　结

农村土地流转是中共十七届三中全会上出台的《中共中央关于推进农村改革发展若干重大问题的决定》中的重要内容之一，拍卖土地经营权必须贯彻中共中央1号文件："切实保障农民的土地利益，规范农地承包经营权流转"的精神，坚持依法自愿有偿原则，规范土地承包经营权流转。土地经营权拍卖是农民的农村土地流转首次进入"阳光平台"进行操作的尝试，土地经营权拍卖可以取得双赢，最终的流转成交价也达到了较高的水平，极大地提高了农民的土地收益，有利于发展适度规模经营，提高土地利用率和产出率。相信拍卖这个崭新的交易平台在土地经营权流转中会被越来越多的农民所接受，会被越来越多的地方政府采用。

2. 农村土地流转中的剩余收益权分配机制

自由交换的经济系统，交换行为本身形成是有成本的，相应的也能产生收益，这一部分的收益属于专业化分工的好处在参与交换的经济主体之间进行分配。然而，获取这种收益的权利是事先没有界定的，因此我们将之称之为交换中的剩余收益权。在交换中产生的剩余收益权作为一种产权形式，首先，它形成在非生产领域；其次，它体现着经济价值。由于剩余收益权能带给当事人福利改进的机会，所以产生了剩余收益权争夺活动。剩余收益权争夺活动也与产权状态的不明晰有关，正是因为产权定义不明晰，使得一部分产权"处在公共领域"，[158]对这一部分产权的占据将产生剩余收益，从而引发经济主体对这部分产权的博弈行为，形成了剩余收益权争夺费用。然而，并非是交易一旦进行就无条件的达到资源有效配置，交易行为也是有成本的。

2.1 农村土地流转收益的分配是农村土地承包经营权流转的核心问题

2.1.1 农村土地流转的收益来源

农村土地流转涉及政府、农民集体及农村土地流转双方（土地流出方与流入方）的利益。按照利益主体可以将农村土地流转收益分为：宏观层面、中观层面以及微观层面的收益。

（1）在宏观层面上，首先土地的良性流转可以加快转移农村剩余劳动力，增加农民的可支配收入，为国家稳步推进城市化进程提供持续动力。在当前经济危机爆发造成出口下滑的大背景下，农村土地流转为国内乃至国际的剩余资本带来全新的投资机会，激活与提升农业的投资水平，促进农业、农村的经济发展。同时，农村土地流转带来的农民增收，使我国最大的潜在消费群体增加了实际购买力，既有效地拉动了内需，为新一轮的农业产业升级提供了巨大的机遇，又拉近了城乡贫富差距，缓解了社会矛盾，为社会长期稳定发展提供了重要的保障。

（2）在中观层面上，农村土地流转可以优化农业产业结构，改善农产品的供给结构，提高农产品的质量。同时，土地的大规模流转有助于实现规模效应，进一步提高土地与资本、技术的结合力，加快建成经营规模化、技术产业化、管理科学化的高效现代农业。

（3）在微观层面上，农村土地流转的收益主要是农民通过参与流转收益的分配所取得的现期收益和远期收益。在当前的农村土地制度下，农村土地流转政策能否取得预期的效果，关键在于作为土地承包经营权主体的农民是否能够合理地分享农村土地流转的收益，并通过各种制度设计达成现期收益和远期收益的均衡，让农民充分分享经济发展社会进步的成果，因此成为农村土地流转收益分配的核心。

现期收益，是农民在土地承包经营权流转过程中所产生的扣除交易成本后的当期净收益。现期收益按照收益类型可以分为物质性收益和非物质性收益。非物质性收益，主要包括因农村土地流转而节省的时间成本及土地互换带来的经营便利。物质性收益在不同的流转模式下，表现形式也不尽相同：转包和出租获得的是租金及土地集中专业经营取得的高于过去的产出收入，入股获得的是分红，转让获得的是出让金，从本质上来说，这些收益可以看作承包经营权变现的地租。因此，现期收益能否被合理分享，关键是能否建立完善的土地评估定价机制，按照土地的肥力、区位、规模合理定价，使农村土地流转价格与其真实价值基本一致，从而避免农民权益受损。

2.1.2 土地经营权流转剩余收益的来源

土地经营权流转的剩余收益权来自哪里呢？根据笔者的调查以及农村土地流转纠纷的资料来看，主要来自以下几个方面：

（1）来自中央与地方政府的农业政策变化，尤其是出现政策拐点的时候。如湖南省委、省政府决定，从2005年起在全省范围内全面取消农业税，2600多年"皇粮国税"的历史在该省结束了，同时，湖南省将继续实施粮食直补、良种补贴和农机具购置补贴，并进一步加大对农业农村基础设施建设、主导产业和发展项目的扶持。这一政策导致土地经营权流转出现了巨大的剩余收益空间，许多地方特别是洞庭湖平原区域的产粮大县（以前的农业税负很重）土地一夜之间由烫手的山芋变成了香饽饽，许多把农村土地流转出去的农户纷纷收回土地经营权，导致许多种粮大户突然成了"空军司令"，无田可种。随着经济社会的发展以及国家对农业补贴的力度的加大，土地经营权流转在政策方面的剩余收益空间还会出现。

（2）土地用途的改变。首先，虽然农地流转是在不改变土地用途的前提下进行的,但随着我国城市化进程的推进以及中央与地方政府的基础设施建设和私人部门的投资,肯定会有一部分农地会转变为建设用地,这时候土地的补偿费用超出土地租金的部分就会成为一种剩余收益,土地流出方、土地流入方以及集体组织都会对瓜分这个剩余收益蛋糕提出要求。其次,从成片的大规模的农村土地流转经验来看,耕地面积可以扩大15%左右,耕地面积的扩大有利于建设用地的占补平衡,由此可以推算出:集中流转10000亩土地相当于为中央与地方政府贡献了1500亩建设用地,其价值极其可观。

(3)农业技术进步以及其他部门的技术外溢。现阶段的农村土地流转是根据现阶段的农业生产水平与生产效率来设定土地租金的,农业技术进步以及其他部门的技术进步肯定会促进农业生产效率的提高,同时农业结构的调整也会带来农业生产的"结构效益",这些在合同之外的收益也形成了土地经营权流转的剩余收益,据笔者对长沙县的几个乡镇的调查,许多农民反映由于农机具的推广以及农田基本建设的推进,现在种田比以前轻松多了,重体力劳动大幅减少,由妇女与老人种田已很平常,甚至有的农民已经把种田作为一种消遣。

(4)土地的级差地租。级差地租(differential rent)是一个相对于绝对地租的概念,它是指租佃较好土地的农业资本家向大土地所有者缴纳的超额利润。这个超额利润是由优等地和中等地农产品的个别生产价格低于按劣等地个别生产价格决定的社会生产价格的差额决定的。一些劣质土地由于国家的农田基本建设以及交通条件和农业结构调整变成了优质地,笔者就调查过一个"四荒地"流转的案例,村集体把一块荒地的30年经营权以极低的价格流转给一个浙江人,后来由于这块地被划入国家级农业示范园区,交通与水利条件得到了极大的改善,浙江老板顺势搞起了高效农业,种植草莓、反季节蔬菜与其他水果,利润很高,村民产生了很大的意见,认为村集体的领导出卖了村民的利益,多次去上级部门上访。其实,我们回过头来看,当初的土地经营权流转并没有问题,也不存在猫腻,问题在于土地级差地租的剩余收益。

2.2 基于微观经济分析框架的农村土地流转中的剩余收益权的理论解析

图 8.1 是典型的艾奇沃斯盒状图,经济人 A 和 B 最初的禀赋状态分别为两者经过 X 和 Y 的无差异曲线的交点 W。从福利经济学第一定理可知,在自由交换的条件下,帕累托改善的结果将使得均衡点逐渐向以 X 和 Y 为界的核心收敛。然而福利经济学并没有刻画出均衡演进的路径。在没有更多条件的情况下,我们仅知至少存在一条交易双方效用的帕累托改进的路径,而无从了解其收敛形式。从整体上看,对于 A－B 系统而言,如果发生了帕累托改进,总的效用水平就会获得提高。福利经济学的讨论也就到这一步,因为"公平"是人类社会的奋斗理想,经济学也努力试图解决"公平"问题,而实际上,这个问题令经济学理论不断陷入尴尬。

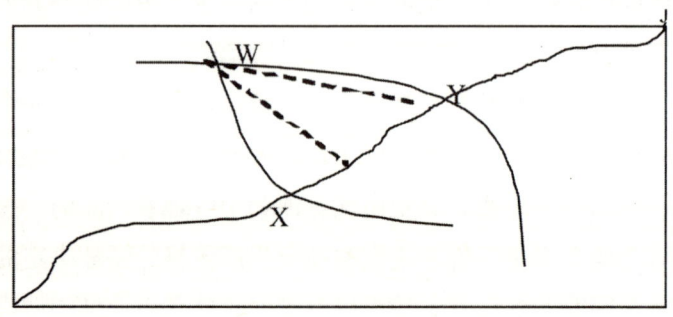

图 8.1 艾奇沃斯盒状图

从参与交易的双方来看,例如对于 A,最理想的情况是将均衡推进至 Y,此时 A 获得全部交换的好处。由于这个均衡点至少没有导致 B 的效用变差,因此似乎认为 B 对这样的安排没有异议。实际情况则并非如此,特别是当 B 清楚地意识到其可能的最大效用水平边界是 X 的时候,B会参与对潜在效用水平的追逐。我们假设参与人A和B都是"理性的",那么在这一次谈判中,实际上A和B都将追逐潜在的效用,区别在于如何追逐而已。这种追逐活动既然存在收益,也必然存在成本,因为在资源稀缺的世界里,选择就意味着机会成本。即便我们假设A和B将就他们之间的交易合同进行磋商,时间的耗费也将被计入机会成本,其结果必然是:时间机会成本大的一方将作出让步,博弈论典型案例是,百万富翁和乞丐就100元钱的分配问题进行多轮磋商,时间机会成本更大的百万富翁的选择是在第一回合就选择放弃。然而实现这种结果的前提是,参与双方拥有完全信息,A和B都清楚了解对方的类型,参与者具有完全经济理性。然而,这种条件在现实中几乎不存在,因此,在信息不完全的情况下,在"有限理性"假设下,A或者B"在第一轮就放弃"的情况只能是巧合,更多的情况将是A和B之间将展开对潜在效用水平的激烈博弈。从本质上看,这种博弈实际上是对一种对产权的争夺,争夺的内容是交易的条款,实际上是达成合约的过程。产权标的是明确的,或者A将效用水平推进到Y,或者B将效用水平推进到X,这种推进对任何一方而言都是有成本的,其均衡的结果就是双方基于成本和收益权衡的结果。需要注意的是,这里我们无法判断参与者边际成本和边际收益是否相等,因为即便是边际收益大于边际成本,从而理论上存在一方提高效用的可能,但受制于帕累托准则,我们不允许另一方的效用低于初始状态,因此,在产权本身的范围内,交换才是有效的。这种情况下我们需要衡量达到均衡的总成本和总收益的情况。

实际上除了X和Y两种均衡之外,以X和Y为界的核心构成一个均衡解的集合,内部任何一点都可以是均衡点。由于我们无法刻画每个均衡点对参与者的边际收益和边际成本特征,我们也就无法描述均衡将在何处收敛。然而,我们可以将X和Y之间的核心理解为一种权利标的,如果进一步假设这种产权是无限可分的,那么我们实际上要做的将是如何描述从W开始均衡演进路径上每一个边际意义上的收益和成本的特征。由于产权做了无限分割，因此 A 和 B 将对每一个产权边际 L 展开争夺，累积的结果就构成了均衡演进的路径。

2.3 农村土地流转的剩余收益权博弈分析

2.3.1 基本的非合作博弈类型及其均衡

博弈论可以划分为合作博弈（cooperative game）和非合作博弈（non-cooperative game）。合作博弈与非合作博弈之间的区别主要在于：人们的行为相互作用时，行为主体能否达成一个具有约束力的协议，如果能，就是合作博弈，反之则是非合作博弈。现在经济学家谈到的博弈论，一般指的是非合作博弈理论，非合作博弈强调的是个人理性、个人最优决策。[159]本文所讨论和运用的是非合作博弈理论，因此，下面所讲的博弈指非合作博弈。

博弈的划分可以从两个角度进行。第一个角度是参与人行动的先后顺序。从这个角度说，博弈可以划分为静态博弈（static game）和动态博弈（dynamic game）。第二角度是参与人对有关其他参与人的特征、策略空间及得益函数的知识。从这个角度讲，博弈可以划分为完全信息博弈和不完全信息博弈。将上述两个角度的划分结合起来，就得到四种不同类型的博弈：完全信息静态博弈、完全信息动态博弈、不完全信息静态博弈、不完全信息动态博弈。本文从完全信息静态博弈角度考察土地承包经营权流转的剩余收益博弈。

2.3.2 农村土地流转的剩余收益权博弈分析

考虑一个有土地承包经营权流入者与流出者参与的博弈，双方同时行动。我们假设参与者明确自己的类型，对对手的类型也很了解，即博弈双方拥有完全信息。最初的禀赋状态分别为两者经过 X 和 Y 的无差异曲线的交点 W，基于上文的分析，在这个情形下，肯定有一方可以通过谈判获得效用帕累托改进的可能。双方的策略分别为接受市场机制决定的合同（接受），不主张进一步谈判；主张进一步谈判，不接受市场机制决定的合同（谈判）。

表 8.1 不同策略组合后的支付矩阵

流出方 \ 流入方	接受	谈判
接受	(2，2)	(2，3)
谈判	(3，2)	(5/2，3/2)

面对这个矩阵提供的数据，土地流入方和土地流出方将如何行动呢？假设各自"单独行动"，在其他条件给定时，博弈双方都会选择使自己利益最大化的策略。如果土地流出方采用接受，土地流入方采用谈判（支付=3）就优于选择接受（所得=2）。如果土地流出方采用谈判，土地流入方也仍然选择谈判（所得=5/2），优于选择接受（所得=2）。因此，不管土地流出方采用何种策略，土地流入方政府总会选择谈判来获取剩余收益权，提高自己的效用，即谈判是土地流入方的一个严格的占优战略。对土地流出方来说，不存在严格的占优战略，故在给定土地流入方选择继续谈判的情况下，土地流出方选择谈判是一个劣战略。所以该博弈的纳什均衡是土地流入方选择继续谈判，而土地流出方选择接受，其支付分别为（3，2），土地流入方获取了土地承包经营权交换的剩余收益权。

这个结论很值得思考，产生这个结论的原因是交换行为伴随着不可避免的成本支付，谈判阶段相对成本越低的参与者越有可能得到剩余收益权而获得福利改进的机会，也就是说"谁越耗得起，谁就更得利"。

2.4 简单结论

由于农村土地流转的剩余收益权本身作为一项产权内容成为了可交易的对象（讨价还价实际上围绕农村土地流转剩余收益权展开的），获取这种权利是有成本的，在土地承包经营权的市场交易中，因土地承包经营权的交换而使农村土地流转双方都获取的效用改进,但是需要在扣除争取剩余收益权的成本支出之后才构成整体的效用净提高。与专业化的土地流入方(精英阶层)相比,土地流出方(现有体制下分散的普通农民)的谈判能力较弱、普通农民与精英阶层的信息不对称而且由于农民个体的理性与群体的冲突使农民在农村土地流转谈判格局中处于"高成本"的一方,农村土地流转的剩余收益向流入方倾斜。基层政府在实际操作农村土地流转的过程中,创造性地发明了很多"流转"形式,如"反租倒包",划定项目区等等。不可否认,这些措施为推进农业产业化经营与现代农业建设发挥了重大作用,但是也有一些地方的措施在执行中与政策发生了偏差,如一些地方提出了"加快使用权流转,发展规模农业"的口号,迎合项目投资者的需求,下硬性指标;有的对农村土地流转和规模经营,实行"一票否决"。基层集体组织成为农村土地流转的操作主体,先将农户的承包地包给开发商,再回过来找农户办理租地手续。有的地方土地的租期少则20年,多的甚至超过农民二轮承包的期限。农民一旦失去其他谋生途径,也就没有了依靠。由于大部分农村土地流转模式一般都实行定死价格一次性买断方式,因而今后不管发生何种变化,农民再很难分享农村土地流转后可能产生的剩余效益。

3. 土地经营权流转的监管机制分析

党的十七届三中全会审议并通过了《中共中央关于推进农村改革发展若干重大问题的决定》,标志着我国农村改革站在一个新的历史起点上。其中"农村土地流转"因为被广泛关注和热议,已经成为各种媒体的热门流行词。人民网针对"农村土地流转"推出网上调查"您是否赞同在我国农村实行'农村土地流转'制度?",截止到2008年10月20日9时,共有59141人参与调查。调查结果显示,在回答若实行

"农村土地流转"制度,最需要加强一下哪项工作这一问题时,34.5%的网友认为对农村土地流转的监管,帮助农民和企业规避农村土地流转的风险最重要,由此可见,加强农村土地流转的监管,尤其是大规模农村土地流转的监管是促进农村土地流转,保障农民利益的焦点问题。因此加强村(组)组织农户承包农村土地流转的收益分配监管是维护农村土地流转农户的权益,防范和化解农村土地流转矛盾纠纷的关键,由于村(组)集体组织在土地经营权流转中往往作为农户的代理人和上一级政府组织的委托人,在土地经营权流转中起着代表农户实现其利益主张,代表上一级政府组织贯彻党的方针政策的作用,可以说农村土地流转的成败取决于是否有一个能完全贯彻党的农村政策并全心全意为农民服务的基层集体领导组织(基层党委或党支部),所以本书的农村土地流转监管博弈主要研究上级政府组织对基层领导组织在农村土地流转方面行为的监管,如其是否与土地流入方有勾结行为,是否截留挪用农村土地流转补偿金等。

3.1 土地经营权流转监管博弈的框架

运用博弈论来对土地经营权流转监管进行分析,除了上述原因外,土地经营权流转监管本身的特性也与博弈论相符。博弈论主要研究决策主体的行为在发生相互作用时,人们如何进行决策,以及这种决策的均衡问题,它对理性解决决策者之间的冲突与合作问题十分有效。土地经营权流转监管活动由于涉及的当事人在目标和利益上存在着矛盾冲突,而且各参与方的行为相互作用,相互影响,这使得土地经营权流转监管分析带有典型的博弈特征,具体表现在以下四个方面。

3.1.1 土地经营权流转监管主体与客体是博弈的参与者

土地经营权流转监管主体是监管政策的制定者和执行者,其代表为地方政府。监管客体主要包括土地流出方和土地流入方及农村土地流转中介机构以及基层集体组织。监管政策制定者从一定的目标出发制定一系列监管政策，公布并实施后，监管客体就会从自身利益出发，在政策实施过程中采取相应的对策，作出理性的选择。这样监管政策实施的效应就会发生变化，如果政策制定者发现或预见到客体的反应及其对政策目标的影响，就会在下一次制定政策时有所改变。于是新一轮政策又公布并实施，客体又重新作出反应，如此反复博弈以至无穷。

3.1.2 监管政策博弈中主体和客体的目标函数

土地经营权流转监管博弈的各参与方，代表着不同的利益集团或个人。政策制定者往往关心土地市场的稳定、发展及其对经济的影响。制定监管政策的依据总是部分人的价值判断或行为偏好，而农村土地流转市场其他的参与者却以在监管环境下实现自身利益最大化为目标。在具体的模型中，我们一般通过假设将其目标函数进行量化。

3.2.3 土地经营权流转监管政策的结果是博弈的纳什均衡

一项监管政策的出台，能否达到制定者预先设定的目标，不是取决于政策制定者本身，而是取决于参与博弈的各方行为及其相互作用。监管部门（上级政府组织）在选择政策目标及工具时，必须考虑到各参与方的可能反应及预期。同时，被监管者不断地通过博弈"学习"，针对监管政策，从自身利益出发作出相应的决策。政策的效应实际上是农村土地流转各参与方在博弈规则（政策）下的博弈结果，是一种静态或动态的纳什均衡。

3.1.4 监管政策的内容是博弈的规则

监管政策往往以制度的形式予以确定，它权威地限定农村土地流转当事人的行为。制度安排通常以立法或其它强有力的约束形式固定下来，制度对参与博弈的各方都具有约束力。参与者在既定制度框架内进行自我约束和策略地行动。当然谁破坏了规则将受到应有的惩罚。政策实际上就是"游戏规则"，规则不同，参与方的策略就会不同，博弈结果自然不同。如果政策不合理，不公平，政策目标就很难实现，市场就很难达到高效。因此，从某种意义上说，制度往往比博弈本身更重要。

因而，运用博弈论来对土地经营权流转监管进行分析是符合土地经营权流转监管本身的特性的。其原理在于上级政府组织作为监管政策的制定和实施者，根据国家农业和农村的发展目标与土地政策，选择适当的监管政策工具并负责实施，监管政策的客体（市场各参与方）对既有政策制度作出自己的理性判断和预期，并采取相应的行动策略，博弈的结果产生所谓的政策效应，而后政府再用这种政策效应与既定目标进行比较以确定是否进行政策调整。

3.2 农村土地流转监管的必要性

由于市场失灵以及法律的不完备性，政府必须对农村土地流转进行监管。

3.2.1 土地市场失灵

市场失灵是指市场机制在若干领域或情形下，失去其优化资源配置的作用并进而降低经济运行的效率。为此，需要作为社会公共利益代表的政府介入经济过程，以监管手段纠正或消除"市场缺陷"，从而改进资源配置效率。导致"市场失灵"的情况主要包括以下几个方面：

第一，农村土地流转市场存在着垄断和操纵。地方政府是农村土地流转市场上天然的垄断者，他们代表中央政府控制了一个地方的所有土地，完全可以控制操纵本地的土地市场。垄断和操纵一方面给投资者造成不公正的损害；另一方面扭曲了价格信号，阻碍生产要素根据市场信号向利润高的部门流动。这就是要求监管者界定此类行为并给予惩处和限制，以维护农村土地流转市场秩序。进一步分析，如果某些地方政府官员与投资商勾结起来，国家利益与农民利益就会被彻底出卖。

第二，农村土地流转市场存在着外部性。农地流转的正外部性是指原承包人（转出方）的农地流转行为带来的收益外溢而使他人（如转入方）或整个社会受益，转出方却不能从中得到额外的补偿。不仅如此，农村土地流转市场所蕴含的巨大风险会传递给社会，影响社会稳定。

第三，农村土地流转市场存在着信息不对称。农村土地流转市场需要参与者对土地价值和价格信息进行全面了解，从而作出合理判断、决策。然而，在实际的农村土地流转市场上，信息的分布都是不均衡的。首先由于缺乏专业知识，农民无法对土地价值作出准确的判断，而土地流入方在这方面拥有信息优势；其次对于土地流入方的资金实力农民也无法得知；再者对于农村土地流转的政策以及远景预期，农民也处于弱势地位。

上述三种情况的存在都会使农村土地流转市场出现失灵。如果任由农村土地流转市场自由发挥作用，市场机制难以正常发挥，农村土地流转市场资本配置的作用将无法实现。因此，政府必须设计并实施适当的监管制度，约束并规范农村土地流转市场主体运行，维护市场秩序，矫正并改善市场机制内在的问题，从而更好地发挥市场功能，维护并促进农村土地流转市场乃至整个国民经济的良性发展。

3.2.2 法律的不完备性

法律的不完备性理论由伦敦经济学院的许成钢教授和美国哥伦比亚大学法学院的皮尔斯在 2002 年正式提出，[160] 法律的不完备性是指法律不可能实现最优设计，也就是说立法者不可能将所有可能的行为都考虑到，并将所有可能的有害行为都用明确的量刑或标准加以限制，因而，在实际中，法律无论设计得多么精细，总有法律条文不能直接处理的案例存在。尽管中国农村土地流转的法律规范经历了一个从无到有，从不规范到日渐规范的过程，但由于在农村家庭承包经营责任制的长期发展中较少考虑法律因素，加之我国现行法律体系中没有土地承包经营和流转的中心立法，也没有专门的地方规章，因此农村土地流转带有明显的自发性、盲目性与随意性，土地纠纷日渐增多，侵权行为时有发生。即使如上所述我国《宪法》、《民法通则》、《土地治理法》和《农业法》中有规定，但由于法律的不完备性，许多规定过于笼统，有关内容和程序不够明确具体,缺乏可操作性,从而导致许多地方农村土地流转出现有法难依的现象。

3.3 农村土地流转监管的博弈模型

由于不尽职的基层组织与土地经营权流转监管部门(上级政府组织)的博弈策略在不断地调整,双方在信息理解与掌握上是不对称的,因此,双方均在利用自己掌握的知识或信息,以及对方的行动策略,最优化自己的策略行为,二者的博弈是一个具有不完全信息的动态博弈过程。由于不尽职的主体及其手段千差万别,监管部门(上级政府组织)针对不同的不尽职行为的监管手段和技术措施也各不相同,在这里我们将它们抽象,将博弈模型的参与主体设定为包括监管部门(上级政府组织)和基层集体组织两个参与人,且参与人的行为均设定为两个:监管部门(上级政府组织)为查处和不查处;基层集体组织为尽职与不尽职。下文将分析上级政府对农村土地流转中基层组织的不尽职行为实施监管的动态博弈。

3.3.1 博弈模型建立的基本假设

第一,基层集体组织有尽职(G)、不尽职(B)两个基本类型,每类基层集体组织有报喜(r_h)与报忧(r_s)两种行动策略。尽职基层集体组织以"三个代表"重要思想为指导,全面贯彻落实中共中央《关于做好农户承包地使用权流转工作的通知》、《农村土地承包法》,辛勤工作,代表了社区农民利益,向上级政府的工作汇报是工作成绩突出(报喜),它没必要报忧而损害本基层集体组织的形象,以免享受不到种种尽职基层集体组织的优惠(如提拔、发奖金、荣誉奖励等);不尽职基层集体组织一般面临报喜或报忧两种选择。不尽职基层集体组织报忧不属于欺骗行为,而通过政绩包装汇报与真实工作政绩差距很大的工作汇报(报喜),就是典型的欺骗行为。

第二,不尽职基层集体组织政绩经过包装后,监管部门(上级政府组织）无法从表面上识别其真伪，但监管部门（上级政府组织）了解尽职基层集体组织的比例（如群众的情况反映），即农村土地流转上真正尽职基层集体组织的概率是监管部门（上级政府组织）和基层集体组织的共同知识。

第三，监管部门（上级政府组织）有两种选择，即查处（T）与不查处（N）。并假设如果认真查处，不尽职基层集体组织不诚实行为肯定能被发现。

第四，报喜（r_h）给基层集体组织带来的好处设为 V_1，报忧不给基层集体组织带来价值，不尽职基层集体组织政绩不诚实成本为 C_1，被查处发现后的惩罚成本为 C_1^1，同时因为不诚实会对基层集体组织带来声誉损失 $-V_2$，对于不尽职基层集体组织而言，即便不尽职，我们也认为其声誉损失也存在；监管部门（上级政府组织）一次查处的平均成本为 C_2，它受技术手段和基层集体组织不尽职水平两方面的影响；查处成功受到奖励（包括物质与精神）为 V_3，没有查处使农民利益遭受损失而使监管部门（上级政府组织）声誉和物质受损的负效用为 $-V_4$。V_1、V_2、V_3、V_4、C_1、C_1^1、C_2 均大于 0。

第五，双方在使用混合策略时，q、$1-q$ 代表不尽职基层集体组织报喜与报忧的概率，f 与 $1-f$ 为监管部门（上级政府组织）查处与不查处不尽职行为的概率。

3.3.2 土地经营权流转监管的动态博弈模型

根据上述假设，如图 3.2 所示，首先"自然"决定基层集体组织类型，然后基层集体组织选择做报喜或报忧，最后上级政府组织在观测到基层集体组织发出的信号——政绩好坏后，使用贝叶斯法则从先验概率 $1-p$ 与 p 得到后验概率，然后选择行动：查处与不查处。"信息不对称"表现在：基层集体组织知道自己属于哪一种类型，但上级政府组织则必须依赖主观的概率分布来估计基层集体组织尽职与否。

第八章 基于博弈论视角的农村土地流转的机制设计分析

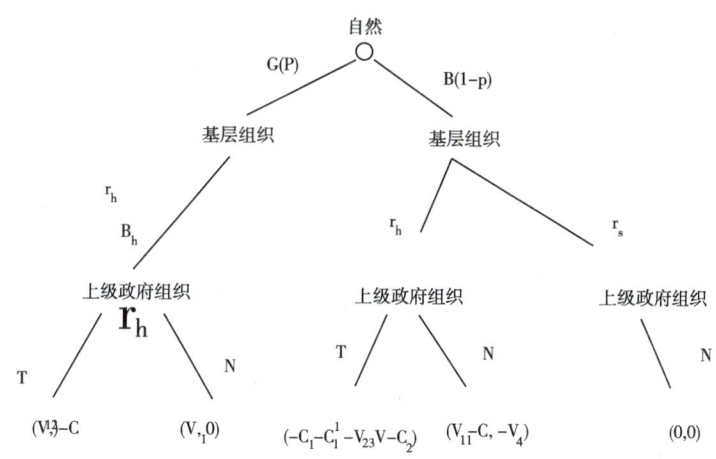

图 8.2 基层集体组织不尽职与监管的动态博弈图

下面分几种情况求解该博弈：

1. 当 $C_1 > V_1$ 时，不尽职基层集体组织操纵政绩成本较高，以至于操纵政绩成本大于收益，对理性经济人的基层集体组织来讲，唯一的正确选择是不进行报喜，而原本尽职的基层集体组织根据假设也只报喜，故 (r_h, r_s) 是基层集体组织的最优策略；上级政府组织根据贝叶斯法则判断的结果是：尽职基层集体组织一定报喜，不尽职基层集体组织一定报忧，政绩完全符合真实情况，因此，上级政府组织的最优策略是 (N, N)，即不管基层集体组织政绩好坏均不进行查处。农村土地流转中没有不尽职行为，农村土地流转监管完全成功有效。下列策略组合和概率判断构成一个精炼贝叶斯分离均衡：

（1）基层集体组织选择 (r_h, r_s) 即尽职基层集体组织报喜，不尽职基层集体组织报忧。

（2）上级政府组织选择 (N, N) 即不管政绩好坏，均不进行查处。

（3）上级政府组织的后验概率：

$P(G|r_h) = 1, P(B|r_h) = 0$

$P(G|r_s) = 0, P(B|r_s) = 1$

2. 当 $C_1 < V_1$，且 $(1-P)(V_3 + V_4) < C_2$ 时，上级政府组织选择查处的支付为 $u_1 = -P(G|r_h) * C_2 + P(B|r_h) * (V_3 - V_2)$，选择不查处的支付为 $u_2 = -P(B|r_h) * V_4$。如果，上级政府组织没有进行查处的利益驱动，选择放松监管不进行查处是最优的选择。这时由于 $C_1 < V_1$，不尽职基层集体组织有不诚实的动机，在预期上级政府组织不进行查处时，做报喜是它最优选择，它的这种均衡策略与上级政府组织的后验概率判断 $P(B|r_h) = 1 - P, P(G|r_h) = P$ 相吻合。因此由 $u_2 > u_1$ 可知：$-(1-P) * V_4 > -P * C_2 + (1-P)(V_3 - C_2)$，即：$(1-P)(V_3 + V_4) < C_2$。这种情况可解释为：即不尽职基层集体组织的比例较低，即使所有的不尽职基层集体组织都粉饰政绩，总体来看农村土地流转中的不尽职行为不严重，不值得监管部门（上级政府组织）进行大规模的查处；或虽有一定的不诚实行为，由于对其的奖励 V_3 和处罚 V_4 不大，结果使 $V_3 + V_4$ 偏小，监管部门（上级政府组织）没有查处的利益动机。故监管部门（上级政府组织）的最优选择是不查处。在这种混同均衡之下，农村土地流转上部分基层集体组织不诚实（报喜，粉饰政绩）行为存在，并且不会受到监管部门（上级政府组织）的查处。总体上看监管无效。下列策略组合与概率判断构成一个精练贝叶斯均衡：

（1）基层集体组织选择 (r_h, r_h) 即不论尽职的基层集体组织还是不尽的职基层集体组织均报喜；

（2）监管部门（上级政府组织）选择 (N, N) 即不选择查处；

（3）监管部门（上级政府组织）后验概率不发生变化，与先验概率相同，即

$P(G|r_h) = P(G) = P$

$P(B|r_h) = P(B) = 1 - P$

3. 当 $C_1 < V_1$，且 $(1-P)(V_3 + V_4) > [P + (1-P)q]C_2/q$ 时，前一个条件，使不尽职基层集体组织有粉饰政绩的动机，后一个条件可理解为不尽职基层集体组织的比例高，或在有一定粉饰政绩的情况下，对监管部门（上级政府组织）进行查处有较大激励作用，从而使监管部门（上级政府组织）有查处的动机，监管部门（上级政府组织）选择查处的期望支付 $u_1 = -P(G|r_h) * G_2 + P(B|r_h)(V_3 - V_2)$，选择不查处的期望支付为 $u_2 = -P(B|r_h) * V_4$，如果 $u_2 < u_1$，监管部门（上级政府组织）有查处的动机，这时虽然 $C_1 < V_1$，不尽职基层集体组织有报喜的动机，但只要监管部门（上级政府组织）真的查处，基层集体组织支付将为 $-C_1 - C_1^1 - V_2$，不粉饰政绩的支付为 0，所以不尽职基层集体组织的最优选择依赖于监管部门（上级政府组织）的概率判断和最优策略的选择。实际上：

$$u_1 = -\frac{P}{P+(1-P)q} * C_2 + \frac{(1-P)q}{P+(1-P)q}(V_3 - C_2)$$

$$= -C_2 + \frac{(1-P)q}{P+(1-P)q}V_3$$

$$= -\frac{(1-P)q}{P+(1-P)q}V_4$$

要使 $u1 > u_2$，即 $\frac{(1-P)q}{P+(1-P)q} * V_3 - C_2 > -\frac{(1-P)q}{P+(1-P)q}V_4$ 可推得

$$(1-P)(V_3 + V_4) > \frac{P+(1-P)q}{q}C_2,$$

故在此情况下，选择查处是监管部门（上级政府组织）的最优选择，考虑到监管部门（上级政府组织）的最优策略，不尽职基层集体组织的最优策略是汇报真实情况（报忧）。下列策略组合和概率判断构成精练贝叶斯分离均衡：

(1) 基层集体组织选择（r_h, r_s），即基层集体组织尽职时报喜，不尽职时报忧；

(2) 监管部门（上级政府组织）选择（T, N），即基层集体组织报喜查处，报忧不查处；

(3) 监管部门（上级政府组织）后验概率判断：

$$P(G|r_h) = \frac{P}{P+(1-P)q} \geq$$

$$P(B|r_h) = \frac{(1-P)q}{P+(1-P)q} \leq 1-P$$

$$P(G|r_s) = 0$$

$$P(B|r_s) = 0$$

这个分离均衡是监管部门（上级政府组织）的信息集在非均衡路径上的纯策略精练贝叶斯均衡。明知不尽职基层集体组织不敢做报喜，监管部门（上级政府组织）也要对出具报喜的基层集体组织进行检查，否则查处的威胁将不可信。当然从整个市场来看查处是一种浪费，这也是为信息不对称付出的一种代价。

4. 当 $C_1 < V_1$，$C_2 \leq (1-P)(V_3+V_4) > [P+(1-P)q]C_2/q$ 时，基层集体组织和监管部门（上级政府组织）之间有混合策略精练贝叶斯均衡。即基层集体组织尽职时做报喜，不尽职时以概率 $q*$ 和 $1-q*$ 随机地做报喜和报忧，监管部门（上级政府组织）以概率 $f*$ 和 $1-f*$ 随机选择查处和不查处。混合策略均衡要求：$q* \geq PC_2/(1-P)(V_3+V_4-C_2)$，$f* \leq (V_1-C_1)/(V_1+C_1^1+V_2)$。

在混合均衡中有部分不尽职行为，监管部门（上级政府组织）也随机地进行部分查处，总体上看不尽职部分成功，市场监管部分有效。

3.4 博弈均衡的政策解释

(1) 当 $C_1 > V_1$ 时，基层集体组织尽职时做报喜，基层集体组织不尽职时做报忧，政绩汇报反映基层集体组织真实的工作政绩，上级政府组织不用查处，农村土地流转监管完全成功。要达到如此完美的境界，$C_1 > V_1$，让不尽职基层集体组织报喜无利可图，基层集体组织自动汇报真实政绩。这要求提高基层集体组织粉饰政绩的成本和减少尽职的基层集体组织的种种优惠政策 V_1，即上级政府组织加大对不尽职的基层组织的政绩造假行为的惩处力度，降低对尽职的基层组织的奖励程度，即以"严律促廉"，而非"优赏养廉"。

(2) 当 $C_1 > V_1$，且 $(1-P)(V_3+V_4) < C_2$ 时，尽职和不尽职基层集体组织均选择做报喜，并且不会受到查处，粉饰政绩，欺骗上级政府组织行为成功，农村土地流转监管缺乏有效性。这种情况说明，虽然不尽职基层集体组织有报喜（粉饰政绩）的动机，但在 P 值一定时，$(1-P)(V_3+V_4)$ 较小，即对监管部门（上级政府组织）进行监管的奖励和处罚不力，造成监管积极性的下降，故整体上造成农村土地流转监管无效，不尽职基层集体组织报喜（粉饰政绩）成功。

(3) 当 $C_1 > V_1$，$(1-P)(V_3+V_4) > [P+(1-P)q]C_2/q$ 时，同（二）中的情况正好相反，在不尽职基层集体组织有报喜（粉饰政绩）之下，由于 $(1-P)(V_3+V_4)$ 取值较大，足以使监管部门（上级政府组织）有足够的动机进行查处，博弈结果存在监管部门（上级政府组织）的信息集在非均衡路径上的纯策略精炼贝叶斯均衡，均衡结果是不尽职基层集体组织报忧不进行政绩欺骗，监管部门（上级政府组织）对报喜要认真查处。农村土地流转监管有效。但由于信息不对称的原因，监管部门（上级政府组织）付出额外的监管成本。不过通过分析仍然说明，在 P 值一定的情况下，提高 V_3、V_4 对市场监管的重要性。

(4) 上述第四种解是农村土地流转的一般情况，这时存在监管部门（上级政府组织）和基层集体组织动态博弈的混合策略均衡，即不尽职基层集体组织以一定的概率 $q*$ 进行政绩粉饰，监管部门（上级政府组织）以一定的概率 f* 选择查处。$q*$、$f*$ 满足如下条件：

$$q* \geq \frac{PC_2}{(1-P)(V_3+V_4)-C_2}, \quad f* \leq \frac{V_1-C_1}{V_1+C_1^1+V_2}$$

从上述两式也可以看出 $q*$ 随 C_2 的增大而增大，随 V_3、V_4 的增大而减少；$f*$ 在 V_1、C_1 固定的情况下，与处罚成本 C_1^1 和 V_2 成反方向变化。

通过对上述四种解的分析，我们可以得出要使监管政策更为有效，关键在于 C_1、C_1^1、V_2、V_3、V_4 五个变量的控制，C_1、C_1^1、V_2 涉及到对土地经营权流转实施者（基层集体组织）的监管，V_3、V_4 涉及到对监管者的监管。本书将主要分析对土地经营权流转实施者的监管方面，因而可以通过加大不尽职基层集体组织的不尽职成本 C_1、C_1^1 和 V_2 来完成。C_1、C_1^1 和 V_2 表面上由基层集体组织决定，实际上真正的决定因素是农村土地流转的监管者。C_1^1 和 C_1 可以通过增加处罚力度的手段得以加大，它包括粉饰政绩的难度的增加和处罚力度的加大两个方面。而 V_2 则可以通过完善信息披露制度（政务公开），提高信息披露水平，建立社会信用体系等方式得以加强。因而通过上述博弈分析，对土地经营权流转监管，作为监管者来讲可以将信息披露（政务公开）和处罚作为两个主要的政策手段。

3.5 两个案例

3.5.1 案例一

上个世纪末期，山东省与澳大利亚南澳洲结成友好省州，在这一政治背景下，沾化县政府与南澳洲客商签订了租赁沾化县 1 万公顷（15 万亩）荒碱地进行农牧综合开发的协议，双方共同出资成立了中澳合资山东金角农牧业综合开发有限公司。1998 年 2 月 17 日，原国家土地管理局（今国土资源部）以文件同意征用沾化县富国镇等 5 个乡镇 89 个自然村共计 1 万公顷的土地，以向外商投资企业收取场地使用费的方式提供给该中澳合资公司用于农牧业综合开发,土地使用期限30年,并规定土地使用权不得转让、出租、抵押,不得改变土地用途。但澳方资金迟迟不能到位。"因为亚洲金融危机的爆发,澳大利亚客商根本无钱可投。"一位知情者说。

1999年,沾化县政府以沾政土管字(1999)第46号文件收回了金角农牧业综合开发有限公司的国有土地使用权,并将其转给了中外合资山东横店草业畜牧有限公司。

沾化县冯家镇一位失地农民气愤地说:"如果当时不是中澳合资,国家会批准使用这么多土地吗?为了等待这个中澳合资,我们的耕地从1996年底就开始荒芜,3年后地方上就这样做了主,国土资源部和国家法律真允许这么干吗?地方政府签的合同是搞农牧开发,种植苜蓿草或养畜,可这盐碱地上根本就长不好苜蓿,到如今演变为层层转包还是种棉花,除了从农民手上拿走耕地,与原来没有什么两样呀!"

3.5.2 案例二

2009年,红安县国土资源局成功查处了一起以土地承包经营权流转为名,擅自破坏耕地挖鱼塘的违法案件,既依法保护了耕地,又切实维护了农民承包权益。

3月23日下午,红安县八里湾镇国土资源所工作人员在例行土地动态巡查中,发现该镇宝剑桥村石门楼小组有人正在水田里开挖鱼塘。工作人员迅速寻找当事人,并马上向镇党委政府领导和县局监察大队报告此事。县局监察大队接到报告后,执法人员立即赶到现场。经调查了解,此次事件系该村村民吴某所为,吴某以前一直在外务工,因今年外边经济不景气,吴某便决定回乡创办养鱼、养鸭、养猪三位一体的综合开发项目,项目选址地大部分是水田,吴某熟知国家对耕地保护的严格性,便请村组干部出面协调,以农村土地流转为名,重新签订承包合同。吴某共与二十三户农民签订了农村土地流转合同书,涉及占用耕地15.2亩。没想到上午刚刚动工,下午巡查人员就发现了。执法人员一方面向吴某以及二十三户村民详细讲解国家土地管理法律法规，特别是耕地保护方面的政策，明确告知农村土地流转必须依法进行，禁止任何借流转为名占用耕地搞非农建设；同时现场向吴某下达了停工检查通知书，并限令其在两日内恢复耕地原貌，等待进一步处理。通过教育，吴某认识到了自己行为的危害性，并表示立即停工，恢复耕地原貌，废除农村土地流转合同书。

案例分析：案例一中，农民的土地在空转了一圈后却被县政府转让给其他企业，农民完全是"被流转"，在这个事件中地方政府有着不可推卸的责任。几乎所有大宗土地经营权流转最初都有着良好的初衷，国家也希望土地经营权在不改变土地用途的情况下通过流转能增加农业投入，提升农业科技含量，改变农业结构，发展农业现代化；也正是这种良好初衷得以说服群众（事实说明农民是很善良的）并获得有关监管部门认可。然而在土地经营权流转之后，由于种种原因，往往最初的承诺难以落实，许多大宗土地经营权的流转演变成土地集中为少部分人谋利，违背农民的意愿。因此加强农村土地流转尤其是大规模的农村土地流转的监管是关系到农民生计的大事，地方政府一定要加强农村土地流转的监管，慎重地处理土地经营权流转。

案例二中的吴某利用农民群众不了解国家政策的弱点企图暗度陈仓，基层的村组干部已经被拉下了水，由于上级政府部门的尽职督查到位而制止了一起违反国家政策、损害农民利益的农村土地流转行为。

3.6 小　结

农村土地流转中的监管问题已经引起众多学者与政府官员的关注，如徐明华认为：在农村土地流转的实践中，由于有些地方缺乏规范管理，出现转受双方违约争地等纠纷，还有极少数地方甚至违背农民意愿强制流转，侵害农民的土地承包权益。张斌认为：在农村土地流转缺少可供实际操作借鉴与依靠的法律规范的情况下，农村土地流转的控制权

第八章 基于博弈论视角的农村土地流转的机制设计分析

主要集中在乡镇（涉农街道）、村（社区）领导手中，少数基层领导为了政绩，将流转的土地用于非农项目。陈成文认为：目前我国农村一些不规范的农村土地流转状况，严重地影响了农民的农村土地流转意愿。此外，农村土地流转形式不规范也严重损害了农民的利益和影响了农村土地流转的顺利进行。因此，从政策的层面来看，加速农村土地流转，提高农民农村土地流转意愿，首要的是要规范农村土地流转的行为。吴百花认为在农村土地流转中存在以下侵犯农民利益的行为：其一是，在农村土地流转中，有些乡村集体组织忽视承包农户农村土地流转收益主体地位，截留、挪用农村土地流转收益，与民争利，损害了农民的利益；其二是，有些地方乡镇政府和村级组织随意变更甚至撤销农户的承包合同，集中土地搞对外招商，强迫承包农户集中流转，影响了农村土地承包关系的稳定；其三是，有些地方存在着借农村土地流转，绕过国家有关法规，大量占用耕地，改变农村土地农业用途。

1. 根据各地的农村土地流转经验看，如果没有健全的监管机制作保证，没有相应的政府机构作后盾，一旦承包者不按合同兑付租金或承包金，农民利益就无法得到保障，就会因流转费用或合同问题产生纠纷。另一方面，一旦农村土地流转出了问题，企业将难以获得预期的利润，甚至不能正常运转。因此，需要政府尤其是县（市、区）、镇各级政府加强对农村土地流转的监管，保护农民和企业双方的利益。根据《土地承包法》和农业部《农村土地承包经营权流转管理办法》规定精神，农村土地承包经营权流转的监管应该加强以下几个方面的工作：一是保护和监督发包方、承包方、接包方的权利义务关系的履行；二是保证农村土地承包应当遵守法律、法规，保护土地资源的合理开发和可持续利用。未经依法批准不得将承包地用于非农建设。三是保证农村土地承包经营权流转在坚持家庭承包经营制度和稳定农村土地承包关系的基础上，遵循平等协商、依法、自愿、有偿的原则。四是农村土地承包经营权流转不得改变承包土地的农业用途，流转期限不得超过承包期的剩余期限，不得损害农民和农村集体经济组织的合法权益。五是农村土地流转合同的档案管理以及承包纠纷的仲裁调解。

2. 在土地经营权流转的操作中，基层政府组织行使着上级政府组织的代理人以及村民委托人的双重角色，从已有的农村土地流转纠纷来看，大部分问题都与基层政府组织的不作为或乱作为有关，土地是农民最重要的生产资料，农村土地流转出了问题，将会影响农村乃至整个社会的稳定，容易酿成群体性事件，危及改革开放的成果。上级政府组织应该加强基层党组织的建设，加强党在农村的领导力量，确保各项土地政策的正确执行；要加大对违反土地政策以及侵害农民利益行为的惩处力度；利用各种形式（可以采用类似于上市公司公布财务报表的方式）定期（按年、按季度）实行村务公开与地方政府的政务公开；利用报纸、电视以及网络，加强政府农村土地流转与征用行为的信息披露，使基层组织的行政行为置于监管之下。同时要特别注意加强对县一级人民政府在农村土地流转中的行为监管，由于县一级政府在农村土地流转中拥有很大的权利，存在较大的设租空间，容易被监管对象俘获，而且我国政府层级过多，委托代理链条太长，在对县一级政府的监管中很容易出现真空状态。

第九章

研究结论与对策

2008年10月召开的十七届三中全会上,中央通过了《中共中央关于推进农村改革发展若干重大问题决定》,其中明确指出按照依法自愿有偿原则,允许农民以转包、出租、互换、转让、股份合作等形式流转土地承包经营权,发展多种形式的适度规模经营。2009年中共中央1号文件《中共中央国务院关于2009年促进农业稳定发展农民持续增收的若干意见》,该文件第18条又对建立健全土地承包经营权流转市场作出了明确的指导。由此可见,党中央对农村土地流转问题极为重视,推进与规范我国的农村土地流转要从整个国民经济与"三农问题"着眼,从制度层面入手,通过制度的设计来保证和促进农村土地流转的顺利进行。

1. 农村土地流转的指导思想

农村土地流转是当前农业与农村工作的一个重要任务,是我国建设有中国特色的社会主义的又一次制度改革与创新,对于如何制定和完善我国的农村土地流转制度,本研究有以下几个指导思想:

1.1 充分认识做好农村土地流转工作的意义和重要性

在坚持农村基本经营制度和充分尊重农民土地承包经营权的前提下，允许农村土地承包经营权依法自愿有偿流转，是农业发展的客观要求，符合党在农村的一贯政策。平稳有序地流转土地承包经营权，有利于完善农民土地承包经营权权能；有利于合理配置和充分利用土地资源，促进适度规模经营和现代农业发展；有利于促进农村剩余劳动力的转移。近些年来，各级农业部门特别是农村经营管理部门为正确引导和规范农村土地承包经营权流转做了大量工作，发挥了重要作用。目前我国农村土地承包经营权流转总体是平稳健康的。但必须看到，随着土地承包经营权流转规模扩大、速度加快、流转对象和利益关系日趋多元，迫切需要加强管理和服务，以防止发生违背农民意愿的强行流转、侵害农民土地承包权益、私自改变土地用途以及流转不规范引发纠纷等问题。各级政府部门要充分认识做好当前土地承包经营权流转管理和服务工作的重要性和紧迫性，增强责任感和使命感，把流转管理和服务作为新形势下维护农民土地承包权益，加强农村土地承包管理的重要任务，正确指导农村土地承包经营权流转平稳健康发展。

1.2 尊重农村土地流转规律

首先，我们要尊重农村土地流转的历史规律。我国家庭联产承包责任制的建立是一个历史的过程。家庭联产承包责任制下，农民以家庭为单位进行农业生产，尽管农业的生产效率不高，但是由于耕种传统和习惯的影响，一些地区农民要求农村土地流转的积极性并不是很高，特别是随着农业税的取消和国家农业补贴力度的加大，农民种地的积极性又有所回升，农村土地流转在短期内还不会像我们想象的那样迅速，在农村土地流转问题上应该坚持农民自愿的原则。

其次，我们要尊重农村土地流转的经济规律。农村土地流转属于经济的范畴，其流转的程度和规模都要与国家的经济尤其是农业经济的发展水平相适应，与农业生产力的发展水平相协调，任何阻碍和超越生产力发展水平的农村土地流转最终都会失败。所以，在农村土地流转问题上应本着从实际出发、因地制宜、分类指导、稳步推进的原则，不搞一刀切、一个模式。农村土地流转形式有多种，各个地方要结合实际情况，选择最有利于自己的方式进行改革。而且有些地方农村土地流转的条件尚不成熟，因此要政府多加强诱导，创造有利条件，向农村土地流转的方向发展。农村土地流转也要符合循序渐进的规律，不能操之过急，否则很容易给社会带来不稳定的因素，严重地影响农村的经济发展。在市场经济条件下，农民是有限理性的生产者，政府是有限理性的宏观管理者。农民的有限理性需要政府的有限理性进行校正、诱导，而政府的有限理性则决定了政府制定的制度、政策必须适应生产力的发展，并且要不断地修改、完善。回顾我国农地制度的变迁，每一次农村土地制度的变迁都离不开农民自己的主动参与，因此在构建农村土地股份制制度时，要遵循生产力要求，充分发挥农民在农村土地流转中的自主权，给予农民较大的选择空间。

1.3 农村土地流转必须要有国家的管理和支持

尽管各个国家农村土地流转的程度和方式不尽相同，但在一点上是相同的，那就是土地的流转都不同程度地受到国家的管理和规制，国家享有对土地的管理权和规划权，任何一宗土地的流转在理论上都要符合国家的相关规定，并受到法律的约束。如果农村土地流转没有国家的有效管理和合理规划，势必造成土地的兼并和资源的浪费，农民利益失去保障。国家的介入使得农村土地流转实现了规范化，有利于土地的合理流动和高效利用。当然，国家的管理也不应该侵犯和剥夺农民的利益，国家的管理权也应该得到限制。我国是一个农业大国，土地是农业的根本，土地的流转涉及整个农村和国家稳定，关系8亿多农民的切身利益，如果缺少国家的强有力的宏观管理，其后果将是十分严重的。

1.4 农村土地流转要切实保障农民的切身利益

土地的集中和规模经营是现代农业的主要特征，也是农业发展的必然趋势。农村土地流转在促进土地规模经营的同时不可避免地使一部分农民失去了土地的经营权。能否对这些人进行合理的补偿和妥善安置成为农村土地流转能否顺利进行的关键。国外对妥善安置失地农民有明确细致的规定，如英国有对小农场主的补助金、终身年金，对丧失土地开发权的土地所有者的补助金。补偿标准也有明确的规定。我国的农村土地在相当程度上还存在社会保障的功能，农村土地流转后，一定要保障失地农民的生活。总的来说要做好两方面的工作：一是健全和完善农村社会保障体系，尤其是对失地农民的社会保障，这是长远之计。二是加大对失地农民的补偿，土地补偿标准应与市场挂钩，按市场土地价格计算标准计算，补偿一定要到位，要真正落到农民手中。

1.5 农村土地流转一定要做到依法流转

我国现在农村土地制度流转的法律还很不完善，大多是对农村土地流转的原则性规定，对流转的具体程序和步骤还没有详细的规定。因此，我们应该加强农村土地流转的立法工作，使我国农村土地流转真正有法可依。首先，要通过立法明确农村土地流转中受益方的权利，实现国家、农民和第三方利益的公平。只有各方权利公平，结果才会实现公平。其次，通过法律保证农村土地流转不会造成国家耕地的减少，对国家粮食安全造成威胁。第三，在目前条件下，要通过法律来保证农村土地流转在农业内部进行，防止土地兼并和大量失地农民的产生。第四，通过法律规范土地交易市场，保证农村土地流转的公平、合理。

2. 政策建议

如何推动农村土地流转，使土地资源的配置适应我国经济高速发展，实现土地增值、农民增收，这是广大理论工作者和实际工作部门尤其是从事农村工作的领导干部必须认真思考和研究的重大问题。积极破解农村土地流转困局，充分挖掘土地生产潜力，逐步探索出与城镇化、工业化相适应，有利于统筹城乡发展，能最大限度激发和调动农民积极性和创造性的农村土地流转模式，对增加农民收入、促进农村经济发展、加快发展现代农业、建设社会主义新农村具有重要的意义。基于前面的研究分析，本书从制度建设与改革、市场培育、外部环境优化三个方面提出针对性的政策建议。

2.1 制度建设与改革

2.1.1 土地产权制度方面

完善的土地产权制度意味着首先要在法律上明确土地所有权、清晰界定土地产权边界，其次，进一步发展土地使用制度创新，降低流转的交易成本，促进产权流动性。实证部分的研究结果也证明"土地承包经营权证书"的发放与土地转入意愿正相关，表明土地产权的明确有利于土地转入方的决策行为。

第一，法律上进一步明晰土地产权，稳定承包经营权。产权的完善离不开国家的作用。国家是一种在某个特定地区内对合法使用强制性手段具有垄断权的制度安排，它的主要功能是提供法律和秩序，为行为主体的竞争、合作、博弈提供基本的框架规则。事实上，任何一项产权制度的界定、保护与实施都离不开政府的宏观作为，因为这一切都要靠国家最终以法律的形式确认，才能得以有效实施和运转。在培育农村土地流转市场的过程中，国家应明确农村土地制度的政策目标，处理好公平与效率的关系。在保护农民利益的基础上，给予农民充分的决策自主权，引导走向自下而上的良性的制度变迁过程。一是完善农地产权制度体系，以法律和配套法规的形式明确界定农地产权的权利边界，明确农地所有权的权利主体与客体范围，通过改革使农村集体经济组织成为农地生产经营的实体单位而逐步弱化其基层行政单位性质。二是明确界定农地产权利益各方的责、权、利。在明确界定农地产权权利体系及权利边界的同时，以法规和条例的方式细化农地产权利益各方责、权、利的范围，约束、规范农地产权利益各方的博弈行为，使各方的博弈行为趋向合理、经济。

第二，建立多样化的土地使用制度，探索股权经营模式。在稳定农村土地承包经营权的前提下，要肯定我国目前土地使用制度的多样化。这种多样化来自两方面：一方面农地制度的核心：即地权本身，就具有多面性；另一方面由于各地的自然经济和社会条件差距甚大，因此建立其上的自发制度创新也不可能是单一的。承包经营制框架下，不同土地使用制度之间的个人化程度差异反映了我国不同地区资源禀赋、经济约束条件以及社会制度背景的现实差异，适合的土地使用制度的建立也必须尊重农民自发的制度创新，才能促进当地经济的健康发展。我认为承包经营权的股权化作为一种有效的创新模式，有助于解决集体所有制下成员权限制造成的产权流转困境。这一模式首先在广东的珠三角地区表现出明显的优势和巨大的绩效。土地股份合作制，是在坚持土地集体所有的前提下，按照市场经济的要求，把集体土地的占有权、使用权、收益权、处置权进一步分开，集体只保留部分收益权和最终处置权。土地的占有权和收益权则分为两部分，通过股份分红，一部分归集体所有，一部分归农民个人所有；村级集体实行土地的统一规划和统一开发利用，发展适度规模经营。农村土地股份合作制，农民不与具体的地块相联系，而是将人人有份的土地折算为土地股权，社员拥有的土地股权是一种货币化的股权，而不是占有土地的实物形态，将有效克服集体所有制下"成员权"的限制。其优点在于：（1）实行土地股份合作制，改变了原来集体土地产权不能流动、农户权益无法得到体现的产权制度，建立起一种农村土地权益由集体和农民共享的农村土地产权制度，能够更好地打破社区集体经济产权制度的封闭性和凝固性，有利于提高农村资源的利用效益。（2）农村土地使用权入股，实质上是进一步确认和巩固了农户对土地的承包经营权，打破了原来寻求公平过程中集体土地按人均分的调整制度，形成了按股分配的新机制，有利于土地的集中经营，实现规模化和产业化农业发展。（3）实行土地股份合作制，有利于形成多元化的投资主体，促使跨社区、跨所有制的联合，促进土地资源和劳动力资源的合理配置和合理流动。但是，在目前，农民土地承包经营权还没有真正物权化，在转让出售仍然受到限制的情况下，土地股份合作制的制度效力也很难得以发挥。而且，这一制度也有其必需的现实条件：非农就业的发达、社区农户社会保障的依赖已经脱离土地等。在实践中需要因地制宜，不能盲目推进。

2.1.2 规范农村土地流转合同

《流转管理办法》第21条规定："承包方流转农村土地承包经营权，应当与受让方在协商一致的基础上签订书面流转合同。"笔者认为，农村土地承包经营权流转双方根据自愿原则所签订的流转合同仅产生债权的效力，受让方所取得的使用农地的权利为债权。双方可根据该流转合同，在对方侵犯自己合法权益时要求其承担违约责任。为避免纠纷，农村土地流转应做到流转程序合法、合同规范、手续完备，不论采取何种形式的农村土地流转，都必须签订好农村土地流转合同。有特殊事项的，应当在合同中补充约定。农村土地流转合同签订后，应由乡镇农经部门进行鉴证。承包方委托发包方或者中介服务组织流转其承包土地的，必须具有农户签字的书面委托转包书，流转合同由委托代理人签订。

农村土地流转涉及多方面的利益关系，必须健全制度，按规定程序进行，对原已流转的土地，凡流转手续不够完备，流转程序不够规范，或流转合同的内容不够明确的，应该经过双方同意完善合同，加以规范。[161]农经管理部门要积极督促流转双方订立流转合同；对已签流转合同的要进一步加以规范。

2.1.3 在农业补贴方面适当平衡土地流入方与土地流出方的利益

从产业发展的角度而言，农业本身不是一个利润很高、效益很好的行业，这个从农业类上市公司的财务报告中就可以体现出来，同时农业经营又具有较高的风险，因此在农村土地流转的收益分配机制中应适当平衡土地流入方与土地流出方的利益。从调查的情况来看，土地的流出方、流入方均对农业补贴有要求，所以政府应该充分重视这个问题。从稳定农村社会和发展规模经营两方面考虑，把粮食直补、良种补贴和农资综合补贴三项补贴按一定比例分配给种田大户，或者现有的"三补"政策照样落实即补给土地的流出方，另外由中央或地方财政出钱补一块给规模经营大户。这样既能让全体农民享受党的惠农政策的好处，又能起到鼓励种粮积极性的目的。二是建议给种田大户当年购买大型农机具全部实行补贴。三是建议给一定规模的种田大户专项补贴。国家对粮食主产区实行专项补贴，我们也应对种田大户实行专项补贴。

2.1.4 完善农村土地流转登记制度

从调查情况来看，还有10.86%农户没有取得土地承包经营权证书，也就是说他们的土地承包经营权并没有得到政府机关的确认。所谓登记是指经当事人申请，国家专门机关将物权变动的事实记载在国家设计的专门簿册上的事实或行为。[162]按不动产权利登记原理，不动产登记是不动产物权变动的法定公示手段，是决定不动产物权变动能否生效，或者使得物权变动取得完满效力而必须具备的程序性条件。登记的功能有两点：一是保护不动产物权自身，二是保护交易安全。土地登记是国家建立的关于土地权利的统一的法律基础制度，也是为土地权利交易提供的法律基础，并且农村土地流转登记有利于节约交易成本。

物权性的土地承包经营权与集体建设用地使用权、国有土地使用权、集体土地所有权和国有土地所有权等一道构成了我国土地不动产物权的主体部分,对土地承包经营权以物权原理登记确权的问题无法再回避。[163]土地承包经营权作为一种用益物权,要做到使流转具有安全性必须借助于一定的公示手段,并且从物权立法的角度来说,土地承包经营权的物权变动模式应该做到和整个物权法体系协调一致,而不能特立独行。针对不动产登记存在不统一的问题,学界一直主张不动产登记要统一登记法律依据,统一登记机关,统一登记效力,统一登记程序,统一权属证书,以使土地登记问题得到根本解决。[164]目前,在我国还没有专门的不动产登记机关。《农村土地承包法》第38条也仅是规定"向县级以上地方人民政府申请登记",其中没有规定具体的登记部门。《物权法(草案)》基本上改变了以往的做法,对于不动产登记制度做了统一的立法。[165]因此土地承包经营权的登记也不宜在一般不动产登记制度之外另搞一套登记制度,而应该把土地承包经营权纳入统一的土地登记之中,由登记机关将土地承包经营权、集体土地所有权、国有土地使用权、集体建设用地使用权等进行统一登记。

2.1.5 强化监督管理

我国长期存在人地矛盾,人口多、耕地少,且耕地总体质量不高,土地资源严重不足。针对这一系列问题,国家的多部法律都有耕地保护的规定。如,《土地管理法》第4条规定:"严格限制农用地转为建设用地,控制建设用地总量,对耕地实行特殊保护。"但我国长期形成的农产品与非农产品的巨大收益差距,使得农用地与非农用地存在巨大收益差额,因而必然存在农用地向非农用地转化的自发倾向,这种倾向在经济发达地区和城镇化发展快的城区更为明显。土地承包经营权流转过程中必须防止土地多次流转后改变了农用用途,造成耕地的流失或者破坏。建立农村土地市场,对农村土地流转进行必要的监督,是实现农民土地财产权和促进农用土地资源合理有效利用的基本保证。

为了防止集体经济组织、企业和个人变相地通过各类集体建设用地渠道私下占用和转用农业用地，保护有限的农地资源，在建立健全农地物权制度的同时，必须建立健全更为严格的土地用途管制制度，[166]在土地承包经营权流转中，严格土地用途管制制度，限制通过土地承包经营权的流转把农用地转为非农用地，并把这作为农村土地承包经营权流转的原则。

2.1.6 建立农村土地流转行政专职机构

第一，在县级农业行政主管部门或乡镇建立农村土地流转中心。农村土地流转中心的设立有利于形成县、乡、村三位一体的农村土地流转组织管理体系，可以不断强化对土地经营权流转的统筹管理和协调服务，起到规范土地适度规模经营的作用。如长沙县根据本县规模农村土地流转与发展现代农业的需要成立了专门的农村土地流转与现代农业建设管理机构——长沙县现代农业创新示范区管委会。所以，各地应该根据区域经济特点，选择合适的规模农业项目，引导土地定向集中流转，避免土地经营权流转过程中的盲目性和无序性，消除农村土地流转混乱对农业生产的影响。依据法律法规制定相关政策，明确土地流出人和流入人的权利、义务以及各项权能，增加农民对农村土地流转的信心，稳定农民对农村土地流转收益和制度保障预期。采取有效措施，遏制投机商人在土地使用权流转中的投机炒作行为。建立流出土地农民的外出务工服务机构，帮助他们进行专业技术培训，寻找外出务工机会，促进农村劳动力的有效转移，为农村土地流转预留空间。

第二，建立农村土地流转价值评估机构和项目策划机构。为了确保农村土地流转中各方的利益，首先应该建立农村土地流转价值评估机构，对流转土地进行价值评估，对用地项目进行前景效益分析，保证农村土地流转价格和土地用途的匹配性和合理性；其次为了确保土地流入方项目经营的成功，应建立农村土地流转项目策划机构，实施项目策划，将符合当地经济特点的产业化项目与流转用地进行对接，提出项目可行性分析和长期经营策略,并进行后续支持和跟踪服务,努力做到流转一个成功一个,同时也可以为当地的老百姓带来一定的收益。

第三,建立土地经营权流转仲裁机构。土地经营权流转仲裁机构或中介机构可以为流转双方提供民事仲裁、公证、法律咨询与援助等,促进流转的合法化和规范化。

2.1.7 采取农村土地流转风险防范

首先应发展农业保险制度,降低投资者经营风险,提高其履约能力;其次可以设立农村土地流转风险基金。在产业发展项目扶持资金中安排一定的经费,农业经营者每年交纳适当的保证金,农户在农村土地流转收入中提存适当经费,共同组成农村土地流转的风险基金,交由乡镇信托服务机构管理,并接受政府的监督。当经营失败时,风险基金优先用于支付农民的收益损失和土地复耕;再次,可以建立土地租赁费提前预付和土地复耕担保费制度,确保农民的最低收益不受损失。以土地承包权入股时,制定农民基本收益托底的办法,公司清算时不得将农户土地纳入破产财产。

2.2 市场培育方面

2.2.1 农村土地流转主体的培育

在改革农村土地制度的基础上,通过做好一系列配套改革,培育农村土地流转供需主体的形成。

(1) 健全农村社会保障制度,弱化土地社会保障功能。农民不愿放弃土地致使土地难以流转起来的首要原因是没有土地就没有生活保障,前面的实证研究证明:对"土地的经济功能的判断"与土地转入意愿负相关,也就是说认为土地经济收益比较高的农户转出土地的概率比较低。有超过半数的农户认为土地具有解决温饱问题的功能,但因为农村社会保障机制的缺失,农户不敢把农村土地流转出去。因此,必须加快建立农民生活保障体系。就目前农村现状来看,第一步就要保证农民最低生活标准和建立养老保险及农民医疗保险制度，只有这些制度建立起来，农民才会消除没有土地的后顾之忧，这不但有利于农村土地流转和实现土地规模经营，还有利于农民完全进入市场经济。中央农村工作会议在部署2007年新农村建设工作时，明确提出要"积极探索建立覆盖城乡居民的社会保障体系，在全国范围建立农村最低生活保障制度，鼓励已建立制度的地区完善制度，支持未建立制度的地区建立制度"。建立农村最低生活保障制度是维护农民作为公民应当享有的生存权利的需要，是实现社会稳定、构建和谐社会的需要，是健全农村社会保障体系、改革和完善传统农村社会救济制度的需要，是市场经济发展的客观要求，也是促进农村经济发展的需要。

第一，建立适合农村区域经济发展水平的，与我国国情相适应的农村社会保障制度。农民社会保障制度安排的重点在于三个方面：农村社会养老保险制度、最低生活保障制度、农村医疗保障制度。由于中央和地方政府的财力有限，以及我国农民的收入普遍不高，并且农村不同地区之间经济发展水平不平衡将长期存在，所以在全国范围内建立统一的农村社会保障制度显然是缺乏现实的经济基础的。因此，应该在健全机制的基础上，采取因地制宜的策略，按照地区的不同分别推进农村社会保障工作。

第二，加快户籍制度改革，建立城乡统一的劳动力市场。旧有的户籍制度一直是阻碍农民工真正融入所在城市的根本所在，因为户籍的障碍，农民工无法享受到和城市居民平等的教育权、财产权、劳动权、社会福利保障权等等，使农民工始终感觉低人一等。因此，要加快户籍制度改革，使农民工能够突破户籍制度障碍，实现由"农民"身份向"市民"身份的转变。城市的就业政策上也应消除对城乡居民不平等的待遇，取消对农民工市场准入的门槛，消除对农民工及其子女的歧视，给予农民工平等的工作机会，同时要加强对规范用工的监督，强制用人单位与农民工签订用工合同。

第三，重视和做好农民工的社会保障。只有在完善的保障前提下，农民才可能脱离对土地的依赖，使土地真正在流转中实现价值。根据不同就业情况，对不同层次的农民工，要逐渐纳入到社会保障体系中。其一，对那些拥有比较稳定职业并且已经在城市就业较长时间的农民工，他们实际上已经融入了城市，应将他们纳入城镇社会保障体系；其二，对于那些流动性较大的农民工，则可设计一种过渡性方案，在一定范围内分档次供农民工自愿选择。其三，实现农民工养老保险的异地流转。长期以来，养老保险不能跨地转移续接，严重影响了外来工参保的积极性。而每年岁末，都有很多返乡农民工到社保部门退保。由于流动性大，可能今天还在城市打工，明天就回乡种地去了，对农民工来说，养老关系不能异地（跨省）转移，退保时又只能拿走自己上缴的那部分钱，损失很大，造成农民工不愿投保。

（2）创新机制，积极培育种粮大户。作为农村土地流转需求方的种粮大户有以下几个特点：一是自身素质较高，具有一定社会影响力；二是经营规模大，土地相对集中连片；三是户主多为年富力强的中年人；四是经营效益较好，具有一定的经济实力。种粮大户为国家的粮食安全和农村经济发展作出了积极贡献，主要表现为：实现了土地规模经营，提高了土地的利用率和产出率；持续增加生产性投入，促进了粮食增产；促进了农村劳动力转移，带动了农民增收致富。所以作为农村土地流转需求方的种粮大户影响着农村土地流转发展的深度与广度，各级政府应该从以下几个方面加大对种粮大户的扶持力度。

第一，加强对种粮大户农业基础设施建设投入的支持。各级政府要加大对种粮大户井、电、渠、林、路等农业基础设施建设的支持力度，把农业综合开发、土地整理复垦、农田水利工程建设、沃土工程等农业项目、重点工程优先安排在大户的承租地中实施，不断改善生产条件，提高粮食综合生产能力。

第二，加大对种粮大户的农业补贴力度和资金支持力度。在粮食直补、良种补贴和农资综合补贴上,要对种粮大户按实际种植面积进行补贴,实现全覆盖。在农机具购置补贴上,要优先种粮大户,使大户将先进适用、技术成熟、安全可靠、节能环保、服务到位的农机具广泛应用到生产中,提升机械化作业水平,提高劳动生产率。加大对种粮大户的资金扶持力度。市、县区两级财政都要安排一定数量的资金,专门用于扶持规模较大、带动能力较强、有一定发展潜力的种粮大户率先实行规模集约经营。

第三,加强种粮大户的科技培训力度,引导扶持种粮大户实行标准化生产。各级农业部门要定期对种粮大户进行科技培训,要经常组织外出参观学习,提高其科技文化素质;同时,对选用新品种,应用新技术要给予适当补助,努力提高科技在粮食生产中的贡献率。同时加大基地认定、产品认证力度,打造品牌农业。对认定基地、认证产品的大户要给予适当补助。

第四,加大信贷支持力度。农行、信用社等金融部门要加强对大户的信贷支持。降低门槛、放宽条件,搞好上门服务,要积极探索允许大户以权属清晰、风险可控的大型农用生产设备、承租地使用权等抵押贷款,解决资金周转困难问题。

第五,加快发展农业政策性保险。要加快发展政策性种粮保险,把种粮大户作为农业保险试点,切实解决种粮大户投入大、风险大的顾虑。

2.2.2 中介组织的培育

建立和完善中介组织,就是要建立起与市场经济客观要求相适应的配套环节,促进农地使用权合理流转,实现农用土地规模化、集约化、机械化经营。建立农地使用权流转中介组织的作用在于,发挥专业机构的优势,规范和畅通市场交易,促进农地资源的优化配置。

1. 农村土地流转的中介组织能有效地降低农村土地流转的交易成本。首先中介组织通过专业化的渠道搜集整理农村土地流转供需双方的信息，建立起农地使用权流转交易信息网络，及时提供流转供需的区位、数量、质量、价格等信息，可以及时地矫正农村土地流转双方的信息不对称。其次中介组织专业的评估也能为供需双方提供较好的参考服务，还作为多个分散农户的代理方，有利于减少供需双方的讨价还价成本。

2. 农村土地流转的中介组织能有效地降低农村土地流转的交易风险。中介组织可以从专业的角度较好地提供政策、法律、管理等方面的咨询，通过书面合同约束双方行为，改变原有的口头协定具有较大随意性的流转方式，进而降低农村土地流转交易带来的风险。

3. 农村土地流转的中介组织能有效地提升土地流出方的谈判地位。在农村土地流转的谈判中，中介组织代表所有有土地转出意愿的农户与需求者谈判，有利于相邻土地的协调，本身就从数量、地块的大小等方面增加了需求者获得规模效应的预期，同时减少了原来单个农户与土地需求方单打独斗的弱势地位，供给者的统一行动有助于提升其市场力量，获取较为理想的交易价格。

在农村土地流转的过程中，为了促进农村土地流转中介组织的发展，使其功能得到充分的发挥，我们应该高度认识到中介组织在农村土地流转中的地位与作用，努力为中介组织的发展创造良好条件。首先，要为中介组织创造良好的社会环境。一方面，要减少政府的行政干预，不要把农村土地流转中介组织与村委会纠缠在一起，让中介组织自己经营；另一方面，要建立健全中介组织的准入与管理的各项规章制度，从法律角度保障中介组织的合法地位和权益，并规范中介组织的经营和运作行为。同时，从资金与政策方面鼓励支持农民自发组织成立新型的内生型的农村土地流转中介组织，优化中介组织的产业组织。其次，农村土地流转中介组织也要加强自身的建设和完善。中介组织除了要专业化地收集土地供需双方的信息外，还必须提升自身土地测量评估、估价和土地合同管理以及提供相关法律咨询与经营管理等方面的业务能力。

2.3 外部环境方面

2.3.1 各级政府继续加大对农业与农村的投入力度

首先要加大对农村教育、公共卫生事业以及对弱势群体扶持等的投入。这些都与农村土地流转有着密切的联系，因为农民长期以来对土地产生严重的依赖，一个最重要的原因就是农民的收入主要来自于农地。从前面的实证分析也可以看出，农村中收入水平处于上层的农户有着较强的土地转出意愿，通过这些措施弱化土地的社会保障功能，提高农民的收入水平，也就大大改善农村土地流转的运作环境，有效地促进农村土地流转；其次应加强农业基础设施建设，给种田大户以项目支持，以保护他们转入土地从事农业规模经营的积极性。从前文的实证研究部分可以看到，农业基础设施建设投资是一种具有专用性资产性质的投资，其本身又具有公共产品的性质，依靠私人投资肯定是投资不足的，这反映在调查中发现的农田水利设施年久失修，山塘水库淤塞严重、土壤肥力情况不容乐观等。2008年的中央1号文件就是以加强农业基础建设为主题，各级党委与政府应把种田大户以及规模经营的农田基础设施建设考虑进去，给种田大户以项目上的支持。主要是加强对一定规模的种田大户的小型农田水利建设。要把土地平整项目和水库保险项目优先安排在他们农田区域，同时优先考虑所在乡村的机耕路的建设问题，也可用以奖代补的政策鼓励种田大户在农业基础设施建设中投入。

2.3.2 加快中西部地区城市化步伐，为农村劳动力的转移创造条件

随着经济与社会的发展，经济结构转换与农业人口的减少是一个必然的趋势。目前，在美国、加拿大、英国和法国，农业人口所占比例不超过总人口的5%，而美国所占比例更小，为3.6%，[167]因此转移农村劳动力，减少农村人口意义非凡。当前我国经济发展的一个最大问题就是就业结构的转换严重滞后于产业结构的转换。当然转移农村劳动力一

方面要继续发挥已有的沿海发达地区吸收劳动力的优势,引导农民工向沿海城市转移;另一方面要加快中西部小城镇发展,让部分农民迁入小城镇,从事二、三产业,使农民有基本的生活来源,农民才有可能自愿放弃承包地。只有农村劳动力实现了稳定、大规模的转移,才能加快农村土地流转进程。因此,努力发展二、三产业,加城镇化发展进程,积极支持中西部中小城市的发展,增强中西部城市的人口吸纳能力,大规模地减少农民,是农村土地流转的经济基础。各级政府都应建立专门机构,研究和组织农村劳务输出,并且根据市场需求对劳动力进行培训,提高农村劳动力素质,加大农民的就业培训、技术培训、拓宽就业渠道,还要大力发展乡镇工业,发展私营经济,带动农村剩余劳动力的转移。农村土地流转在农村,流转条件必须由城镇创造,这是一个城乡联动的问题,也是一个城乡二元经济体制向一元体制转型的问题。没有城镇的配合,农村的承包土地是流转不起来的。我们的目标是,让更多的农民工具备在二、三产业的就业能力,具备在城镇安家的能力,这既有利于国家工业化、城镇化,又可以使农村承包土地流转起来,发展规模经营,推进现代农业建设的步伐。农民工融入城镇的基本条件是:在城镇有稳定的职业、比较高的收入、固定的居所、可靠的社会保障。有了这些基本条件,农民工才能自愿离开土地。我们要想使农村富余劳动力转移出去,使农村土地流转起来,就要集中精力创造农民工融入城镇的基本条件,而不是其他。当然,也有一些农民工虽然不具备融入城镇的条件,因家里没有劳动力,采取不同方式暂时把承包农村土地流转出去了,但这种流转关系很不稳定,遇到外界环境的冲击失业后还是离不开家里的承包土地。从长远考虑,应当把着眼点放在积极为农民工创造融入城镇的条件上。[168]

2.3.3 加大农业招商引资力度,实现农村土地流转与现代农业园区建设有机结合

目前县乡两级工业与城建的招商引资力度较大,而农村农业方面招

商引资的力度相对较小。发展土地规模经营，需要招商引资。长沙县的农村土地流转工作就很好地说明了这一点。长沙县的圣毅园项目，规模已经很大，超过了解放前的大地主的土地面积，跟国外农庄主相比也毫不逊色，在科学种田和机械化作业上有重大进步，具有现代农业的特征与性质；但另一种模式则比较落后，只是一种简单的土地集中，在生产技术与产业组织方面并没有质的变化，这种模式还算不上真正的现代农业。而国外的土地规模化经营，是按社会化生产、企业化运作、标准化管理要求的。我国大部分农村土地流转离规模经营还有很大的距离。所以我们要不断探索农村土地农民集体所有制的多种实现形式，探索农村土地流转的多种形式。当前要积极推广农民以土地入股的形式参与大户的土地规模经营、参加农村经济合作组织、加入龙头企业，让农民成为股东，通过土地入股，分享土地增值带来的红利。

参考文献

[1] 陈锡文. 解读十七届三中全会决定, http://www.zhong guo lao qu jian she.com/ epaper/ ShowArticle.asp? ArticleID=4209.

[2] 林毅夫. 制度、技术与中国农业发展 [M]. 上海: 上海三联书店, 1992: 18~189.

[3] 韦森. 文化与制序 [M]. 上海: 上海人民出版社, 2000: 65~89.

[4] 周其仁. 产权与制度变迁——中国改革的经验研究 [M]. 北京: 社会科学文献出版社, 2002: 87-96.

[5] 罗伊·普罗斯特曼等. 中国农村土地使用权制度面临的关键问题 [C]. 中国农民土地使用权法律保障国际研讨会交流论文. 中国 (海南) 改革发展研究院, 2002

[6] 钱忠好. 中国农村土地制度变迁与创新研究 [M]. 北京: 中国农业出版社, 1999: 63-78.

[7] 姚洋. 土地、制度和农业发展 [M]. 北京: 北京大学出版社, 2004: 56~187.

[8] 蒋永穆, 安雅娜. 我国农村土地制度变迁的路径依赖及其创新 [J]. 经济学家, 2003 (3).

[9] 冯子标. 土地市场化与"三农"问题的出路 [J]. 中国农村观察, 2002 (5).

[10] 王安岭. 关于农村土地市场发展问题 [J]. 苏州铁道师范学院学报, 2002 (12).

[11] 张新光. 论农地平分机制向市场机制的整体性转轨 [J]. 华东理工大学学报（社会科学版），2003（3）.

[12] 王克强. 刘红梅著. 中国农村地产市场研究 [M]. 上海：上海财经大学出版社，2003.

[13] 李晓明，茆志英. 中国农村土地承包制度的新制度经济学思考 [J]. 乡镇经济，2006（1）：22~25.

[14] 靳相木. 中国乡村地权变迁的法经济学研究 [M]. 北京：中国社会科出版社，2005：125~129.

[15] 郑景骥，葛云伦. 中国农村土地使用权流转的理论基础与实践方略究 [M]. 成都：西南财经大学出版社，2006：147~149.

[16] 廖小军. 中国失地农民研究 [M]. 北京：社会科学文献出版社，2005：156~189.

[17] 孙少岩. 从制度经济学角度分析农村土地流转 [J]. 税务与经济，2007（1）：26~29.

[18] 罗必良. 农村土地流转须有严格而规范的制度匹配 [J]. 农村工作通讯，2008（21）：25~26.

[19] 蔡继明. 农地流转与土地法规修订 [J]. 理论前沿，2009（7）：32~36.

[20] 聂华林. 农村土地使用权转让的经济分析与制度设计 [J]. 兰州商学院学报，2001（5）：35~39.

[21] 刘启明. 关于辽宁省农村土地使用权流转情况的调查报告 [J]. 农业经济，2002（1）：25~29.

[22] 浙江大学农业现代化与农村发展研究中心、浙江省农业厅联合调查组. 农村土地流转：新情况、新思考 [J]. 中国农村经济，2001（10）：25~27.

[23] 梁亚荣，刘安然. 新农村建设与农地使用制度改革 [J]. 中国农史，2006（3）：34~36.

[24] 李明宇. 论农村土地流转制度改革与建设社会主义新农村 [J]. 安徽农业科学, 2006 (10): 23~24.

[25] 冷崇总. 试论农村土地使用权流转 [J]. 上海农业经济, 1999: 4.

[26] 张凤珍. 关于土地市场化改革的几点思考 [J]. 经济界, 2001 (1): 25~27.

[27] 季虹. 论农地使用权的市场化流转 [J]. 农业经济问题, 2001 (10): 36~39.

[28] 刘友凡. 稳定承包权 放活经营权 [J]. 中国农村经济, 2001 (10): 28~32.

[29] 张红宇. 农村土地使用制度变迁: 阶段性、多样性与政策调整 [J]. 农业经济问题, 2002 (3): 28~30.

[30] 邵书慧. 农村土地流转动力机制初探 [J]. 党史文苑, 2005 (12): 53~55.

[31] 陈永志, 黄丽萍. 农村土地使用权流转的动力、条件及路径选择 [J]. 经济学家, 2007 (1): 51~58.

[32] 曾新明, 侯泽福. 农村集体土地使用权流转之法律研究 [J]. 农村经济, 2006 (10): 36~40.

[33] 高汉. 关于土地承包经营权流转的法律分析 [J]. 中州学刊, 2006 (5): 90~92.

[34] 张红宇. 中国农村的农村土地制度变迁 [M]. 北京: 中国农业出版社, 2002: 28~38.

[35] 宋山梅等. 贵州农村土地流转现状调查与对策思考 [J]. 农业经济, 2009 (3): 33-34.

[36] 郑静波. 农村土地流转——农业结构调整绕不开的话题 [J]. 农村改革与发展, 2001 (1): 15-19.

[37] 邹伟, 吴群. 基于交易成本分析的农用地内部流转对策研究

[J]. 农村经济, 2006 (12): 12~15.

[38] 韩连贵. 关于农村土地使用权流转的发展趋势分析 [J]. 经济研究参考, 2005 (10): 35~38.

[39] 史清华, 徐翠萍. 农户家庭农地流转行为的变迁和形成根源 [J]. 华南农业大学学报（社会科学版）, 2007 (6): 38~42.

[40] 戴中亮. 农村土地使用权流转原因的新制度经济学分析 [J]. 农村经济, 2004 (1): 24~28.

[41] 王克强, 刘红梅. 经济发达地区农地市场中农户土地供给和需求双向不足研究 [J]. 经济地理, 2001 (12): 45~49.

[42] 初玉岗. 企业家短缺与农地流转之不足 [J]. 中国农村经济, 2001 (12): 36~38.

[43] 肖文韬. 农地流转约束与农户兼业行为 [J]. 武汉理工大学学报（信息与管理工程版）, 2005 (6): 52~56.

[44] 张红宇. 中国农地制度变迁的制度绩效：从实证到理论的分析 [J]. 中国农村观察, 2002 (2): 16~19.

[45] 邢姝媛, 张文秀, 李启宇. 当前农地流转中的制约因素分析 [J]. 农村经济, 2004 (12): 23~27.

[46] 田传浩, 贾生华. 农地制度、地权稳定性与农地使用权市场发育：理论与来自苏浙鲁的经验 [J]. 经济研究, 2004 (1): 36~45.

[47] 钱忠好. 农地承包经营权市场流转的困境与乡村干部行为：对乡村干部行为的分析 [J]. 中国农村观察, 2003 (2): 23~28.

[48] 叶剑平, 普罗斯特曼等. 中国农村土地农户30年使用权调查研究 [J]. 管理世界, 2000 (2): 56~65.

[49] 傅晨, 范永柏. 东莞市农村土地使用权流转的现状、问题与政策建议 [J]. 南方农村, 2007 (2): 32~35.

[50] 金永思. 农用地流转机制建立的难点分析与对策建议 [J]. 中国农村经济, 1997 (9): 24~28.

[51] 初玉岗. 企业家短缺与农地流转不足 [J]. 中国农业经济, 2001 (12): 24~28.

[52] 邓大才. 农村土地使用权流转研究 [J]. 财经问题研究, 1989 (10): 25~28.

[53] 张秉福. 土地适度规模经营: 问题与对策 [J]. 经纪人学报, 2006 (3): 36~38.

[54] 钱文荣. 试论我国农地利用及保护中的市场缺陷与政府保护不足 [J]. 浙江社会科学, 2000 (5): 25~29.

[55] 黎元生. 农村土地市场发育滞后的原因与对策 [N]. 福建师范大学学报, 1999 (4): 24~29.

[56] 覃美英, 程启智. 农地使用权流转市场有效需求不足的成因研究 [J]. 理论导刊, 2007 (3).

[57] 蒋满元. 农村土地流转的障碍因素及其解决途径探析 [J]. 农村经济, 2007 (3).

[58] 余艳琴, 查俊华. 产权缺失与委托代理失效——联产承包责任制下农地制度的困境分析 [J]. 农业经济导刊, 2004 (5).

[59] 孙国峰, 郑绍庆. 农村土地使用权流转与经济系统演进中的原始积累问题 [J]. 农业经济导刊, 2004 (5): 45~48.

[60] 高小军. 论中国农村土地——产权制度改革的方向和路径 [J]. 农业经济导刊, 2004 (8).

[61] 张斌等. 对当前农村土地流转问题的调查与思考 [J]. 现代金融, 2009 (3): 29~30.

[62] 周其仁. 产权与制度变迁——中国改革的经验研究 (增订本) [M]. 北京: 北京大学出版社, 2003: 157~164.

[63] 姚洋. 土地、制度和农业发展 [M]. 北京: 北京大学出版社, 2004: 58~62.

[64] 张文秀. 农户土地流转行为的影响因素分析 [J]. 重庆大学

学报（社会科学版）2005（1）：14~17.

[65] 钟涨宝，陈小伍等. 有限理性与农地流转过程中的农户行为选择 [J]. 华中科技大学学报（社会科学版），2007（6）：45~50.

[66] 张红宇. 中国农地调整与使用权流转：几点评论 [J]. 管理世界，2002（5）：35~41.

[67] 钱忠好. 农村土地承包经营权产权残缺与市场流转困境：理论与政策分析 [J]. 管理世界，2002（6）：26~30.

[68] 韩俊. 如何推进农民土地使用权合理流转 [J]. 农业工程技术（农业产业化），2006（1）：35~38.

[69] 甘庭宇. 土地使用权流转中的农民利益保障 [J]. 农村经济，2006（5）：29~32.

[70] 胡同泽，任涵. 农村土地流转的主体阻碍因素分析及其对策 [J]. 价格月刊，2007（7）：15~18.

[71] 刘洪彬，曲福田. 关于农村集体建设用地流转中存在的问题及原因分析 [J]. 农业经济，2006（2）：36~39.

[72] 徐明华. 关于湖南农村土地流转的调查与思考 [J]. 新湘评论，2009（1）：38~40.

[73] 魏君英. 基于新农村建设的农村土地流转问题研究 [J]. 农村经济与科技，2009（7）：41~42.

[74] 陈成文，赵锦山. 农村社会阶层的农村土地流转意愿与行为选择研究 [J]. 湖北社会科学，2008（10）：37~40.

[75] 严永. 农村土地流转的问题及对策探析 [J]. 湘潮（下半月），2009（5）：22~23.

[76] 吴百花. 农村土地流转过程中的多元主体博弈分析—关于义乌市农村土地流转的调查与思考 [J]. 中共浙江省委党校学报，2009（2）：115~119.

[77] Cheung, Steven, N.S *"The Theory of share Tenancy,"* Chicago：

The University of Chicago Press, 1969.

［78］D. C. North. 经济史中的结构与变迁［M］. 上海：上海三联书店, 1991: 124 - 158.

［79］Ruttan, Vernon and Yujiro Hayami, "Toward a Theory of Induced Innovation." *Journal of Development Studies*, 1984.

［80］西奥多·W·舒尔茨. 改造传统农业［M］. 北京：商务印书馆, 1987.

［81］［美］H. 范里安. 微观经济学：现代观点［M］. 上海：上海三联书店, 上海人民出版社, 2000.

［82］［美］科斯. 哈特. 斯蒂格利茨. 契约经济学［C］. 北京：经济科学出版社, 2000.

［83］TERRY V D. Scenarios of Central European Land Fragmentation［J］. *Land Use Policy*, 2003（20）：149~158.

［84］BOGAERTS, WILLIAMSON IP, PENDEL. E. M. The Roles of Land Administration in the Accession of Central European Countries to the European Union［J］. *Land Use Policy*, 2002, 19（1）：29~46.

［85］哈罗德·德姆塞茨. 所有权、控制与企业［M］. 北京：经济科学出社, 1999: 153~169.

［86］路易斯·普特曼, 兰德尔·克罗茨纳. 企业的经济性质［C］. 孙经纬译, 上海：上海财经大学出版社, 2002.

［87］胡家勇. 转型、发展与政府［M］. 北京：社会科学文献出版社, 2003：269~295.

［88］张红宇. 中国农村的农村土地制度变迁［M］. 北京：中国农业出版社, 2002：147~158.

［89］罗伯特·考特, 托马斯·尤伦. 法和经济学［M］. 上海：上海三联书, 1994：147~159.

［90］［日］速水佑次郎. 发展经济学——从贫困到富裕［M］. 李

周译,北京:社会科学文献出版社,2003:185-196.

[91] 道格拉斯·C·诺斯. 经济史中的结构与变迁 [M]. 上海:上海三书店,1994:254~258.

[92] 哈罗德·德姆塞茨. 所有权、控制与企业 [M]. 北京:经济科学出版社,1999:142~159.

[93] [日] 速水佑次郎. [美] 弗农·拉坦. 农业发展的国际分析 [M]. 郭熙保,张进铭等译,北京:中国社会科学出版社,2000:254~263.

[94] 奥利弗·E·威廉姆森. 资本主义经济制度 [M]. 北京:商务印书馆. 2002:16.

[95] 奥利弗·哈特. 企业、合同与财务结构 [M]. 费方域译,上海,上海三联书店. 1998:14.

[96] 谭清美,周之豪. 从帕累托效率谈影子价格 [J]. 河海大学学报,2000(3):60~64.

[97] 卢现祥. 西方新制度经济学 [M]. 北京:中国发展出版社,2003:80.

[98] 诺斯. 制度变迁的理论:概念与原因 [M]. 上海:上海人民出版社,257.

[99] 哈特(Hart O.), *Firms, Contracts, and Financial Structure*. Oxford: Oxford University Press, 1995.

[100] Donaldson, Evidence, Thomas, and Lee E. Preston, "The stakeholder theory of the corporation: Concepts, Implications", *Academy of Management Review*, 1995; vol. 20 (Jan).

[101] Aoki, Masahiko, "Towards an economic model of the Japanese firm", *Journal of Economic Literature* 1990; vol. 28, pp1~27.

[102] Demsetz, Harold, "The structure of ownership and the theory of the firm", *Journal of Law and Economics*, 1983, vol. 26, pp375~390.

[103] 张维迎. 所有制、治理结构及委托代理关系 [J]. 经济研究, 1996 (9): 3~15.

[104] 杨瑞龙, 周业安. 一个关于企业所有权安排的规范性分析框架及其理论含义 [M]. 经济研究, 1997 (1): 12~22.

[105] 费方域. 企业的产权分析 [M]. 上海: 上海三联书店、上海人民出版社: 120-158.

[106] Fama, Eugene and Jensen, M. C., "Separation of Ownership and Control", *J. Law and Economics* 1983; vol. 26, pp. 301~325.

[107] 张维迎. 所有制、治理结构及委托代理关系 [J]. 经济研究, 1996 (9): 3~15.

[108] 以长沙县圣毅园农庄项目为例, 据项目投资人周猷庚介绍, 土地平整后, 上千条田埂将被推平, 将扩大可耕地面积15%左右.

[109] 青海省农调队. 青海调查: 税改后农村土地承包现状及对策, http://www.sannong.gov.cn/fxyc/ncjjfx/200507110156.htm.

[110] 湖南省农调队. 对湖南农村土地流转情况的调查与思考, http://www.sannong.gov.cn/fxyc/ncjjfx/200501130664.htm.

[111] 冷淑莲, 徐建平等. 农村土地流转的成效、问题与对策 [J]. 价格月刊, 2008 (5): 6.

[112] 黄祖辉, 王朋. 农村土地流转: 现状、问题及对策——兼论农村土地流转对现代农业发展的影响 [J]. 浙江大学学报 (人文社会科学版), 2008 (3): 38~47.

[113] 丁关良. 农村土地承包经营权性质的探讨 [M]. 中国农村经济, 1999 (7): 26~29.

[114] 陈小君. 农村土地承包法错位将降低该法效力 [M]. 改革内参, 2003 (16): 25~30.

[115] 尹田. 法国物权法 [M]. 北京: 法律出版社, 1998: 35.

[116] 梁慧星. 中国物权法研究 [M]. 北京: 法律出版社,

1998: 705.

[117] 王卫国. 中国土地权利研究 [M]. 北京: 中国政法大学出版社, 1997: 20.

[118] 江平. 中国土地立法研究 [M]. 北京: 中国政法大学出版社, 1999: 142.

[119] 钟涨宝, 汪萍. 农地流转过程中的农户行为分析——湖北、浙江等地的农户问卷调查, 中国农村观察, 2003 (6).

[120] Besley, Timothy, 1995, "Property Rights and Investment Incentives: Theory and Evidence from China" [J]. *The Journal of Political Economy*, 103 (5): 903 – 937.

[121] North. D. C, 1990, "Institutions and Credible Commitment" [J], *Journal of Institutional and Theoretical Economics* 149: 11~23.

[122] 全国农村固定观察点办公室. 当前农村土地承包经营管理的现状及问题 [J]. 农村经济研究参考, 2002 (4).

[123] 杜鹰等. 中国农村人口变动对农村土地制度改革的影响 [M]. 北京: 中国财政经济出版社, 2002: 1~2.

[124] 三农中国 http: //www. snzg. cn.

[125] 翁章好. 效率、公平的环境依赖与制度选择的原则——均田承包制、两田制与标用地制的制度比较与选择 [J], 东南学术, 2001 (2): 25~29.

[126] 张红宇等. 中国农村土地使用制度变迁 [J]. 农业经济问题, 2002 (2): 26~30.

[127] Polanyi, K., Conrad M. Arensberg, and Harry W. Pearson, eds, *Trade and Market in the Early Empires: Economies in History and Theory* [M], Free Press, 1957.

[128] Popkin, S., *The Rational Peasant: the Political Economy of Rural Society in Vietnam* [M]. University of California Press, 1979.

[129] Schultz, T. W., 改造传统农业 [M]. 中译本, 北京: 商务印书馆, 1987.

[130] Scott, J. C., 农民的道义经济学: 东南亚的反叛与生存 [M], 南京: 译林出版社: 2001.

[131] 贺振华. 农村土地流转的效率: 现实与理论 [J]. 上海经济研究, 2003 (3): 22~28.

[132] 周亚越等: 农村土地流转: 农民意愿与政策建议——基于江浙沪6个乡村的调查 [J]. 农村经济, 2009 (7): 19~22.

[133] 假设事件发生的概率服从累积LogistiC分布的条件概率模型就称为Logit模型, 假设事件发生的概率服从累积正态分布的条件概率模型就称为Probit模型.

[134] 宋山梅. 贵州农村土地流转现状调查与对策思考 [J]. 农业经济, 2009 (9): 17~20.

[135] 陈成文, 赵锦山: 农村社会阶层的农村土地流转意愿与行为选择研究 [J]. 湖北社会科学, 2008 (10): 27~40.

[136] 钟涨宝, 汪萍. 农地流转过程中的农户行为分析——湖北、浙江等地的农户问卷调查 [J]. 中国农村观察, 2003 (6): 55~64.

[137] 李功奎, 钟甫宁. 农地细碎化、劳动力利用与农民收入 [J]. 中国农村经济, 2006 (4): 42~48.

[138] 王秀清, 苏旭霞. 农地细碎化对农业生产的影响 [J]. 农业技术经济, 2002 (2): 2~7.

[139] 刘涛等. 土地细碎化、农村土地流转对农户土地利用效率的影响 [J]. 资源科学. 2008 (10): 1511~1516.

[140] 徐明华. 关于湖南农村土地流转的调查与思考. 新湘评论, 2009 (1): 38~40.

[141] 谭淑豪, Nico Heerink, 曲福田. 土地细碎化对中国东南部水稻小农户技术效率的影响 [J]. 中国农业科学, 2006 (12): 2 467~

2 473.

[142] 谭淑豪, 曲福田. 土地细碎化的成因及其影响因素分析[J]. 中国农村观察, 2003 (6): 24~30.

[143] 姚洋. 中国农地制度: 一个分析框架[J]. 中国社会科学, 2000 (2): 54~65.

[144] Klause Deininger, Songqing Jin. The potential of land markets in the process of economic development: Evidence from China [J]. *Journal of Development Economics*, 2005 (78): 241~270.

[145] 周亚越等. 农村土地流转: 农民意愿与政策建议——基于江浙沪6个乡村的调查[J]. 农村经济, 2009 (7): 19~22.

[146] 叶剑平, 蒋妍, 丰雷. 中国农村土地流转市场的调查研究——基于2005年17省调查的分析和建议[J]. 中国农村观察, 2006 (4): 48~55.

[147] 姚洋. 集体决策下的诱导性制度变迁[J]. 中国农村观察, 2000 (2): 11~20.

[148] 肖文韬. 交易封闭性、资产专用性与农村土地流转[J]. 学术月刊, 2004 (4): 37~42.

[149] 陈成文, 赵锦山. 农村社会阶层的农村土地流转意愿与行为选择研究[J]. 湖北社会科学, 2008 (10): 27~40.

[150] 何国俊, 徐冲. 城郊农户农村土地流转意愿分析——基于北京郊区6村的实证研究[J]. 经济科学, 2007 (5): 111~124.

[151] 叶剑平, 蒋妍, 丰雷. 中国农村土地流转市场的调查研究——基于2005年17省调查的分析和建议[J]. 中国农村观察, 2006 (4): 48~55.

[152] 姚洋. 中国农地制度: 一个分析框架[J]. 中国社会科学, 2000 (2): 54~66.

[153] 田传浩, 贾生华. 农地制度、地权稳定性与农地使用权市场发

育：理论与来自苏浙鲁的经验［J］．经济研究，2004（1）：112~119．

［154］BRANDT L HUANG J KI G, et al. land rights in China: facts, fictions, and issues［J］. *China Journal*, 2002, 47: 67~97.

［155］BRANDTL, ROZELLES, MATTHEWA. *Local government behavior and property rights formation in Rural China*［M］. Toronto: University of Toronto, 2002.

［156］LOHMAR, B. *The effects of land tenure and grain quota policies on farm households labor allocation in China*［D］. California: University of California, Davis, 2000.

［157］LOHMAR, B., ZHANGZX, SOMWARUA. *Land rental market development and agricultural production in China.*［C］. Paper Presented at the 2001Annual Meeting, Chicago, Illinois, August 8, 2001.

［158］巴泽尔意识到了公共领域的产权，但似乎没有意识到人们争夺这种公共领域的产权而付出的成本，至少是没有形式化地系统描述这种成本．

［159］张维迎．博弈论与信息经济学［M］．上海：上海人民出版社，2002：8~52．

［160］Katharina Pistor, Chenggang, 不完备法律（上）——一个概念性分析框架及其在金融市场监管发展中的应用［J］．比较，2002（3）：116．

［161］蔡铨，周凯．对湖南农村土地流转情况的调查与思考．http：//www.sannong.gov.cn/fxyc/ncjjfx/200501130664.htm．

［162］孙宪忠．物权法［M］．北京：法律出版社，2001：467．

［163］马新彦，李国强．土地承包经营权流转的物权法思考［J］．法商研究，2005（5）．

［164］孙宪忠．中国物权法总论［M］．北京：法律出版社，2003：246．

[165] 中华人民共和国物权法（草案）第 10 条规定："不动产登记，由不动产所在地的登记机构办理国家对不动产实行统一登记制度，统一登记的范围、登记机构和登记办法，由法律、行政法规规定。"

[166] 吴淑莲. 构建集体土地用益物权体系完善农地保护的制度屏障 [J]. 山东财政学院学报，2005 (1).

[167] Zhang Wenxian, Jiang Xiaorong, The Transformation of the Agricultural Population and the Urbanisation Process in China, International Journal of Social Economics, 1989, Vol. 16 Issue 1.

[168] 严永. 农村土地流转的问题及对策探析 [J]. 湘潮，2009 (5)：22~23.

附　录

农村土地流转意愿调查表

调查表1：农村土地流转与户主属性调查表

是否愿意参与农村土地流转	1. 希望转入土地（　） 2. 希望转出土地（　） 3. 既不希望转入也不希望转出土地（　）
户主年龄	
户主性别	1. 男（　） 2. 女（　）
户主受教育年限	
是否经常去省会等大城市	1. 是（　） 2. 否（　）
是否有在沿海地区打工的经历	1. 有（　） 2. 无（　）
直系亲属中是否有接受过高等教育者	1. 有（　） 2. 无（　）
亲属中是否有在国外（包括港、澳、台）定居者	1. 有（　） 2. 无（　）
是否为村组干部	1. 是（　） 2. 否（　）

是否为共产党员	1. 是（　） 2. 否（　）
家庭人口数量	
家庭主要男劳动力健康程度	1. 非常健康，能从事如挑担等重体力劳动（　） 2. 身体一般，能从事不太繁重的体力劳动（　） 3. 身体不太好，仅能从事一般的家务劳动（　） 4. 身体不好，基本不能从事体力劳动（　）

调查表2：农村土地流转与土地耕作条件调查表

是否愿意参与农村土地流转	1. 希望转入土地（　） 2. 希望转出土地（　） 3. 既不希望转入也不希望转出土地（　）
土地的水利条件	1. 无固定水源，基本靠天灌溉（　） 2. 有水源，依靠劳动力提水灌溉（　） 3. 水源较充沛，以自流灌溉为主（　） 4. 水源充沛，自流灌溉（　）
自然灾害情况	1. 灾害频繁，大灾绝收（　） 2. 灾害影响较严重，大灾减收严重（　） 3. 灾害较轻，大灾少量减产（　） 4. 基本不受自然灾害影响，产量稳定（　）
承包土地面积（亩）	
平均每块承包地的面积（亩/块）	
是否有机耕道	1. 有（　） 2. 无（　）
土壤肥力情况	1. 土壤肥沃（　） 2. 土壤肥力一般（　） 3. 土壤贫瘠（　）
是否遭受工业污染	1. 污染严重（　） 2. 污染较轻（　） 3. 不受污染（　）

调查表 3：农村土地流转与家庭经济状况调查表

是否愿意参与农村土地流转		1. 希望转入土地（　） 2. 希望转出土地（　） 3. 既不希望转入也不希望转出土地（　）
消费情况	是否有乘用四轮车辆	1. 有（　）2. 无（　）
	是否有洗衣机	1. 有（　）2. 无（　）
	是否有电冰箱	1. 有（　）2. 无（　）
	月均电话费（元/月）	
	供子女或弟妹读书费用（元，2008年）	
	医疗费用支出（元，2008年）	
	月均生活用电电费（元/月）	
	住宅情况	1. 旧砖瓦房（　） 2. 砖混结构无装修房（　） 3. 一般装修房（　） 4. 精装房（　） 5. 别墅（　）
农业固定资产投资	农机具价值（重置）	
	农田基本建设投资	
家庭收入及产业经营状况	家庭收入结构	1. 以种植业为主（　） 2. 以养殖业为主（　） 3. 兼业经营，基本分不出主次（　） 4. 以务工收入为主（　） 5. 以经商或自办实业为主（　）
	家庭人均收入（元）	
	养殖业固定资产投资（万元）	
	二、三产业固定资产投资（万元）	

说明：所有固定资产投资的价值均为重置成本价值，即新建同样的设施现在需花费的资金，不考虑折旧。养殖业固定资产投资包括养殖场所的房屋、机械以及疾病预防与其他相关的固定投资。

调查表 4：农村土地流转与政策及外部环境调查表

是否愿意参与农村土地流转	1. 希望转入土地（ ） 2. 希望转出土地（ ） 3. 既不希望转入也不希望转出土地（ ）
近5年有没有进行土地调整	1. 有（ ） 2. 没有（ ）
政府是否进行过土地征用	1. 有（ ） 2. 没有（ ）
是否听说或了解土地承包法	1. 有一定了解（ ） 2. 听说过（ ） 3. 不知道（ ）
是否有土地承包经营权证书	1. 有（ ） 2. 没有（ ）
是否与村民或集体（基层政府）有过田地、山林、塘坝等方面的纠纷	1. 产权权属清晰，从来没有（ ） 2. 产权权属比较清晰，纠纷有过，但很少（ ） 3. 产权权属不清，经常扯皮（ ）
对当前的粮食价格是否满意	1. 满意（ ） 2. 基本满意（ ） 3. 不满意（ ）
是否了解最近几年中央"1号"文件的基本内容	1. 有一定了解（ ） 2. 听说过（ ） 3. 不知道（ ）
对农村土地流转的理解	1. 自愿流转（ ） 2. 政府加以适当的引导（ ） 3. 农民自己无法掌握，很被动的流转（ ）
农村土地流转的补偿形式	1. 现金（ ） 2. 粮食等实物（ ）
农村土地流转的补偿标准	1. 满意（ ） 2. 基本满意（ ） 3. 不满意（ ）
土地的功能	1. 能取得较好的经济收益，满足致富需要（ ） 2. 能取得一定的经济收益，满足一般的生活需要（ ） 3. 经济收益较低，仅能保证温饱问题（ ）

调查表 5：农村土地流转与农民的主观意愿调查表

是否愿意参与农村土地流转	1. 希望转入土地（　） 2. 希望转出土地（　） 3. 既不希望转入也不希望转出土地（　）
农村土地流转的最大受益方	1. 流入方（　） 2. 流出方（　） 3. 地方政府（　） 4. 国家（　）
农村土地流转可以提高生产效率	1. 同意（　） 2. 不同意（　）
农村土地流转会导致社会问题	1. 同意（　） 2. 不同意（　）
农村土地流转会导致腐败现象	1. 同意（　） 2. 不同意（　）
农村土地流转是劳民伤财	1. 同意（　） 2. 不同意（　）
农村土地流转的合理年限	1. 1-5年（　） 2. 5 10年（　） 3. 10-20年（　） 4. 20年以上（　）
农村土地流转的形式	1. 口头合同（　） 2. 书面合同（　） 3. 地方政府介入（　）
农村土地流转合同的直补金分配	1. 归流出方（　） 2. 归流入方（　） 3. 共同分享（　）
农村土地流转后，国家直补金增加部分的分配	1. 归流出方（　） 2. 归流入方（　） 3. 协商处理，共同分享（　）
因灾失收是否同意农村土地流转补偿金额	1. 同意（　） 2. 不同意（　）

农村土地流转后因土地征用发生的补偿费用如何分配	1. 归流出方（　） 2. 归流入方（　） 3. 协商处理，共同分享（　） 4. 由政府处理（　）
对农业生产的态度	1. 很不喜欢干农活（　） 2. 不喜欢干重体力农活（　） 3. 无所谓（　） 4. 热爱农业生产劳动（　）

资料来源：《中华人民共和国农民专业合作社法》

图书在版编目(CIP)数据

农地流转的理论、模式与机制构建/曾福生,曾超群,文雄著.
—北京:中央编译出版社,2012.3
ISBN 978-7-5117-1353-7

Ⅰ.①农…
Ⅱ.①曾… ②曾… ③文…
Ⅲ.①农村-土地流转-研究-中国
Ⅳ.①F321.1
中国版本图书馆 CIP 数据核字(2012)第 027095 号

农地流转的理论、模式与机制构建

出 版 人	和 龑
责任编辑	吕 淼
责任印制	尹 珺
出版发行	中央编译出版社
地 址	北京西城区车公庄大街乙 5 号鸿儒大厦 B 座(100044)
电 话	(010)52612345(总编室) (010)52612373(编辑室)
	(010)66161011(团购部) (010)52612332(网络销售)
	(010)66130345(发行部) (010)66509618(读者服务部)
网 址	www.cctphome.com
经 销	全国新华书店
印 刷	北京印刷一厂
开 本	787 毫米×960 毫米 1/16
字 数	266 千字
印 张	20.25
版 次	2012 年 3 月第 1 版第 1 次印刷
定 价	58.00 元

本社常年法律顾问:北京大成律师事务所首席顾问律师 鲁哈达
凡有印装质量问题,本社负责调换,电话:(010)66509618